眼球運動の心理・神経科学

アクティヴ・ビジョン

J・M・フィンドレイ
I・D・ギルクリスト 著

本田仁視 監訳

北大路書房

ACTIVE VISION

by

John. M. Findlay
&
Iain. D. Gilchrist

© Oxford University Press, 2003
"Active Vision: The Psychology of Looking and Seeing" was originally published in English in 2003.
This translation is published by arrangement with Oxford University Press.

日本語版への序文

『アクティヴ・ビジョン』の日本語版のために序文を書いてほしいという本田教授の申し出は，私にとってこのうえない喜びである。原著英語版の序文でも記したとおり，私たちが本書を執筆した目的は，これまで公刊された視覚に関する書籍をみると，その多くのテキストが眼の動きについてはごく簡単にしか触れておらず，まったく省略していることさえあるため，こうしたアンバランスを是正したいと考えたからである。眼は時間の経過に沿って視覚配列をサンプリングしていく。本書において私たちが試みたのは，このようなサンプリングの方法をコントロールしているプロセスの理解に向けて，より統合的な見解を提示することであった。本書に対する論評や反応は私たちを勇気づけるものであった。それらは，アクティヴ・ビジョンの研究は主流になりつつあり，かつ急速に発展しているとする私たちの見解を確かにするものであった。こうした研究の進展は現在も続いているが，これは実験室および現実環境の双方において，視線を記録するための装置がますます使いやすくなってきていることに支えられている。私はこうした動向を維持するために，日本語版の刊行が役立つことを願っている。

本書の刊行後3年を経たが，この間，この領域では多くの研究の発展がみられた。複数の著者によって質の高い本が2冊出版された（Henderson & Ferriera, 2004; Underwood, 2005）。きわめて興味深い多数の科学的研究が，学術論文として発表された。以下に列挙したのは，私が恥じらうことなくあえて自分流に選んだいくつかのきわだった研究である。これらは本書のそれぞれの章ごとに選び出したものであり，さらに本書の著者および翻訳者が活発に研究を続けていることを示している（Honda, 2005; Ludwig et al., 2005; Findlay & Brown, 2006）。

3章で論じた潜在的注意と顕在的注意の関係は，いまなお研究者たちの関心を引いている。KuhnとTatler（2006）は，この問題とマジシャンの技とを，魅力的な形で結びつけている。MooreとFallah（2004）は前頭眼野からのフィードバック経路の活動を明らかにしたが，この研究は潜在的注意と動眼プログラミングが密接に結合していることをさらに支持するものである。しかしながらBisleyとGoldberg（2003, 2006）は，スポットライトに似た注意のプロセスが存在すること，そしてこのプロセスは眼球運動の準備からは独立していて，かつ頭頂皮質のさまざまな部位における相対的な活動に依存していることを示す，いくつかの刺激的な証拠を提示した。4章については，アンチサッカードに関する詳細なレヴューがMunozとEverling（2004）によって著された。またCaspiら（2004）は，想像力豊かに逆相関法を用いて，連続的なサッカードのプログラミングにおいて視覚情報がどのように使われるのかを示し

た。読みにおける眼球運動のコントロールに関する理論（5章）は，いまだに活発な議論の対象となっている。SWIFTモデル（Engbert et al., 2005）の出現は，特に画期的なことである。視覚探索（6章）の研究は，理論的にも実験的にも進展している。NajemnikとGeissler（2005）は，理想的な観察者による分析を応用した生産的な仕事をした。KirchnerとThorpe（2006）は，高いレベルの特性（運動オブジェクト）は，ある状況においては，周辺視野にあっても，最初のサッカードを導き出すのに十分なほど急速に処理されることを示す証拠を提示した。場面の知覚（7章）の領域では，上記の書籍に加えて，簡潔かつ優れたレヴューがHenderson（2003）によって著されている。またこれとは別に，臨床家は眼球運動をどのように用いてきたかについて（8章とも関連のあるトピックである），質の高いレヴュー（Leigh & Kennard, 2004）がなされている。最後に，眼球運動のコントロールと報酬に基づく学習とを結びつけた，最新かつ興味深い研究がなされている。この分野は，神経経済学とよばれているが，その起源は眼球運動の研究にあり（Glimcher, 2003），アクティヴ・ビジョンの魅力ある将来の研究テーマとなる可能性を有している（Hayhoe & Ballard, 2005）。

ジョン・M・フィンドレイ

Bisley, J. W. & Goldberg, M. E. (2003). Neuronal activity in the lateral intraparietal area and spatial attention. *Science*, **299**, 81-86.
Bisley, J. W. & Goldberg, M. E. (2006). Neural correlates of attention and distractability in the lateral intraparietal area. *Journal of Neurophysiology*, **95**, 1696-1717.
Caspi, A., Beutter, B. R., & Eckstein, M. (2004). The time course of visual information accrual guiding eye movement decisions. *Proceedings of the National Academy of Sciences*, **101**, 13086-13090.
Engbert, R., Nuthmann, A., Richter, E., & Kliegl, R. (2005). SWIFT: A dynamical model of saccade generation during reading. *Psychological Review*, **112**, 777-813.
Findlay, J. M. & Brown, V. (2006). Eye scanning of multi-element displays. I.Scanpath planning. *Vision Research*, **46**, 179-195.
Glimcher, P. W. (2003). The neurobiology of visual-saccadic decision making. *Annual Review of Neuroscience*, **25**, 133-179.
Hayhoe, M. & Ballard, D. (2005). Eye movements in natural behaviour. *Trends in Cognitive Sciences*, **9**, 188-194.
Henderson, J. M. (2003). Human gaze control during real world scene perception. *Trends in Cognitive Sciences*, **7**, 498-504.
Henderson, J. M. & Ferreira, F. (Eds.) (2004). *The Interface of language, vision and action: Eye movements and the visual world*. Psychology Press, New York.
Honda, H. (2005). The remote distractor effect of saccade latencies in fixation-offset and overlap conditions. *Vision Research*, **45**, 2773-2779.

Kirchner, H. & Thorpe, S. J. (2006). Ultra-rapid object detection with saccadic eye movements: Visual processing speed revisited. *Vision Research*, **46**, 1762-1776.

Kuhn, G. & Tatler, B. W. (2005). Magic and fixation: Now you don't see it, now you do. *Perception*, **34**, 1153-1161.

Leigh, R. J. & Kennard, C. (2004). Using saccades as a research tool in the clinical neurosciences. *Brain*, **127**, 460-477.

Ludwig, C. J. H., Gilchrist, I. D., McSorley, E., & Baddeley, R. J. (2005). The temporal impulse response underlying saccadic decisions. *Journal of Neuroscience*, **25**, 9907-9912.

Moore, T. & Fallah, M. (2004). Microstimulation of the frontal eye field and its effects on covert spatial attention. *Journal of Neurophysiology*, **91**, 152-162.

Munoz, D. P. & Everling, S. (2004). Look away: The anti-saccade task and the voluntary control of movement. *Nature Neuroscience*, **5**, 218-228.

Najemnik, J. & Geissler, W. S. (2005). Optimal eye movement strategies in visual search. *Nature*, **434**, 387-391.

Underwood, G. (Ed.) (2005). *Cognitive processes in eye guidance.* Oxford University Press, Oxford.

序　文

　なぜ私たちはアクティヴ・ビジョンに関して本書を執筆しようとしたのか？　その理由はたくさんある。あまりに多すぎたと言ってもよい。というのも，それらの理由は必ずしも完全に両立するようなものではなかったからである。
　第1の理由は教育的なものだった。私たち2人は，自分の専門領域を教えることを喜びとしている。それと同時に，視覚についての自分たちの考えを，教育に役立つような形でまとめる必要を感じていた。第2の理由は学術上の理由である。長年の経験のおかげで，学術文献を理解し，評価することには慣れている。そこで，アクティヴ・ビジョンのプロセスについて，詳細な概説書を提供したいと考えた。最後の理由は研究上の論議に関わる。私たちの考えでは，視覚研究の多くが，本書の第1章で私たちがパッシヴ・ビジョンと名づけたアプローチを，あまりに強調しすぎている。とりわけ，顕在的注意よりも潜在的注意をあまりに重視しすぎている。私たちはこうしたアンバランスを是正したいと考えた。
　アクティヴ・ビジョン・アプローチは，視覚的注意のはたらきを強調することで，視覚のプロセスに関するダイナミックな見解を提供する。しかしながら私たちは，**眼球運動による環境世界の規則的なサンプリングこそ，視覚的注意の正常なプロセスである**と主張したい。近年，潜在的注意，すなわち，ある場所に目を向けつつ，心の中では別の場所に注意を向けるはたらきを理解するために，膨大な研究が行なわれてきた。私たちはこのような状況は間違っていると考える。たしかに視覚にとって重要ではあるが，副次的にすぎないプロセスを過大に重視し，それよりもはるかに重要なプロセスを見過ごしていると考える。本書で明らかにするように，**潜在的注意は顕在的な眼の動きを補うことはあっても，それらの代わりをするわけではない。**
　私たちの主要なねらいは，機能的なレベルの説明を提示することにある。私たちは本書の多くの箇所で，アクティヴ・ビジョンを支える神経生理学的な基礎について説明した。しかし，脳のはたらきに関する魅力的でかつ急速な研究の進展については，おおまかに紹介する以上のことはできない。さらに，応用的な研究についてもいくつか紹介するが，それらのトピックの全容を述べるつもりもない。
　結局私たちは読みやすい本を書くことに努めた。このため分量を減らしたが，そのせいで，いくつかのトピックに関してはまったく触れることができなかったし，簡単な記述ですましたものもある。結果的に，本書は対象領域に関する完全なレヴューではないし，私たちもそれは望んでいない。むしろ読者の興味・関心を保つように心がけた。
　視覚はヒトの心を構成するきわめて重要な部分である。それゆえ，視覚の謎を探求

しようとする多くの学生や教師たちにとって，本書が役立つことを願っている。すでに私たちの考え方を受け入れている研究者，あるいは本書で取り上げる多くの研究に関わってきた視覚研究者にとっても，本書は興味深いものであると思う。ただし彼らにとっては，本書で紹介する議論はやや古めかしいかもしれない。実際，本書を計画していた3年の間に，アクティヴ・ビジョンの研究はおおいに進展し，むしろ主流になりつつある。しかし，眼球運動によるサンプリングの重要性を無視したり，否定する視覚研究者はいまだに大勢いるようだ。そのような無視は愚かなことだと，私たちは主張する。願わくは，こうした主張に耳を傾けようとする人が出てきてほしい。

　私たちは著者の1人JFに対してBenjamin Meaker研究資金を給付してくれたBristol大学に感謝する。このおかげでJFは，Bristol大学の客員教授として仕事に携わることができた。また本書の準備中にいただいた多くの方々からの支援と激励に感謝したい。Oxford University Pressのスタッフである Vanessa Whitting, Martin Baum, Laura Johnstone はいろいろな面で私たちを助けてくれた。さらに，Heiner Deubel, Martin Fischer, Bruce Hood, Christof Körner, Simon Liversedge, Casimir Ludwig, Eugene McSorley, Keith Rayner, Thomas Schenk, Nick Scott-Samuel, Dorine Vergilino-Perez, Françoise Vitu, Robin Walker, および Sarah White からは，本書の随所にわたって親切なコメントをたくさんいただいた。本書の内容についてはもちろん，ミスや脱落があればすべて著書たちの責任である。ご指摘をいただければ幸いである。

John Findlay（j.m.findlay@durham.ac.uk）
Iain Gilchrist（i.d.gilchrist@bristol.ac.uk）

目　次

日本語版への序文　i
序　　文　iv

1章　パッシヴ・ビジョンとアクティヴ・ビジョン　1
1節　イントロダクション　1
2節　パッシヴ・ビジョン　1
3節　視覚的注意　3
4節　アクティヴ・ビジョン　5
5節　アクティヴ・ビジョンと行為のためのビジョン　6
6節　本書の概要　7

2章　アクティヴ・ビジョンの基礎　10
1節　イントロダクション　10
2節　視覚投射の非均質性　11
　　1．イントロダクション　11 ／ 2．視覚投射の生理学　12 ／ 3．周辺視の心理物理的特性　14 ／ 4．心理物理的測度と生理学的測度の比較　17
3節　並列的な視覚経路　17
　　1．大細胞系と小細胞系　17 ／ 2．皮質における視覚処理　19
4節　動眼系　21
　　1．眼筋　21 ／ 2．眼球運動の分類　22
5節　サッカード眼球運動　25
　　1．サッカードの特性　26 ／ 2．追跡眼球運動，バーゼンスとサッカードの結合　28 ／ 3．サッカード抑制　31 ／ 4．サッカード眼球運動の生理学的メカニズム　32
6節　要約　34

3章　視覚的選択，潜在的注意，眼球運動　35
1節　顕在的注意と潜在的注意　35
2節　潜在的な空間的注意　36
　　1．スポットライト　38 ／ 2．注意のズームレンズ説　39 ／ 3．注意の後期選択モデルと初期選択モデル　40 ／ 4．潜在的な空間的注意の視覚的ベネフィット　41
3節　潜在的注意と顕在的注意の関係　42
　　1．Klein の独立説　42 ／ 2．連続注意モデル　43 ／ 3．注意の前運動理論　44
4節　注意の速度　45
5節　注意の神経生理学　48

6節　非空間的注意　50
　　1. オブジェクトへの注意　50／2. 視覚特性への注意　52
7節　アクティヴ・ビジョンと注意　52
8節　要約　54

4章　視覚定位　55

1節　イントロダクション　55
2節　定位サッカードの潜時は何によって決まるか　56
　　1. ターゲットの特性　56／2. ギャップ効果　57／3. 遠隔ディストラクタ効果　58／4. エクスプレス・サッカード　60／5. 潜時の変動性　61
3節　サッカード生起の生理学　61
　　1. 網様体のバースト細胞とポーズ細胞　63／2. 上丘の注視細胞，バースト細胞，ビルドアップ細胞　64／3. サッカード潜時の変動性　67
4節　定位サッカードの着地位置は何によって決まるか　67
　　1. 修正サッカード　67／2. ダブルステップ・パラダイム　68／3. ダブルターゲット・パラダイム　71／4. サッカードの並列処理　72／5. アンチサッカード　73
5節　WHERE システムの生理学　74
　　1. 空間の符号化とサッカード・システム　75
6節　Findlay と Walker のモデル　76
7節　発達と可塑性　78

5章　読みにおける視覚サンプリング　81

1節　イントロダクション　81
2節　読みにおける視覚サンプリングの基本パターン　83
3節　読みにおける注視中の知覚　85
　　1. 視線−随伴の方法　85／2. 知覚の範囲の測定　87／3. プレヴューによるベネフィット　88
4節　言語の処理　90
　　1. 語彙アクセス——単語認知の速度に及ぼす影響　90／2. 最適注視位置　91
5節　注視時間のコントロール　92
6節　着地位置のコントロール　94
　　1. 単語の読み飛ばし　96／2. 言語的変数は単語内での着地位置に影響するか　97
7節　読みにおける眼のコントロールに関する理論　98
　　1. 非認知的な要因を強調するモデル　98／2. 語彙アクセス処理によって駆動されるモデル　99／3. 評価　100
8節　読みにおける眼のコントロールの実際的な側面　101
　　1. 読みとテキストの物理的特性　101／2. 読みの障害　101
9節　まとめ　102

目次

6章 視覚探索　103
- 1節　視覚探索課題　103
- 2節　視覚探索の諸理論　104
  - 1. 特徴統合理論　104 ／ 2. 誘導探索　106 ／ 3. 視覚探索の後期選択モデル　107 ／ 4. 諸モデルの概観　107
- 3節　視覚探索における眼球運動の必要性　108
  - 1. 眼球運動を伴わない探索　108 ／ 2. 視覚探索と検出野ないしはヴィジュアル・ローブ　109
- 4節　視覚探索における眼球運動　110
  - 1. 並列および系列探索におけるサッカード　110 ／ 2. 視覚探索における注視時の処理　112 ／ 3. 視覚探索におけるサッカードの誘導　113 ／ 4. 視覚探索におけるサッカード——潜時と注視時間　115 ／ 5. 視覚探索におけるサッカード——着地位置　115
- 5節　視覚探索における眼球性捕捉　117
- 6節　視覚探索におけるサッカード——スキャンパス　119
- 7節　視覚探索の生理学　122
- 8節　要約　125

7章 自然な場面と行為　127
- 1節　イントロダクション　127
  - 1. 画像のスキャンに関する初期の研究　128 ／ 2. 画像観察中の眼球運動パターンの平均的な特徴　130 ／ 3. スキャンパス　131 ／ 4. 視線は情報量の多い場所を選択する　132
- 2節　場面とオブジェクトの知覚に関する分析的研究　133
  - 1. 場面とオブジェクト　133 ／ 2. オブジェクト知覚および場面知覚の諸理論　133 ／ 3. 眼球運動は場面とオブジェクトの知覚に必要か　134 ／ 4. 周辺視におけるオブジェクト知覚　137 ／ 5. 場面の文脈とオブジェクト知覚　138 ／ 6. 変化の見落とし　141
- 3節　動的な場面と状況　143
  - 1. 指示的な視覚　143 ／ 2. 日常行為を支えている視覚　145
- 4節　要約　148

8章 ヒトの神経心理学　149
- 1節　盲視　150
- 2節　無視　153
- 3節　バリント症候群と背側同時失認　157
- 4節　前頭葉損傷　158
- 5節　眼球運動を伴わない定位　160
  - 1. 末梢の神経心理学　161 ／ 2. 眼球運動を伴わない読み　162 ／ 3. サッ

　　　　カード的な頭部運動　　　163
　6節　要約　　165

9章　空間の恒常性とサッカード前後の視野統合　　167
　1節　伝統的なアプローチ——「補正による説明」　　167
　2節　サッカード前後の視野統合　　169
　　　1. サッカード時の変位の検出　169／　2. サッカード前後の視野融合　169／　3. サッカード時に提示されるプローブの定位　171／　4. 記憶によるサッカードの誘導　172
　3節　矛盾した結果の解決　　173
　　　1. ある環境下では，サッカード時のターゲット変位を検出できる　173／　2. 空間の恒常性とサッカード前後の視野統合の修正理論　174／　3. サッカード前後のプロセスの神経生理学　175
　4節　結論——アクティヴ・ビジョン・サイクル　　176
　5節　将来の展望　　178

引用文献　　180
索　引　　213
監訳者あとがき　　219

ix

1章 パッシヴ・ビジョンとアクティヴ・ビジョン

1節　イントロダクション

　火星人の生態学者が，視覚システムを用いている人間を見たら，きっと次のように報告するに違いない。「彼らは小さな球体を頻繁に動かす。そうやって彼らは見ているのだ。」

　本書の出発点は，この生態学者の報告を受け入れることにある。眼球の動きは視覚の基本的な特徴であると思われる。しかし，この見解が現在広く通用しているわけではない。視覚の教科書の多くは眼が動くことさえ記載していない。本章では，なぜ多くの視覚研究者が，眼が動くことにあまり注意を払わないのか，その理由について説明しようと思う。そして私たちはこの不均衡をどのように是正すべきだと考えているのかを述べる。

2節　パッシヴ・ビジョン

　視覚研究は，現代科学における偉大な成功話の1つに位置づけられるに違いない。その研究活動には，多数の重要な研究分野が寄与している。心理物理学，数学，生理学そしてコンピュータ・サイエンスなどの貢献がなかったら，このような進歩は不可能だったと思われる。この点について簡潔に紹介する。

　科学は正確で再現性のある成果の上に成り立つ。心理物理学は人間の視覚研究の分野において，そのような成果を得るための重要な方法論を提供してきた。その方法の多くは，閾値の決定に基礎をおく。閾値レベルの知覚を研究するときによく用いられる方法の1つに，提示時間を制限する方法がある。この方法によって眼球運動の影響を防ぐことができ，また特定の刺激を確実に網膜に提示することができる。「フラッシュのような」きわめて短い提示方法を用いて視覚は研究されるのである。数学は網膜への刺激を数式の形で記述する方法を提供した。たとえば視覚研究ではフーリエ解析に基づいて記述する方法が広く用いられている。フーリエ解析を用いれば，いかなる視覚像もサイン波のパターンとして書き換えることができる。それと並んで生理学者は，単一細胞について調べてきた。最初は麻酔された動物で調べられたのだが，それらの細胞結合のパターンや特性もまた正確に記述することができる。コンピュータ・サイエンスはこれらの知見を用いて，ヒトの視覚プロセスをシミュレートできる

計算機の作成を試みている。これらの研究では，その出発点としてまず静止画像を対象とし，それを数学的に取り扱える一連のアルゴリズムを用いて処理することを試みる。画像は並列的に処理され，そのアルゴリズムは，グレースケール（訳注：明暗階調）の網膜入力から脳内の内的表現に至る処理プロセスを示している。

　私たちはこのような説明を**パッシヴ・ビジョン**（passive vision）とよんでいる。おそらく読者は，このような説明に聞き覚えがあるはずだ。これは David Marr が明確に主張し（Marr, 1982），多くの研究者によって受け入れられたアプローチである。最近における視覚科学の最も有力な研究分野として，活発な研究が行なわれている。このパッシヴ・ビジョンのアプローチはおそらく次の2つの理由に依拠している。第一の理由は，多量の情報が並列処理のメカニズムによって直接的に意識にもたらされることは否定しがたいということである。このことは非常に短い提示時間を用いた数多くの実験によって確認されている。タキストスコープ（訳注：図や文字を瞬間的に提示する装置）を用いたこれらの方法に問題がないわけではない。しかし同様の知見は他の方法を用いた研究でも示されている（5～7章参照）。視線がきちんと保たれていれば，瞬間提示されても，1～2個の単純なオブジェクトや単語は認知できる。また，しばしば顔でさえも認知できる。さらに，そのような瞬間視でも，自然な場面からかなりの量の「主要な」情報を抽出できる（7章）。パッシヴ・ビジョン・アプローチのもっともらしさは，次のような第二の理由に起因するが，これはほとんど支持することができない。この世界の絵画的な場面は，主観的には，その詳細に至るまで，直接的に知覚できるように感じられる。私たちは，こうした印象が実は錯覚にすぎないことを忘れがちである。そのような詳細な場面を，抽象的な心的表現の中に見いだすことは，いかなる場合も不可能である（関連する実験的証拠については7章2節6.を参照）。むしろ，それは環境の中に潜在的に存在するのであり，環境内のさまざまな場所に眼を向けることによって得られるのである。上に述べた錯覚は，どんな場所にでも容易に眼を向けることができるという，私たちの優れた能力を通して作り出されたものなのだ。

　パッシヴ・ビジョン・アプローチは成功を収めている。しかしそれでも私たちは，このアプローチはさまざまな点で不適切であると考える。その最も大きな誤りは，視覚の主要な目的は心的表現を形成することにあると仮定していることである。この仮定は，ありのままに言えば，世界に関する脳内の心的表現は，網膜像を「処理してできた」表現であるとみなしている。頭の中の心的な絵画といった考え方は，表向きには，すべての視覚研究者から確実に否定されると思われる。しかし，その遺産は暗い片隅のいたるところに潜んでいるように感じられる。パッシヴ・ビジョン・アプローチのもう1つの主要な弱点は，このアプローチは網膜および視覚投射における非均質性を，私たちが主張するように視覚システムの基本的な構造上の特徴ではなく，むしろ副次的なもの——それは計算を乱すためにしばしば有害なものになる——とみなし

ていることである。

　パッシヴ・ビジョン・アプローチを用いることによる直接的な帰結として，いくつかの困った問題が生じる。しばしばそれらの問題は最も解決が難しい問題のように思われる。最初の問題は，網膜のすべての位置から入ってくる視覚情報を処理するのに必要とされる，膨大な量の神経機構に関するものである。これに加えて，さらに次のような2つの問題があり，それに対処するにはもっとたくさんの処理機構が必要になる。その第一は，パッシヴ・ビジョンによって生成されると仮定された内的表現は，眼球が動いたときにどのようにして保持されるのかという問題である。この**サッカード前後の視野統合（trans-saccadic integration）**の問題は，心的表現の情報量が増すごとにより深刻なものとなる。これについては，少なくとも視覚に関するテキストでは，しばしば眼の動きを「補償する」プロセスが取り上げられている。5章，7章および9章で述べるように，サッカード眼球運動をはさんだ情報の統合はたしかに生じている。しかしそれは「補償的」なものではない。しかもパッシヴ・ビジョンが想定するよりもはるかに小さなスケールで生じているにすぎない。第二の問題は**結合問題（binding problem）**として知られているものである（Feldman, 1985; Treisman, 1996）。一般に視覚処理機構は分析的であるとされる。すなわち，赤い色や水平方向のような特定の視覚特徴がどこにあるかといった情報をもたらすとされる。結合問題とは，これらの特徴を事実に即して統合することに関わる問題である。赤い横線と青い縦線が一緒に提示されたときに，青い横線と赤い縦線としてではなく，提示された組み合わせのとおりに知覚することである。一般にパッシヴ・ビジョンの研究者は，視覚的注意の概念を用いて結合問題を解決してきた。次節で述べるように，アクティヴ・ビジョンは視覚的注意に頼るこのような方法に対しては，大幅な変更を求めている。

3節　視覚的注意

　本書において私たちは，視覚的注意のプロセスについてとりわけ詳細に検討する予定である。注意という用語を知覚に関係づけて用いるときは，伝統的に選択性を意味する。注意とは，ある特定のアイテムを優先的に処理し，それ以外のアイテムを排除することである。さらにこれも伝統的なことだが，注意が向けられる**位置（location）**の選択が重要とされる。ただし，注意がこのような形でだけ生じるわけではない。注意による視覚空間の選択は次の2つの方法でなされる。私たちはあるものに眼を向けてそれを見るときに，何かが「私の眼を捕える」と表現する。しかし，私たちはあるものに眼を向けつつ，別のものに注意を払うこともできる。**顕在的注意（overt attention）**という用語は，眼を向けて注意することを指す。これに対して**潜在的注意（covert attention）**という用語は，眼を向けることなく注意することを示し，日常会話では，しばしば目線をはずして見ると表現される。

最近20年間，潜在的注意の特性について活発な研究がなされてきた（その要約については Pashler, 1998; Styles, 1997; Wright, 1998 を参照）。このページ以降でも，それらの多くの重要な知見については，たびたび言及することになるだろう。しかしながら，全般的に眺めた場合，これらの研究の多くは，私たちがパッシヴ・ビジョンについて考察した際にすでに指摘したような落とし穴にはまったままである。パッシヴ・ビジョンに潜む，均質な心的イメージという考え方がたびたび無批判に受け入れられている。また潜在的注意は，このように仮定された内的イメージのどの場所にでも向けられる「心のスポットライト」とみなされている。中心窩から遠ざかるにつれて視覚能力が急激に低下すること（2章で述べる非均質的な視野表現と側抑制）については，ほとんど考慮されていない。潜在的注意に関する実験的研究の多くが独創的で，綿密で啓発的であることを否定するつもりはない。むしろ私たちが批判したいのは，潜在的注意は注意による選択の主要な方法をなしているとする，たびたび暗黙のうちに主張されている仮定であり，パッシヴ・ビジョンの知見は潜在的注意をも勘案することで，視知覚について完全で矛盾のない説明を提示できるという仮定である。

多くの研究者は潜在的な注意による認知プロセスを強調するあまり，末梢運動系による顕在的な注意を排除あるいは軽視するに至っている。このような考え方は最近のテキストにもみられる。Styles (1997) は次のように述べている。「もちろん視覚的注意は，眼を向ける場所や眼球運動に密接に関係している。おそらくここで説明することはほとんどない。私たちは自分が見ているものに対して注意するだけだ」。私たちはこのような見解に対してはまったく同意できない。このような見解は認知心理学やその他の研究者の間でたびたびみられる，「純粋に」心的な活動とは異なるものを研究することに対する軽蔑を簡潔に示している。私たちが本書で行なおうとしていることは，顕在的注意こそ注意による選択において主要な役割を果たしているとする，まったく別の考え方について詳細に説明することである。潜在的に注意を向けるのではなく，視線を動かすことで顕在的に注意を向けるとき，その場所では中心窩による高い解像度が得られることになる。一般に私たちは眼を急速に，効率よく動かすことができる。それなのになぜ潜在的注意を使う必要があるだろうか？　その答えについては3章で考察することにする。5章と6章では，周辺視によるプレヴューという現象について論じる。また，潜在的注意がどのようにして効率よく顕在的な眼によるスキャニングを補っているかについても説明する。

この節および先の節での議論から，視覚に関して従来とは異なる解釈が導かれる。私たちは，パッシヴ・ビジョンによる並列処理は，一連の眼のスキャニングによる補足なしでは，ほとんど何もできないと主張してきた。1秒あたり3〜4回の割合で生じる規則的なサッカード眼球運動は，視知覚のプロセスにおいて，統合的かつ重要な役割を果たしている。このようなサッカード運動が生成され，統合される方法に関する研究は，アクティヴ・ビジョンの中心的テーマでもある。

4節　アクティヴ・ビジョン

　先の節で述べたように，視知覚や視覚認知において視線移動が大きな役割を果たしていることを，私たちは本書で強く主張したい。私たちは，視覚とは受動的な映像の解釈のプロセスにすぎないとする，きわめて不適切な見解を否定する。長年にわたり視覚科学において支配的だったパラダイムを拒否することは容易でない。しかし周到に考察すれば，拒否することの正しさが理解されると思われる。

　アクティヴ・ビジョンにおける重要な問いとは何か？　その第一の問いは，どのようにして視覚サンプリングがなされるかである。この問いに対する解答は，注視−運動−注視の繰り返しに関係している。このパターンには複雑な多様性が認められるものの，人や多くの脊椎動物，およびある種の無脊椎動物の視覚において見いだされている（Land, 1995; Land & Nilsson, 2002）。そこで私たちは次のような相互に関連し合ういくつかの疑問にぶつかる。

　a）注視を終えて視線を動かし始めるタイミングはどのように決定されるのか
　b）次のサンプルを得るために眼を向けるべき位置はどのように決定されるのか
　c）注視中にどのような情報が得られるのか
　d）1回の注視で得られる情報は，その前後の注視で得られた情報と，どのように統合されるのか

これらが本書で取り上げる問いである。

　アクティヴ・ビジョンはどのようにして統合されるのだろうか。私たちはアクティヴな視線の移動に関心がある。このため，研究の出発点は注視移動のパターンを記録することである。これは技術的な挑戦でもある。しかし，さまざまな装置が開発されたことによって，このような挑戦も可能になった。本書ではそうした技術的な問題については深入りしない。最近の優れた解説はCollewijn（1998）が行なっている。図7.1や図7.2に示されたような眼のスキャニングの記録もしばしば報告されている。

　この新しいアプローチで強く強調したいことの1つに，視覚システムの非均質性がある。多くのパッシヴ・ビジョンの考え方において，中心窩の役割は暗黙のうちに軽視されている。これに対して私たちは，中心窩から放射状に広がる視覚システムの構造は，偶然にでき上がったものではなく，視覚システムの基本的な特徴であると主張したい。単純ではあるが効果的な議論として，視野のすべての領域において中心窩と同等に高い解像力をもつ仮説的な脳が想定されることがある。そのような仮説的な脳は，私たちの現在の脳の数百倍あるいは数千倍の大きさになると見積もられ，その重さは10トンにもなる。脊椎動物の眼として作られた可動性のある眼は，けっして偶然にでき上がったものでもないし，贅沢品でもない。おそらくそれは，視覚システムにとって視野全体をモニターする能力と高い解像力とを結合させるための唯一の方法なのである。

眼球の動きは，6つの外眼筋によって達成される。一般に「眼球運動」の研究とは，これらの筋肉によって引き起こされる運動の研究を指す。外眼筋は眼を動かすための唯一の方法を提供することを知っておくことは重要である。20度を超える定位運動は，たいてい頭部の動きと眼球運動の組み合わせで達成される。これよりも大きな運動では，さらに胴体や全身の動きが伴う。8章では眼の筋肉がはたらかない人物について述べる。彼女はよくものを見ることができるが，これは視線を向けるために頭部を動かしているからである。彼女の頭部の動きは，健常者の眼球運動とよく似た特性を示し，とりわけ，サッカードと同じように，注視と運動の繰り返しを示す。

新しいアプローチの必要性は，1990年代のさまざまな研究にまでさかのぼる。Nakayama（1992）は，低次レベルの視覚に関する研究と高次レベルの視覚に関する研究との間のギャップを指摘し，低次レベルの視覚について理解が深まっても，このギャップの橋渡しはできないと主張した。O'Regan（1992）は「視知覚の本当の謎」は伝統的なアプローチでは解明できないと主張し，私たちがここで提案するのと同様なアプローチに賛成している。「純粋視覚批判」と題された論争的な論文では（Churchland et al., 1994），視覚を「頭の中に描いた絵」に例える方法が，視覚研究者の間ではいまだに支配的であると述べられている。これ以外にもコンピュータ・ビジョンの研究者から重要な示唆が与えられた。彼らは並列処理に基づく研究が進まないことに不満を感じ，系列的な処理を含める方向を模索した（たとえばBallard, 1991）。「アクティヴ・ビジョン」という用語はこの分野の研究から来ている（Aloimonos et al., 1988）。眼によるサンプリング運動のような行為は，「基本的な知覚事象を支えるプロセスと，シンボル操作や複雑な行動の体制化を支えるプロセスの間の重要なリンクを提供する」。Ballard ら（1997）は，彼らの重要な論文の中でこのような考えを示しているが，それについては7章で取り上げる（Hayhoe, 2000も参照のこと）。

5節　アクティヴ・ビジョンと行為のためのビジョン

長年にわたってパッシヴ・ビジョン・アプローチは，視覚は行為の制御や維持のためにあるとする研究によって補正されてきた。パッシヴ・ビジョンに対する初期の痛烈な批判はGibson（1966, 1979）によるものであり，その主張はよく知られている。Gibsonはパッシブ・アプローチの限界に気づいていたが，さらに先見の明をもって，視覚の主要な機能は行為を方向づけることであると考えていた。しかし彼はオプティック・フローにこだわり，眼の詳細なはたらきを無視した。このため，彼の説明には限界があり，しばしば明らかな誤りを犯していた。最近では，視覚を行為と関連づけて研究しようとする広範な研究分野において，中心窩の役割が強調されるようになった。そのため重要な研究の進展がみられている（Regan & Beverley, 1982; Rushton et al., 1998; Wann, 1996; Wann & Land, 2000）。

Gibsonはまた眼球運動は視覚世界を抽出するために用いられると考えていたが，

逆に次の引用文にあるように，眼球運動は視覚刺激の配列によって方向づけられるとも考えていた。

　　眼がある方向に動き，それ以外の方向には動かず，また刺激配列のある部分で止まり，それ以外の場所に止まらないのはなぜだろうか。その答えは単に，配列の中の興味深い構造，さらにその構造の中の興味深いものが，とりわけ運動しているものが，中心窩をその場所に**引き寄せる**（**draw**）からである（Gibson, 1966）。

　この問題に関わる Gibson の立場は，本書で示す考えのいくつかを予感させる。しかし，彼がもっぱら環境のみを強調したことは，おそらく彼が知覚に対するいかなる認知の役割も是認したくなかったことによるものだが，やや教条主義的に思われる。私たちは，サンプリングの手続きはまさに知覚に対する認知の貢献が生じる場所であると主張したい。眼は興味のあるものをサンプリングするが，何に興味があるかは，観察者の思考プロセスや行為のプランに応じて，時々刻々変化する。

　私たちはさらに，視覚は行動をサポートするために進化したとする Gibson の意見に賛成である。しかし，彼のアプローチに絶えずみられる視覚－行為の連鎖と同じほどまでに，視覚と行動が直接的にリンクしている必要はないと考える。認知のための視覚と，行為のための視覚は２つの分離可能な視覚機能であるとする考えがある。この重要な提案（Milner & Goodale, 1995）についてはあとで述べる（2章2節）。この提案は大変有効であると思われるが，眼によるサンプリングを，この図式の認知の側だけに割り当てるのか，それとも行為の側だけに割り当てるかは容易でない。たとえば，背側経路も腹側経路もともに前頭眼野に投射しているが，この部位はサッカード生成の中枢でもある（Shall & Hanes, 1998）。サッカードは視覚的にコントロールされた運動反応であるという意味では行為のシステムである。しかし，それだけではない。なぜなら，サッカードによって視覚サンプリングの入力もまたコントロールされるからである。視覚に対するサッカードの関わりは，間断ない循環ループを形成する。このため，視覚と認知は密接に統合されているのである。実際，このような相互作用はかなり以前に Neisser（1976）によって提案されている。彼はギブソニアンと知覚研究の本流との間をとりなす方法として，「知覚サイクル」という考えを紹介している。

6節　本書の概要

　2章では，アクティヴ・ビジョン・アプローチに必要な基礎について，より詳しく論じる。先に述べたように，ここでは視覚システムおよび動眼システムの特性が重要である。

　本書の全体を通して重要なテーマは**注意**（**attention**）である。3章ではこの話題について詳しく論じる。とりわけ，顕在的注意と潜在的注意の関係について，およびそ

れらが視覚的な選択において果たしている役割について詳しく検討する。

4章では，単純で明確なターゲットに対する視線の**定位**（**orienting**）を扱った研究を紹介する。この課題には認知的要因が少ないので，研究は定位の基本的なメカニズムに向けられる。しかし，これらの研究からいくつかの重要な原理が見いだされる。たとえば，定位の準備プロセスや視空間的統合に関する原理である。さらにこの分野の研究は，眼球運動や定位運動に関わる脳内の神経生理学と確実に関連している。脳のメカニズムは本書の目的とするところではないが，私たちは随所で，アクティヴ・ビジョンという考え方がいかに神経生理学的知見と密接に対応しているかを示し，また急速に進展しているこの研究分野の最近の進歩について紹介する。この章の最後の節では，長期的な観点からの考察を行なう。すなわち，定位のプロセスは幼児においてどのように発達するのか，またさまざまな自己修正機構によってどのように調整されるのかについて述べる。

知覚心理学の中で，長い間アクティヴ・ビジョン的な考え方が支配的なパラダイムであった領域は，**読み**（**reading**）の研究分野であった。これについては5章で述べる。テキストを読むとき，サンプリングはもっぱらあらかじめ決められた順序で，行に沿って左から右へ行なわれる。読み手は印刷された文字から情報を取り出すという明確な目標をもっている。このような制約があるために，アクティヴ・ビジョンの4つの重要な問題に関して，科学的な進歩がもたらされた。とりわけ大きな影響力のあった研究の突破口は，**視線－随伴**（**gaze-contingent**）法の開発である。これは視線がどこに向いているかに応じて観察材料を操作する方法である。読みは，高次レベルの認知活動が関与する事態である。読み手の認知プロセスが直接的に視覚サンプリングに影響することは疑いない。しかし，これらの影響の程度と性質についてはいまだに議論がなされている。

かなり以前から多くの研究者が，**視覚探索**（**visual search**）の課題もまたアクティヴ・ビジョンを解明するための適切な方法を提供することに気づいていた。視覚探索課題では，観察者は特定のターゲットを探し出す。この課題でも，読みと同様に，観察者の認知的なメカニズムが必要とされるが，それはかなり限られている。視覚探索については6章で論じる。視覚探索が重要な分野として発展したもう1つの理由は，視覚探索では知覚的な系列処理と並列処理が相互に作用し合っているという考えがあるからである。この考えはAnne Treismanの研究（Treisman & Gelade, 1980）と関係が深い。このような考えを発展させるためにTreismanとその後の多くの研究者たちが用いた方法には賛成できないが，その基本的な重要性は十分に認められる。

場面や絵を見るといったより一般的な状況における視覚的探索行動については解釈が難しい。この困難さについても議論が進展している。統計的な一般化も行なわれ，それによってMackworthとMorandi（1967）は，彼らの古典的な論文で，「視線は画像の中の情報に富む部分を選択する」というタイトルを用いた。7章ではこの種

の研究を概観すると同時に，最近の興味深い研究の進展をいくつかみていくが，それらの研究では自由に動くことができる被験者を用いてアクティヴ・ビジョンが研究されている。

　今日の認知神経科学の重要なテーマは，機能的な障害について研究することによって卓越した洞察を得ることである。8章ではアクティヴ・ビジョンに関して理解を深めると思われる数多くの病状について考察する。この章はアクティヴ・ビジョンの神経心理学に関する完全な知識を提供するものではない。むしろアクティヴ・ビジョンの理論が当てはまらない障害を多数取り上げる。

　眼球運動を挟んで与えられた情報はどのように統合されるのだろうか。最後の章（9章）では，この問題を扱った実験的な研究や，それらの新知見に基づく理論的な研究について論じる。

　私たちは本書のいたるところで，顕在的な視線定位は視覚の基本的な特性であるとする考えを強調した。顕在的に注意が移動する前に，潜在的な注意の移動が生じているとする考え方があるが，私たちはこうした考えには特に批判的である。このような考えは，ホムンクルスの概念と結びついた無限の後退から脱却できるだろうか？（訳注：なぜ意識体験が生じるのかという問題を，私たちの脳内状態を観察しているホムンクルス（小人）がいると仮定して説明しようとすると，そのホムンクルスの脳内にもさらに小さなホムンクルスがいることを想定しなければならなくなる。こうして，ますます小さなホムンクルスを無限に想定しなければならなくなる。）本書を貫く，いつ，なぜ視線は向けられるのかという問題を解明しようとする試みは，本質的には，随意的な活動の背後にあるプロセスを理解する試みでもある。アクティヴ・ビジョン研究は，脳はいかにして心を作り上げるかの研究なのである。

2章 アクティヴ・ビジョンの基礎

1節　イントロダクション

　この章では，アクティヴ・ビジョンを理解するうえで特に重要となる視覚系と動眼系の特徴について論じていく。2つの系についてのここでの説明は，私たちの観点に沿って十分に吟味して選ばれたものである。参考となる詳細な文献は数多くある（Carpenter, 1998; Cronly-Dillon, 1991; Wurtz & Goldberg, 1989 が優れた原典である）。

　1章では，パッシヴ・ビジョンというアプローチには多くの落とし穴があると論じた。パッシヴ・ビジョンによる説明では，中心窩の存在をある点では認めながらも，その重要性については軽視していることが多い。つまり，視知覚に関する議論において，「網膜像」が均質であることを暗黙のうちに仮定している。私たちは，このアプローチが少なくとも次の3つの理由から誤っていると考えている。まず第一にはっきりしているのは，このアプローチでは，視覚系に関する生理学と心理物理学の基本的な特徴，つまり，視覚的投射が網膜中心領域から離れるにつれて，徐々にぼやけるようになっているという事実を無視している。第二に，このアプローチでは，中心視の特性，たとえば空間的に忠実に投射しているという特性が，視野全体でみられるという誤った仮定につながってしまう。第三に，網膜像が均質であることを仮定したうえで視知覚に関して説明する場合，「心のスポットライト」のような余分な注意のプロセスが必要となってしまう。3章で議論するように，私たちは視覚的注意に対するこのようなアプローチが誤ったものであると信じている。

　アクティヴ・ビジョンでは，網膜は均質ではないという立場を出発点とし，中心窩を単に視力の高い領域ととらえるのではなく，視覚活動の中心的場所として位置づける。また，周辺網膜での視覚については，これとは別に取り扱う。伝統的に，視覚は中心窩から離れるにつれて，中心窩視での見えがぼやけたようになるが，対象を見るという点では目的は同じであると見なされている。アクティヴ・ビジョンによる説明では，周辺網膜でもなんらかの視覚表現が形成される（この表現は，期待していたほどには重要ではないことが明らかとなっている）が，周辺視の主な役割は，ターゲットに眼を向けて，それを中心視で認識するための適切な情報を提供することである。

2節　視覚投射の非均質性

1. イントロダクション

この節では，主に周辺網膜での視覚特性について論じていく。単眼の場合，周辺視に存在する点の位置を特定するための手がかりは，単純ではっきりとしている。図2.1 に示されているように，**偏心度**（angle of eccentricity）は，中心窩と注視点を結ぶ線である**視軸**（visual axis）と周辺網膜にあるターゲットの位置とが張る角度を指す。その位置を完全に特定化するためには，中心窩からの視角で表わされた距離と，視軸に対して上－下および左－右（あるいは鼻側－こめかみ側）を基準とした視野内での方向が必要とされる。**視野測定**（perimetry）とは，視野全体にわたって，周辺視を系統的に測定することを指す。図2.2 に示されているように，典型的な視野測定プロットは，両眼の視野によってある視覚的特性をもっている。視覚的投射は，中心

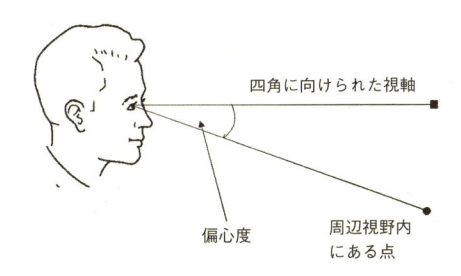

● 図2.1　偏心度の実例

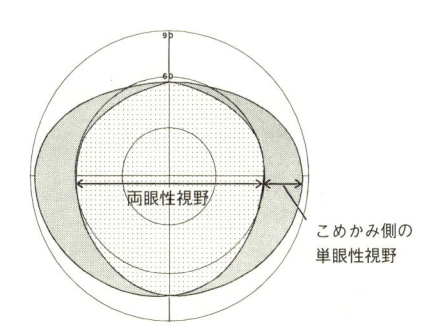

● 図2.2　計測された視野チャートの一例。チャート内の濃淡は，視野全体の位置によってある視覚的特性をもっていることを示している。チャートの中心が中心窩と注視点を結ぶ軸に相当し，図中の垂直軸は視軸の上下，水平軸は視軸の鼻側／こめかみ側に対応している。図で示した濃淡（Henson, 1993 より）は，片方の眼で観察可能な視野の範囲と，両眼で観察可能な両眼性視野を表わしている。

窩から周辺網膜となるにつれて，その特性が徐々に系統的に変化するようになっており，急激な移行点をもつわけではない。このことは，周辺視野内の下位領域と表現したり，中心窩領域という表現そのものでさえ，記述するうえで都合がよいというだけで，その表現に特に根拠があるわけではないことを意味している。しかし，慣例的に多くの場合，視角にして1度までを**中心窩（foveal）**領域，1度から5度までを**傍中心窩（parafoveal）**領域，これらを取り囲む残りの視野を**周辺（peripheral）**領域と定義している（5節2.）。

アクティヴ・ビジョンでは多くの場合，単眼視を取り扱うだけで十分である。視覚は主に，遠位な感覚として進化してきた。もし両眼を，観察者から40cm離れた前額平行面上（VDUスクリーンに対する典型的な観察距離）の点に向けるとすれば，この平面上にある他のオブジェクトに対する偏心度は，左右の眼でわずかに約1％差があるにすぎない。もちろん，観察者から異なる距離にあるオブジェクトを観察する場合には，両眼の網膜非対応の役割も考慮する必要がある。

多くの視覚機能は，刺激の偏心度が大きくなると，しだいにその能力が低下していく（2節2.）。ただし，重要な例外もある。視覚環境における変化を監視することは周辺視の役割であり，その役割が進化のうえでも重要なのは明らかである。したがって，フリッカー（光の点滅）や運動に対する感度といった時間的変化と結びついた変数の中には，能力の低下という一般的な規則に従わず，むしろ周辺視でのパフォーマンスが実際に向上する（Baker & Braddick, 1985）のも驚くことではない。

2. 視覚投射の生理学

眼の構造を解剖学的に記述することが，ビジュアル・サイエンスにとって常に重要な推進力となってきた。適切な顕微鏡技法を用いて網膜を研究することで，特殊化した中心窩領域に関するいくつかの基本的事実が明らかになってきた。まず，網膜表面は一般に平坦であるが，直径約1500 μm の浅い凹みが存在し，ここが視覚的に鋭敏な領域に対応している（図2.3）。この領域の網膜層は薄くなっている。これは，光受容細胞（錐体細胞）がこの凹み領域に高密度で並んでおり，網膜の他の視細胞（双極細胞，水平細胞，アマクリン細胞，神経節細胞）が，凹みから周縁部に押しやられているためである。凹みを作ることで網膜層は薄くなるが，光受容細胞上に結ばれる像の光学的性質は良好となるだろう。Polyak（1957）によれば，この凹みの直径は視角にして約5度であり，中心窩の大きさに関して一般的に受け入れられている機能的定義よりもやや大きい。この凹みの中心領域を表わすために，**小窩（foveola）**という語が用いられているが，中心窩そのものと同様，その境界に明確な定義があるわけではない。実際，錐体細胞の密度は，小窩の中心部にいくにつれて高くなり，錐体細胞間間隔は約2.5 μm である。偏心度1度になると間隔は5 μm まで広がる（Hirsch & Curcio, 1989）。視力も同様の結果を示し，中心小窩で視力が最もよい。この凹みにほぼ対応して，錐体細胞のみを含む領域が網膜上に存在する。この杆体細胞を含まない

12

2 節　視覚投射の非均質性

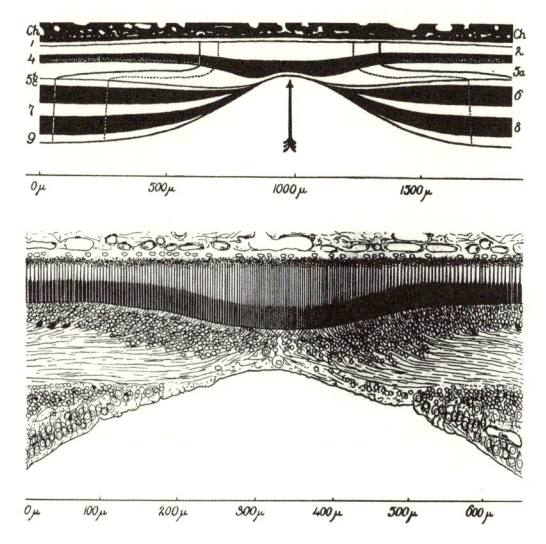

● 図 2.3　ヒトの網膜中心窩領域の横断図。図中の数値はミクロン（10^{-6}m）単位である。この場合，視角1度が約 300 ミクロンに相当する。[Polyak, 1957 から]

領域の直径は，視角1度よりもやや小さい（Hirsch & Curcio, 1989）。解剖学的な側面に関する最後の説明として，黄色色素をもつ領域が中心窩上に観察されることが多いことがあげられる。この黄色いスポットは，**黄斑**（macula あるいは macula lutea）とよばれており，**黄斑視**（macular vision）は中心視の別称でもある。

　視覚信号の処理は，まず光受容細胞で始まり，次いで網膜から神経節細胞へ，視神経を通って脳の視覚中枢へと処理が進んでいく。順応や受容野形成の過程では，各領域での局所的な空間的相互作用が特に重要な役割を果たしている。しかし，視覚投射の重要な特徴は，そのトポグラフィックあるいは網膜部位に対応したマッピングにある。神経節細胞やその後の分析レベルでも，近接する網膜領域との関係は維持され，網膜表面のマップが再現されることになる。マップ内での方位関係は忠実に維持されるが，信号処理が進むにつれて，網膜中心領域がしだいにその表現面積を拡大していくという変換が生じる。視神経は，視覚信号を網膜神経節細胞層から第一次視覚皮質に送るが，このとき視床の外側膝状体核を経由する。霊長類においては，これが主要な投射経路であるが，視索のレベル（視神経交叉で神経線維が半交叉したあと）で多くの副次的経路に分岐する。これらの投射経路のうち最も重要なのが**上丘**（superior colliculus）への投射であり，アクティヴ・ビジョンと特に関わりの深い中脳領域である。

　図 2.4 は，網膜中心領域が特に強調されるが，トポロジーは維持されているリマッピングの様子を図式化したものである。一般に，視覚系のリマッピングにはこのような特性があることが知られている。拡大は，錐体細胞から神経節細胞への投射と，神

13

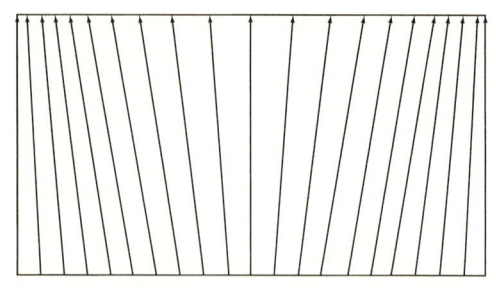

● 図 2.4 トポグラフィカルな関係は維持されているが，網膜中心領域での拡大率が増加している様子を図式的にリマッピングしたもの．

経節細胞から有線皮質への投射という 2 段階にわたる変換のために生じるようである (Azzopardi & Cowey, 1993; Drasdo, 1991)．

拡大因子 (magnification factor) とは，リマッピングの量的特性を表わすのに用いられる語であり，視角 1 度に相当する網膜領域が大脳皮質表面に占める長さと定義されている (Wilson et al., 1990)．本書では，拡大因子の絶対値はそれほど重要ではなく，むしろその因子が偏心度 (E) によってどのように変化するかのほうが重要である．次式

$$M = M_f / (1 + E/E_s) \tag{2.1}$$

は，拡大因子に関する実験的知見をほぼ正確に表わしたものである．M_f は定数（約 1 cm/度）であり，中心窩での値を示している．E_s は尺度因子であり，拡大が中心窩での値の半分となる偏心度を示している．推定値は 0.3 〜 0.9 度であり (Wilson et al., 1990)，大細胞系と小細胞系では，当てはまる値が異なることが示唆されている (3 節 1.)．網膜から大脳皮質への投射に関する別の表現が，Schwartz (1980) により提示されており，次式のような数学的に洗練された変換により投射を近似できることが示されている．

$$\begin{aligned} u(r, \Phi) &= \log r \\ v(r, \Phi) &= \Phi \end{aligned} \tag{2.2}$$

ここで，r と Φ は円周座標上での周辺視内に位置する点であり，u と v は直行座標でのそれに対応する大脳皮質地図上の点を表わしている．

3. 周辺視の心理物理的特性

Wertheim (1894) は，一連の実験を注意深く行ない，周辺視野のさまざまな位置に提示された縞模様に対する視覚系の分解能を測定した．Wertheim の知見（図 2.5）によると，近周辺約 20 度の範囲では，縞模様の視覚分解能と偏心度の間には驚くほど強い線形関係が存在する．また，同様の結果がのちの研究者によっても確認されて

2節 視覚投射の非均質性

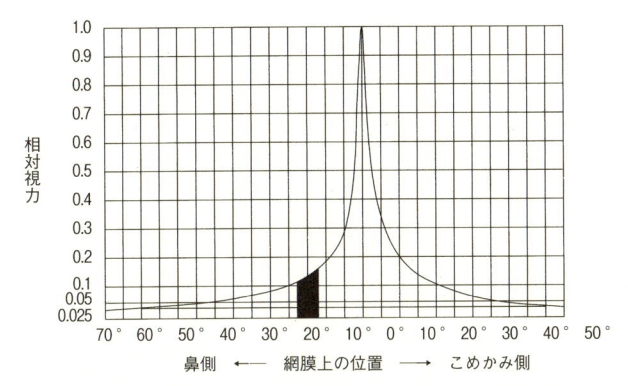

● 図2.5 網膜上の位置と縞模様に対する視力との関係。図中黒く塗りつぶされた部分は盲点である。[Wertheim, 1894 から引用]

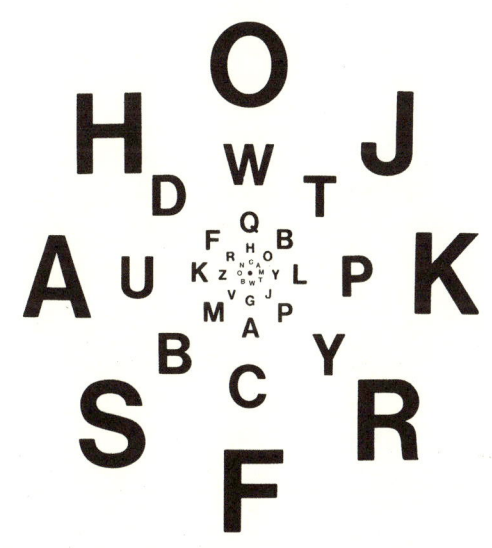

● 図2.6 網膜偏心度と視力との関係。画面中央を注視したとき，どの文字も等しく読めるが，大きさは可読閾の10倍である。この関係は，観察距離にかかわらず，少なくとも大きさに関しては近似的に当てはまる。[Anstis, 1974 から]（訳注：ただし可読閾自体は観察距離や図全体の大きさによって変わる）

きた。その結果，視力の低下を次式によりほぼ完全に近似することができる。

$$V_E = V_f / (1 + E/E_s) \tag{2.3}$$

ここで，V_E は偏心度Eでの視力，V_f は中心窩での視力，E_s は定数を表わす。E_s は，視力が中心窩での視力の半分になる位置と解釈することもできる。縞模様に対する視

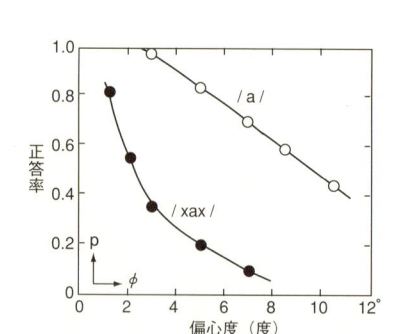

● 図 2.7　側方マスキング。Bouma (1978) は，視野周辺部のさまざまな位置に提示されたアルファベット文字 1 つを報告するように観察者に求めた。図中のプロット /a/ は，文字が単独で提示された場合。プロット /xax/ は，報告すべき文字が，その左右を文字 x に挟まれて提示された場合である。左右を挟む文字はどの場合も同じであったにもかかわらず，ターゲットとなる文字を同定する能力は，文字を単独で提示した場合に比較して著しく低下した。

力では，この定数の値は約 2.5 度である（Wilson et al., 1990）。おおざっぱに考えると，この定数項は無視でき，図 2.6 にあるような，単純ではあるが重要な周辺視の特性が Anstis (1974) により示されている。

図 2.7 も，周辺網膜で視力がどの程度低下するかを表わしているが，測定手続きはやや異なっている。この例では，網膜上のさまざまな位置に単一のアルファベット文字が提示され，その文字を読み取る弁別力が測定された。この図からすぐにわかるのは，次の 2 点である。まず，図 2.5 に示された縞模様に対する弁別力と同様，刺激の提示位置が網膜中心から離れるにつれて，弁別力はしだいに低下していく。つまり，文字のある部分を弁別することはできるが，完全には弁別できない領域が広く存在している。第二に，ターゲット文字の左右に課題とは無関連な文字が存在することで，弁別力は著しく低下する。これが，**側方マスキング**（**lateral masking**）とよばれる現象であり，以下でさらに議論していく。

視力の低下という結果から明らかなのは，刺激がある網膜中心領域の外側に提示されると，ある種の弁別が不可能になるということである。この領域は，**静止視野**（**stationary field**）（Sanders, 1963），**検出視野**（**conspicuity field**）（Engel, 1971），**機能視野**（**functional field of view**）（Ikeda & Takeuchi, 1975），**有効視野**（**useful field of view**）（Bouma, 1978），**ビジュアル・ローブ**（**visual lobe**）（Courtney & Chan, 1986）などとよばれてきた。また，Sanders (1963) は，眼球運動のみを用いて弁別が行なわれている視野領域を**アイ・フィールド**（**eye field**），頭部運動と連動して弁別が行なわれている視野領域を**ヘッド・フィールド**（**head field**）とよんで区別した（4 章 1 節）。

検出視野は，課題の特異性によって影響を受ける。たとえば，中心視に数字や文字を提示して負荷をかけると同時に，周辺視に提示されたターゲットを背景ノイズから

弁別するという課題を行なったところ，検出視野は狭くなった（Ikeda & Takeuchi, 1975）。しかし，背景ノイズがあっても中心視課題に注意を向けるように観察者に教示すると，中心の検出視野は広がる（Engel, 1971）。検出視野は，特に視覚探索課題で重要となっている（6章3節2.）。

4. 心理物理学的測度と生理学的測度の比較

中心窩から離れるにつれて視覚能力が低下することは，2章2節1.で論じた視覚経路での拡大率の違いにどの程度**直接**関わり合いがあるのであろうか？ Virsuと Rovamo（1979）は，皮質拡大因子を考慮に入れて中心視・周辺視に提示する刺激の大きさを変化させることで，視覚皮質では活性化パタンがそれらの刺激により生じ，弁別のしやすさが等しくなるだろうと示唆した。このことは，弁別しやすさの違いがすべて拡大率の違いによるものであることを意味している。VirsuとRovamoが示したように，この議論は，ある種の弁別課題でのデータに基づけば妥当性があると思われる。この場合，偏心度の増加につれて視覚能力が低下するのは，皮質拡大率の低下と密接に関連している。ただし課題が異なれば，また別の要因を考慮する必要があるのは明らかである。

式2.1と式2.3は明らかに類似しているが，この2式では尺度因子が基本的に異なっている。別の基本的な視覚課題である直線による副尺視力の測定では，Esの値が縞模様に対する視力の場合よりもかなり小さくなることが心理物理学的実験で示されている。このことは，副尺視力が視野周辺部では相対的にかなり低下することを意味している。この場合，尺度因子は皮質拡大因子に近い。Wilsonら（1990）は，副尺視力が皮質拡大率によって決まるのに対し，縞模様に対する視力が網膜上の錐体細胞間の距離によって決まると示唆している。

この2つの視力の重要な違いは，副尺視力では局所的な位置のズレの判断が必要とされるのに対し，縞模様の検出は隣接する領域のコントラストの差に基づくだけで可能なことである。側方マスキング現象（側方マスキング効果）（図2.7）に関する近年の研究（Toet & Levi, 1992）では，刺激がより周辺部に提示されると，干渉がしだいに広い範囲に及ぶことが示されている。ToetとLeviはまた，側方マスキングの量にはかなりの個人差があることを示した。

3節　並列的な視覚経路

1. 大細胞系と小細胞系

網膜から第一次視覚皮質まで引き継がれるトポグラフィカルなマップは，私たちが1章で批判してきたパッシヴ・ビジョンによるアプローチが拠り所とする事実の1つであった。ある時期には，網膜像から視覚信号が一括して視覚経路を伝わっていくと考えられていた。近年のビジュアル・サイエンスにおける最も重要な進展の1つは，視覚経路にはさまざまなタイプの神経細胞が存在することを見いだしたことであった。

すでに 1966 年に，Enroth-Cugell と Robson は，ネコの網膜に X 細胞と Y 細胞が存在することを示したが，霊長類の視覚経路にも同様の区分が存在することが受け入れられるにはさらに数年を必要とした。

ここ 20 年ほどで，霊長類の視覚経路にある細胞が，**大細胞 (magunocellular: M) 系**と**小細胞 (parvocellular: P) 系**という区別から分類できることが明らかとなった。この名称は，外側膝状体レベルで 2 つのタイプの細胞が異なる層に分かれて存在するという知見に基づいている。ただし，このような細胞タイプの分離は網膜でも観察されており，大脳皮質へ至るまで続いている (Schiller & Logothetis, 1990)。さらに，このような 2 つのタイプの細胞は，大脳皮質においても 2 つの異なる処理経路として，依然その大部分が分離したままである（次章を参照）。しかし，2 つの経路がある皮質領域内で相互結合しているという例証も数多く存在する (Ferrera et al., 1992; Maunsell et al., 1990)。

M 細胞と P 細胞は，網膜中心にも網膜周辺部にも存在するが，その相対的出現頻度は異なる。このため，M 細胞，P 細胞の反応特性を決めることがやや難しくなっている。というのは，それぞれの細胞内でも，特にどの網膜領域内にあるかによって，その反応特性が異なるためである。しかし，表 2.1 に示されているように，M 細胞と P 細胞が基本的に多くの点で異なっていることが現在では一般に認められている。M 細胞と P 細胞の区別は広く受け入れられているが，このような区別を行なうことの重要性は依然わかりにくい。M 細胞は，明暗コントラストに対して感受性が高く，一過性の反応を示す。このため刺激の急速な変化を伝えるのに適している。M 細胞は，アクティヴ・ビジョンのダイナミックなプロセスにおいて非常に重要な役割を果たしていると考えられる。一方，P 細胞はその受容野が狭く，M 細胞よりも線形な応答

● 表 2.1 大細胞系と小細胞系に含まれる細胞の特性の比較。その特性の多く（たとえば，受容野の大きさ）は，網膜偏心度に応じて変化するが，特定の偏心度では，表にあげた差異がみられる。[Kaplan et al., 1990 と Lennie, 1993 に基づく]

	小細胞系	大細胞系
細胞の推定数（百万単位）	1.2	0.15
神経節細胞に占める割合（％）	80	10
網膜上分布	中心窩で密	中心窩で密？（ただしより分散している）
軸索伝導速度	6m／秒以下	15m／秒以下
刺激の立ち上がりに対する反応	持続的	一過的
動きに対する感度	低い	高い
受容野の大きさ	小さい	大きい（周辺効果）
空間分解能	高い	低い
線形加算	線形	その多くが非線形
コントラスト感度	低い	高い（そして飽和する）
コントラスト利得	低い	高い（8〜10 倍）
色感度	多くの細胞で見られる	ない

特性をもっているため，視覚的形態の細部を伝えるのに適しているようである。
2. 皮質における視覚処理
　大脳皮質の生理学的研究によって，視覚モダリティの優位性と重要性が明らかになってきた。後頭葉，頭頂葉，側頭葉に分類される領域を含む大脳皮質のうしろ半分の多くの領域に，視覚性の反応特性を示す神経細胞があり，網膜対応のマップもある程度維持されている。現在では，かなり多く（30以上）の独立した網膜対応マップ，すなわち視覚野が存在すると考えられている。各マップ内の細胞は異なる反応特性を示すため，視覚脳を**地図帳**（**atlas**）に例えること（Zeki, 1993）にも妥当性があるかもしれない。ただし，色や動きといった聞き慣れた視覚的特性がある領域のみに分化しているわけではない，というのも事実である。

　FellemanとVan Essen（1991）が描いたような，よく知られた，また視覚的にも魅力的な図も存在し，皮質領域とその相互結合パターンが見事に描き出されている。多くの場合，これほど詳しい図式であれば十分すぎるほどである。逆にその単純さゆえに，UngerleiderとMishkin（1982）によって初めて提示された図式は，かなりのインパクトをもたらすことになった。彼らは，皮質の視覚野間に多様な相互結合が存在することを認識したうえで，第一次視覚野への入力情報を中継する2つの主要な経路が区別できることを示した（図2.8）。**背側経路**（**dorsal stream**）は後頭葉から頭頂葉に至り，**腹側経路**（**ventral stream**）は後頭葉から側頭葉に至る。彼らは，各経路が損傷すると，その影響の現われ方が異なるという研究に基づき，腹側経路が視覚的認識に関する情報を伝えるのに対し，背側経路が視空間的なアウェアネス（気づき）に関する情報を伝えると指摘した。一方，LivingstoneとHubel（1987）は，その影響力のある論文の中で，すでに述べたM経路とP経路が背側経路と腹側経路に対応すると指摘した。ただし，この指摘はその後議論をよぶことになった（Merigan & Maunsell, 1993）。

　近年の研究によって，このUngerleiderとMishkinの元々のモデルは修正かつ洗練されてきた。Melvyn GoodaleとDavid Milnerは，このモデルにやや修正を加えている（Goodale & Milner, 1992; Milner & Goodale, 1995）。彼らの修正図式では，腹側経路は元の説明と同様，認識のための視覚に関与している。しかし，背側経路は行為のための視覚とよばれ，一連の直接的な視覚と行為の結びつきに関わり，見ている視覚像の内容とは関わりがない。この修正モデルの根拠として，彼らは患者DFの症例をあげている。この患者は，オブジェクトの方位に関連した視空間課題（スロットの傾きに合わせてブロックを投げ入れる）を実行することはできたが，一連のプロセスには気づいておらず，オブジェクトの傾き方向を言語的に報告することもできなかった。視覚とアウェアネスの関係は，近年かなりの関心が寄せられている複雑な問題であるが，8章でさらに議論を重ねていく。近年の生理学的研究は，背側経路が前頭葉の運動野に投射し，視覚的に誘導される行為にかなり直接的な形で役立つ特性を示すこと

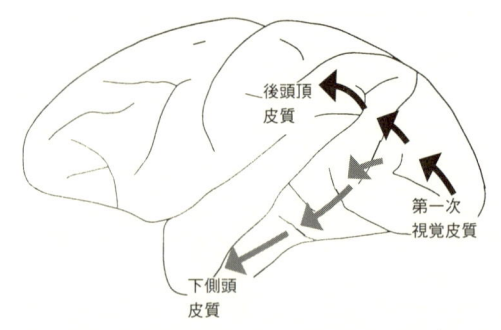

● 図 2.8 背側経路と腹側経路。第一次視覚皮質に始まり，頭頂皮質と側頭皮質に別々に至る2つの経路が存在する。[Ungerleider & Mishkin, 1982 より，Milner & Goodale, 1995 が作図]

(Sakata et al., 1997) から，この見解を支持している。背側から運動野に至る経路内の細胞は，視覚入力信号を運動出力信号に徐々に変換する。4章において私たちは，サッカード眼球運動による定位に関連して，同様の漸進的な変換を取り扱うことになる。

行為／認識の区別は，私たちのパッシヴ・ビジョン／アクティヴ・ビジョンの区別とどのように結びつくのだろうか？　視覚が行為に役立つようにはたらいているという考えは，パッシヴ・ビジョンの観点からは明らかに歓迎すべき提案である。ただし，視覚と行為を細部に至るまで結びつけるのは簡単なことではない。というのは，行為／認識の区別は，主に視覚課題の全体的な水準に関わっており，アクティヴ・ビジョンが関与する視覚課題の下位成分とはあまり関連がないからである。たとえば，頭頂葉にある背側経路の皮質領域がサッカード眼球運動に関わりが深いという例証が存在する（5節4.）。したがって，定位行動は視覚が関わる単なる別の行為にすぎず，見ている内容とは関係がない。ただしここでは，多くの視覚的活動が，行為と認識を密接に結びつけていることを指摘しておく。たとえば，紅茶を入れる場合には，多くの道具や材料を取り扱う必要があるが，これについては7章で議論する。私たちの分析では，アクティヴ・ビジョンの定位（眼を向ける）プロセスが実際に視覚的活動であるだけでなく，認識プロセスとも密接に関わっていることを主張していきたい。

網膜に始まる生理学的経路は，実際，脳のいくつかの異なる領域に投射している。このため，別の並列処理も行なわれている。霊長類においては，すでに議論した外側膝状体−皮質経路が最も大きく，視覚経路の中では最も詳しく研究されている。しかし，他の経路を経て，上丘や視蓋前域などの中枢にも視覚情報は送られている（Milner & Goodale, 1995）。これらの経路に関する伝統的な見方は，これらの経路が「反射的な眼球運動」に関連しているというものである。多くの例証がこの見方を支持しているが，驚くべきことに，眼球による最も速い反応は皮質経路を用いていることが明らかとなっている（Miles, 1995, 1998）。

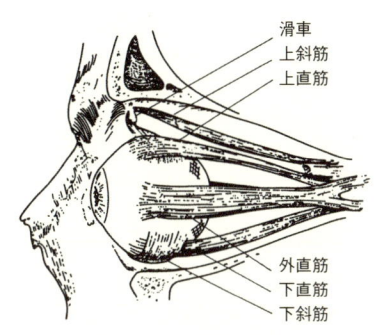

● 図2.9 6つの動眼筋.［Howard, 1982 から］この観察位置からは，外直筋が一番手前に見えるが，拮抗筋である内直筋は眼球の陰になって見えないため，図には載せていない.

4節　動眼系

アクティヴ・ビジョンの本質は，視線を向け直すことで絶えず外界の情報を取り込むことができる点にある．外界の情報の取り込みは眼筋を用いなくとも可能であるが，眼筋を用いることでこのプロセスが最も効率的に行なわれる．ヒトの多くの活動にとって，眼球運動がアクティヴ・ビジョンを支える主要な手段となっていることは間違いない．この節では，さまざまな眼の動かし方について議論していく．

1. 眼　筋

各眼球は，対となる筋が協同してはたらく 3 対計 6 つの外眼筋により眼窩内に安定して収まっている（図 2.9）．これらの外眼筋の配置とその特性に関する研究は，古くから，眼科医や一般に検眼士とよばれる人たちにとって興味深くかつ臨床的にも関心の高いものであった．かつては，外直筋の代わりに「amatoris」という語が用いられていた．しかし，この語は人目を忍んでいちゃつくといった意味ももつため，現在では使われなくなっている．眼球の水平運動は，もっぱら 2 つの筋の活動によって行なわれている．これらは**外直筋**（lateral rectus）と**内直筋**（medial rectus）で，眼球をこめかみ側に向ける**外転**（abduction）と鼻側に向ける**内転**（adduction）に関与している．垂直運動は主に，眼球を**上転**（elevation）運動させる**上直筋**（superior rectus）と**下転**（depressive）運動させる**下直筋**（inferior rectus）によって行なわれている．ただし，残る対である**上斜筋**（superior oblique）と**下斜筋**（inferior oblique）は，これらの運動には一部関与しているだけである．

眼球の回転は慣例的に，眼球が眼窩内中心に収まり，視線をまっすぐ前方に向けたときの**第一眼位**（primary position）を基準にして記述される（より詳細な定義は Carpenter, 1988 を参照）．**第二眼位**（secondary position）とは，視線方向が第一眼位から垂直あるいは水平方向のいずれかに向けられるときの眼位を指す．そして**第三眼位**（tertiary position）とは，第一，第二眼位以外の方向にあるときの眼位，す

わちすべての斜め方向の眼位を指す。これらの眼位が視線方向のみを指すことに注意すれば，同じ視線でもその周りを回転する自由度（**回旋運動：torsional movement**）があるために，眼球は原理的に多くの異なる状態をとり得るはずである。初期の実験的知見として，**Listing の法則（Listing's Law）**がある。これは，ある方向に視線を向ける場合，どのような運動の組み合わせが用いられたかに関係なく，眼球は眼窩内で一定の位置をとるというものである（厳密にいうと，これは **Donders の法則（Donders' Law）**である。Listing の法則では，特定の眼位が一義的に決定されると述べている）。Listing の法則は取るに足らない結果などではなく，近年かなりの関心を集めている。というのも，Listing の法則には，精巧な神経メカニズムや動眼系メカニズムが関与すると考えられているからである（たとえば，Crawford & Vilis, 1995 を参照）。

　Listing の法則をざっと解釈すると，眼球は原理的に，主軸（ここでは視線と仮定されている）の周りをねじれるように任意に回転することができるが，非効率的な回転が起こることはない，ということである。実際には，多くの場合，眼球の自由度は無視され，回転に要する水平成分と垂直成分，別の言い方をすれば回転の**振幅（amplitude）**と**方向（direction）**によって，適切な眼球運動が生じるのである。ただし，ある状況では，重要な回旋回転が実際に起こっているのも事実である。頭部を回転させる場合，補償的な**反対方向の回旋運動（countertorsion）**がわずかに生じることが見いだされている（Howard, 1982）。また両眼視の場合，左右の眼球が反対方向に動く**非共役的な回旋運動（cyclotorsion）**も重要である（Howard & Rogers, 1995）。

2. 眼球運動の分類

　視覚は，時計作りからスキーの回転競技に至るまで，さまざまな状況において重要である。そのような課題が進化の過程で必要とされ，その結果，一連の複雑な動眼系制御プロセスが発達してきた。これらの制御プロセスは異なるカテゴリーに分けられる。Walls (1962) による画期的な論文は，学問的にも価値があり興味深い論文である。彼はその論文の中で，異なるタイプの眼球運動が発達してきた進化の歴史を提唱している。

　Walls は逆説的に，外眼筋は眼を動かすために進化したのではなく，むしろ生体が動いても眼を視覚環境に対して安定した状態に維持するために進化したと提唱した。**前庭動眼（vestibulo-ocular）**反射（VOR）と**視運動性（optokinetic）**反射（OKR）という 2 つの基本的なシステムが，このような視覚世界の安定化に役立っている。前庭動眼反射では，安定化のための信号は内耳の前庭器官で検出される。また，視運動性反射は，静止した観察者の前にある広がりをもったオプテック・フロー・パターンが持続的に提示されることで生じる。これらのシステムは，私たちが見る視覚世界を安定させるために，驚くほど効率的にはたらくように精緻化してきた（詳細は，Carpenter, 1988, 1991; Miles, 1995 を参照のこと）。これらの反射を研究する際には，

静止した視覚世界に対して観察者の身体を一定方向に回転させる，あるいは静止した観察者に対して視覚刺激を一定方向に動かす（ドラムを回転させる）ことにより，一定の刺激を提示し続ける．この際，眼球は特徴的な**眼振**（**nystagmus**）運動を示す．乗りものなどに乗って外の景色を見る場合，眼球はのこぎり波状の運動を示し，乗りものの進行方向と反対方向に**徐波相**（**slow phase**），次に進行方向に**速波相**（**fast phase**）を示す．これを繰り返すと，眼振パタンが生じる．速波相は急速な運動パターンであるため，視覚的な安定性が崩れる時間は最小となる．また，アクティヴ・ビジョンにとって重要なのは，これらの速波相が，急速眼球運動を一般的に引き起こすサッカード・メカニズムの進化の過程での前段階と考えられることである．

　前庭動眼反射と視覚運動性反射は，基本的に非随意的で自動的な運動である．対照的に，これ以外の眼球運動はすべて基本的には随意的であると考えられている．**サッカード**（**saccade**）眼球運動，**追跡**（**pursuit**）眼球運動，**バーゼンス**（**vergence**）運動はすべて，ターゲットの捕捉に関連づけて記述される（訳注：バーゼンスは輻輳（convergence）と開散（divergence）を含む）．そのため，観察者の動機づけの高さや高次の認知的プロセスとも密接に関わってくる．サッカード・システムは，捕捉されたターゲットが網膜中心窩の位置に来るように眼球を回転させる．追跡眼球運動システムは，滑動性追跡システムともよばれ，移動するターゲットをなめらかに眼で追っていけるようにする．バーゼンス・システムは，奥行き方向に移動するターゲットが両眼の中心窩に投射されるようにしたり，異なる奥行き方向に出現する新たなターゲットに合うように2つの眼球の向きを適切に調節する．サッカード・システムは，急速，ステレオタイプ的，跳躍様の運動を利用し，典型的には瞬間的に数100度／秒の速度で眼球を回転させる．これらの運動は，一般的には100度／秒以下の速度で持続的に眼球を動かす追跡眼球運動とは明らかに異なっている．サッカードも追跡眼球運動も，基本的には両眼を同一方向に動かす**共役**（**conjugate**）運動である．ただし，バーゼンス運動は，両眼を**非共役的**（**disjunctive**）に（反対方向に）動かす連続した運動であり（ただし5節2.を参照），最高速度は20度／秒以下である．

　追跡眼球運動システム，バーゼンス・システムとも，移動するターゲットが網膜中心窩に投射されるように，閉ループ系としてはたらくことが可能である．ただし，両システムとも，その初期成分が開ループ系としてはたらくため，ターゲットをすばやく捕捉することができる（Bussetini et al., 1996; Semmlow et al., 1994）．また，それに対応するように前庭動眼反射が急速に抑制される（Lisberger, 1990）．

　静止した場面を観察している静止した観察者にとっては，前庭動眼反射，視運動性反応，あるいは追跡運動を引き起こす刺激は存在しないことになる．したがって，眼球運動パターンは，眼球運動と注視が繰り返されるサッカード眼球運動のみとなるが，場面の中に観察距離が異なる対象がある場合には，バーゼンス運動も生じる．多くの場合，サッカード運動のみが重要となるため，この章の残りの部分では，サッカード

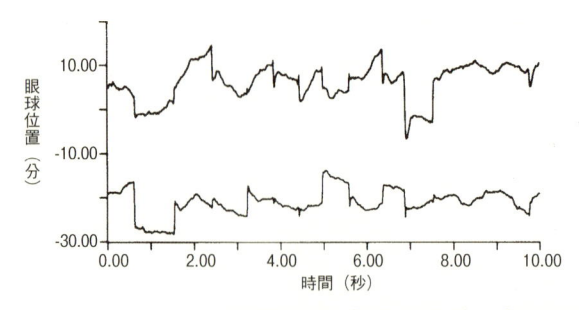

● 図 2.10 一点を注視しているときの眼球運動の記録(「生理学的眼振」と「微細眼球運動」とは同義である)。ドリフト,トレモア,マイクロサッカードが表われているのがわかる。上図の軌跡は眼球運動の垂直成分,下図の軌跡は水平成分を表わしている。わかりやすくするため,軌跡を上下方向に表わすのが慣例である。[De Bie, 1986 から]

を主たるテーマとして扱う。**注視(fixation)** という語は,サッカード間の静止した時間を指す(この語は,何かを見るという行為の一般的な言い方としても,ある瞬間に停留しているという名詞としても用いられる)。実質的には,注視時には眼球は静止していると仮定されているが,詳しく調べてみると,眼球は絶えず微細な運動をしているダイナミックな状態にあることが知られている (Ditchburn, 1973)。図2.10は,そのような運動の典型的な記録を表わしている。振幅値が数度／秒程度のゆっくりとした不規則な**ドリフト (drift)** 運動と,ドリフトよりも急速で不規則な**トレモア (tremor)** とよばれる運動がこのドリフトに重畳されているのがわかる。時折,**マイクロサッカード (microsaccades)** とよばれる小さな,跳躍様の運動が出現することもある。図2.10は,観察者に十数秒間,静止した標的を観察し続けるよう教示したときに得られた記録である。

これらの運動は,網膜像に対して網膜を細かく動かすという効果をもっている。**静止網膜像 (stabilised retinal image)** という技法を用いて,相対的動きを除去することもできる。この技法では,眼球が動くと,観察している画面が眼球運動と反対方向に同じ量だけ動く工夫がされている。このようにして視覚像を網膜上で相対的に静止させると,視対象が部分的に劇的に「消失」したり完全に見えなくなる (Ditchburn & Ginsborg, 1952; Riggs & Ratliff, 1952)。まずこの結果から,微細な眼球運動は視覚にとって基本的に重要なものであると考えられ,精力的に研究が進められた (Ditchburn, 1973を参照)。また,注視メカニズムに高次レベルの影響がみられることから,これらの注視時の眼球運動に対して元来の「非随意的」という語を当てはめることが不適当であることが示された。たとえば,マイクロサッカードの出現は教示によっても変化する (Steinman et al., 1967)。さらに,周期的に動くターゲットをサッカードで追うよう観察者に教示すると,ターゲットの位置変化を予期して,サッカードの直前にターゲットの動く方向にドリフト運動がみられた (Kowler & Steinman,

1979)。特に頭部を自由に動かせる状況では，実質的に網膜像が大きく変化するにもかかわらず，注視誤差や運動印象が生じないというのは興味深い現象である (Steinman et al., 1982)。それにもかかわらず，このような相対的な静止状態で視覚像が消失するメカニズムについては，神経生理学的に完全には解明されていない。この現象は，伝統的なパッシヴ・ビジョンでのある種の考え方に対する難題となっている。

5節　サッカード眼球運動

　サッカード眼球運動は，日常何かを見るときにはいつでもみられる。眼球が静止・急速な飛び越しを繰り返すように動くことを初めて認めたのは，19世紀のフランスの眼科医のグループであり，その中でも Javal (1878, 1879) は卓越した人物であった。サッカードという呼び名は Javal の研究に由来する。この語を英語に取り入れたのは，Raymond Dodge という初期のころの大きな影響力をもつ研究者であった。彼は当時の多くのアメリカ人と同様，ドイツの実験室での研究歴を生かしていた (Dodge, 1900; Dodge & Cline, 1901; Erdmann & Dodge, 1898)。眼球運動に関する初期の研究を歴史的観点から魅力的に解説した書物として，Tatler と Wade (2003) の著作がある。

　私たちは，多くの視覚的活動（5章〜7章を参照）で，毎秒3,4回のサッカードを行なうことで眼球を動かしている。単純に計算しても，1日に数十万回，一生を通しては莫大な回数のサッカードを行なっていることになる。サッカードは随意的に行なわれているが（例外に関しては，5章8節2, 8章3節, 8章5節を参照），そのほとんどが意識にのぼることはない。日常的な活動では，ほとんどのサッカードは数度の大きさでしかない (Bahill et al., 1975a; Land et al., 1999)。ただし，特に活動的な課題では，非常に大きなサッカードも少数回起こる。近年，日常的な課題（お茶を入れる）

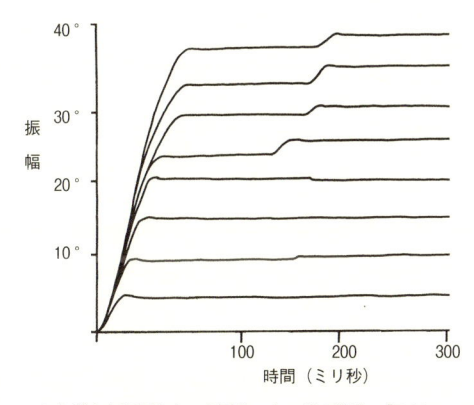

● 図2.11　さまざまな振幅をもつ水平サッカードの軌跡。[Robinson, 1964 から]

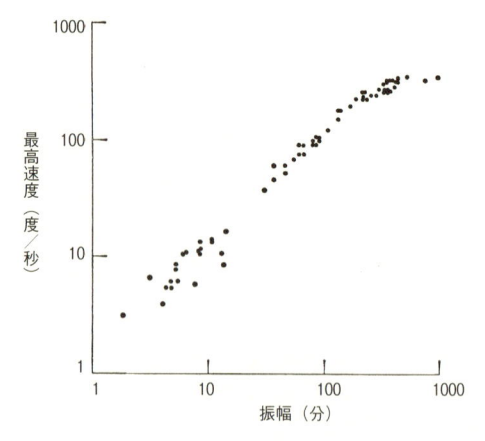

● 図 2.12　サッカードの振幅と最高速度の関係。横軸の振幅スケールは，マイクロサッカードから大きな随意的サッカードまで及ぶ。プロットは Zuber, Stark & Cook (1965) から引用。「主系列」という用語は，この関係を述べるためにあとになって導入されたものである。[Bahill et al., 1975b]

でのサッカードの平均的大きさを推定したところ，18〜20度であった（Land et al., 1999）。

1. サッカードの特性

サッカード眼球運動は**ステレオタイプ的**（stereotyped）で，**弾道的**（ballistic）な運動である。サッカードの軌道とは，眼球が回転する道筋を正確に詳しく記録したものである。図 2.11 は，さまざまな大きさをもつ水平方向へのサッカードの軌道の典型例である。まず，眼球は静止状態にある。ある特定の時点で，眼球は加速し始め，最高速度に達したあと，新たな位置に停留させるために急速に減速する。サッカードの**振幅**（amplitude）とは，眼球の回転角度を指す。サッカードがステレオタイプ的な運動であるといわれるのは，同一の振幅のサッカードが起こると，その軌道がほぼ同一となるという事実からもわかる。サッカードの**持続時間**（duration）と**最高速度**（maximum velocity）は，観察された軌道から容易に計算できる。図 2.12 にあるようなプロットは，これらのパラメータが，特定の振幅をもつサッカードに対してはほとんど変化することがないが，サッカードの振幅に応じて変化することを示している。天文学の恒星の色と明るさの関係を表わす用語から借用して，**主系列**（main sequence）という呼び名がこのようなプロットに対して使われてきた（Bahill et al., 1975b）。サッカードの持続時間に対して，その主系列は次式によって表わされる。

$$T_s = 2.2 A_s + 21 \tag{2.4}$$

ここで T_s はサッカードの持続時間（ミリ秒），A_s はサッカードの振幅（度）である。

この基本的な表現には，いくつか修正を加えなければならない。動眼系は生物学的

システムであり、そのようなシステムは必然的に変動性が大きくなるという特徴をもつ。これが機械的なシステムとは異なる点である。したがって、サッカードは、主系列よりも速度が遅くなったり、時には速くなったりすることもある。動眼系は、何度も繰り返し行使されても疲労することはないようであるが、まどろみ状態では、主系列から予測されるサッカードよりも速度が低下し、またベンゾジアゼピンのような薬物の使用によっても速度が低下する（Glue, 1991）。バイオフィードバックでの訓練手続きを用いることにより、サッカードの速度を低下させようとする試みに成功している例もある（Findlay & Crawford, 1986）。また脳損傷の結果として、サッカードの速度が低下する場合もある（Zee et al., 1976）。さらに、サッカードの軌道の停止位置は、**動的オーバーシュート（dynamic overshoot）**という特徴をもつ。これはサッカードの最終停止位置がわずかにオーバーシュートしてから、短時間で逆方向に戻るという特徴である。眼球の軌道そのものが、そのようなオーバーシュートを示すこともあるが、ある種の眼球運動追跡装置では、測定方法上の特性としてオーバーシュートが記録される（Deubel & Bridgeman, 1995）。最後に、眼球はサッカード終了時に常に停止するとは限らず、ゆっくりとしたドリフト運動が持続する場合もある。特に、眼球が第一眼位にない場合に観察されるこのようなサッカード後のドリフトは、ある種の脳損傷患者にみられる特徴である（Leigh & Zee, 1983）。さらに健常成人でも観察されることがある（Kapoula et al., 1989）。これは、サッカード後の視線の安定性が、アクティヴな順応プロセスによって維持されることを示している（4章6節）。

　水平方向へのサッカード時には、通常視線は純粋に水平面で移動する。しかし、斜め方向および垂直方向へのサッカードの軌道が、視軸を中心として単純に回転することはまれで、軌道はもっと複雑である。そこで、運動時の視軸の位置を連続的にプロットすると、やや湾曲がみられることになる。この湾曲はサッカードの方向によって一定の変化を示す（Viviani et al., 1977: 図2.13）。このような湾曲が観察され得る状

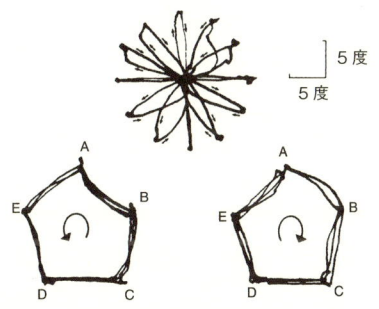

● 図2.13　サッカードの軌跡のプロット。各眼球運動がサッカードの方向によって一定の湾曲をすることを示している。上図は、視野中心から時計の文字盤に相当する位置にサッカードした軌跡を示している。下の2つの図は、AからEまでの点を反時計回りに（左図）、および時計回りに（右図）に走査したときの軌跡。
［Viviani et al., 1977 から］

況として，斜め方向への軌道が，振幅値の異なる水平成分と垂直成分の組み合わせからなる場合が1つ考えられる。もしそのような運動が，運動の各成分を単純に加算した結果生じるとすれば，どちらかの成分の振幅が小さければ，（主系列のため）その持続時間も短くなるはずである。しかし，斜め方向へのサッカードで観察される湾曲が，このようなパターンを示すことはない。つまり，片方の成分が短くなれば，もう一方の振幅値の大きな成分とつり合うように短い成分が**伸張（stretching）**するのである（Van Gisbergen et al., 1985）。

弾道的な運動は，ひとたび開始されると，新しい情報を提示しても途中で修正がきかない。サッカード眼球運動もこのような特性を示す。これは2つの視覚ターゲットを連続的に提示する2重刺激実験の結果からも示されている（4章4節2.）。これらの実験では，第一のターゲットへのサッカードの開始前約70ミリ秒以内に，第二のターゲットに関する視覚情報が与えられても，最初のサッカードは修正されないことが見いだされた。もしサッカードの目標位置が，この70ミリ秒というデッドラインの直前に変更されると，明らかに目標探索的な特徴をもつ屈曲したサッカードの軌道が観察される（Van Gisbergen et al., 1987）。そのような屈曲した目標探索的サッカードは，脳の損傷によりサッカードの速度が低下した患者で観察されている（Zee et al., 1976）。これらの証拠は重要な意味をもっている。というのは，内的な目標探索プロセスが，サッカード生成メカニズムの一部としてはたらいていることを示しているからである。ただし，そのような目標探索的な軌道は，振幅が小さなサッカードで観察されることはほとんどない（Findlay & Harris, 1984）。このことは，目標位置が運動開始時にあらかじめ決められていることを示唆している。

2. 追跡眼球運動，バーゼンスとサッカードの結合

サッカード，追跡眼球運動およびバーゼンスのシステムは，異なるシステムであると考えられてきた（前節2.）。ここでは，この主張をさらに詳しく分析していこう。図2.14は，観察者が，なめらかに移動するが，一定時間経つと向きを反転させるターゲットを追視しているときの眼球の位置をプロットしたものである。これを見ると，追従的な運動と急速なサッカードがはっきりと分かれていることがわかる。観察者が追視しているターゲットが，一定速度で動く直前に，定速運動の方向とは異なる方向にステップ移動すると，眼球は少し間をおいてから（追跡潜時）追跡運動を始める。その直後，ステップ移動したターゲットへのサッカードが起こる。この追跡運動時のサッカードは，**捕獲（catch-up）**サッカードとよばれている。類似した条件下でどのような眼球運動がみられるかが，一連の古典的実験（Rashbass, 1961; Westheimer, 1954）の問題であった。その結果は，ターゲットの運動によって引き起こされる追跡眼球運動システムと，ターゲットの位置の変化（網膜上誤差）によって引き起こされるサッカード・システムとが分離していることを支持するものであった。その後の研究でも，このような分離を一般化できることが示されてきたが，システム間にはある

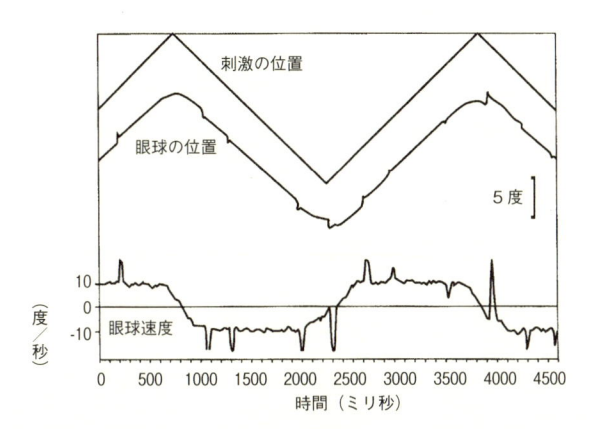

● 図2.14 水平方向に左-右-左-右と規則的な順序でゆっくりと移動するスポット光を追跡しているときの眼球運動。眼球位置の軌跡から，なめらかな運動であることがわかるが，時折小さなサッカードが出現している。図下の眼球運動速度を見ると，サッカードは瞬間的なピークを示す軌跡としてはっきりと表われている。標的が方向を反転する前に，追跡している方向に予測的変化が表われていることも見て取れる。
[Boman & Hotson, 1992 から]

種のやりとりが存在する。したがって，追跡眼球運動システムは，ターゲットの動きさえあれば，眼球がターゲットに遅れようが先行しようが，どちらでも反応するが（Wyatt & Pola, 1981)，サッカード・システムは，移動する標的の運動を考慮に入れながら，次にどの位置にあるかを予期してサッカードをプログラムすることができる（Newsome et al., 1985)。

バーゼンス・システムに関する初期の研究では，ターゲットが奥行き方向に突然ステップ移動したり，前後への運動を繰り返すときの眼球運動が測定された（Rashbass & Westheimer, 1961)。これらの研究から明らかになったのは，バーゼンス・システムは眼球をゆっくりと動かし，両眼の視軸を一致させるようにするということである。重要なのは，**非対称性バーゼンス（asymmetric vergence）**とよばれる状況である。この状況では，新たなターゲットは注視している現在のターゲットとは距離・方向とも異なる位置にステップ移動する。Yarbus（1967）による報告以来，このような状況では，急速な共役性サッカードが生じ，まず眼球を適切な標的の方向に向け，次にずっとゆっくりとした非共役性のバーゼンス運動が生じ，両眼を徐々に適切な奥行き平面上に整列させる反応が起こると長く信じられてきた。しかし，その後の研究では，サッカードとバーゼンスの統合パターンは，はるかに複雑であることが見いだされている。

Enright（1984, 1986）は，左右の奥行き方向にターゲットが移動する非対称性バーゼンス状況でのサッカードを記録している。彼は，これらの条件下で生じるサッカードが両眼で同一の運動ではないこと，つまりターゲットが同時に両眼の中心窩に投射されるように，両眼が非共役的にはたらくことを見いだした（図2.15)。この知見は，

2章 アクティヴ・ビジョンの基礎

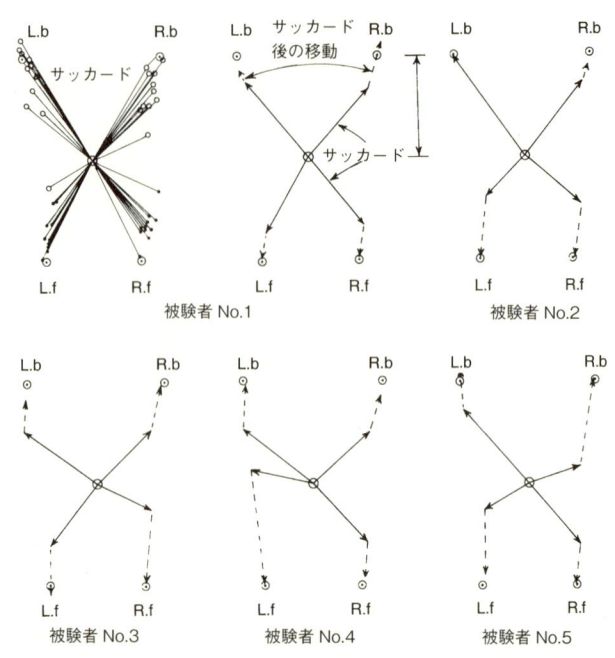

● 図2.15 注視点が奥行き方向に移動したとき（非対称性バーゼンス）の急速成分と緩徐成分を図式的に描いたもの．図中のプロットは，水平面での両眼の視軸の交点の動きを示している．被験者はまず，画面中央を注視する．次に左うしろ（L.b），左手前（L.f）など4つの位置のいずれかに標的が予測できない仕方で出現する．上左の図は，個人データを表わしており，他の図は5人の被験者の平均データである．直線はサッカード直後の眼球位置であり，点線はサッカード終了後1秒経った時点での眼球位置である．[Enright, 1986から]

Erkelensら（1989）によっても確認されている．これらの結果は，サッカード・サブシステムとバーゼンス・サブシステムとが異なるという古典的なとらえ方に対して問題を投げかけており，その基本的な提言を大幅に修正する必要がある．これらの結果に対しては，2つの可能性が示唆されてきた．1つは，共役性サッカード・システムと非共役性バーゼンス・システムは異なるシステムであるが，サッカード時にはバーゼンス・システムの速度が上がるようになっているという可能性である．2つめの可能性は，サッカードが共役性運動であるという考えを捨て，それぞれの眼球のサッカードが独立にプログラムされるという新たな仮説を採ることである．これらの主張は，現在でも激しく議論されており（Mays, 1998; Zhou & King, 1998），2つの可能性ともこれまでの行動学的な知見を予測できる．したがって，共役性運動と非共役性運動に対する脳の処理経路を完全に理解することによって，どちらの主張が妥当であるかが明らかになるであろう．また，よく知られた現象として，サッカード中に一過的な開散運動がみられることがあげられる．これは，眼球を外転させるほうが内転させるよ

りも速いという外眼筋の機械的特性のために起きる現象である (Zee et al, 1992)。

3. サッカード抑制

サッカードは，パッシヴ・ビジョンの理論にとって，常になにかと厄介な存在となっている。第1章で強調したように，この理論では，視覚的世界について安定した心的表現を作り上げることが視覚の目的であると仮定している。では，私たちが眼を動かすと，明らかに網膜像の大きな変化が引き起こされるにもかかわらず，どのようにして安定した「視覚的世界」が維持されているのであろうか？　視覚に関するテキストでは常にこの問題がクローズアップされ，視覚におけるサッカードの役割に関する他の問題は無視されていることからも，パッシヴ・ビジョンの見方がいかに広く知れわたっているかがわかる。

この問題に対する答えの一部は，サッカード運動時には視対象の検出閾値が上昇するという知見に表われている。日常的には，網膜上に視覚的残像を作り，次に閉眼状態で眼球を動かすとこの残像が消失することでこの現象を経験できる。Latour (1962) は視覚プローブ（訳注：検出能力を測定するための視標）を用い，サッカード生起時に瞬間提示された点刺激を検出する能力を測定した。実験の結果（図2.16），サッカードが実際に生起する数10ミリ秒前に，検出率が低下し始めることが見いだされた。この検出率の低下は，電気刺激を眼窩に与えることによって生じる眼内閃光がサッカード時に抑制されることから，中枢からの抑制によるものと説明されている (Riggs et al., 1974)。ただし，その効果は比較的小さい。また，視覚系において視野全体の網膜像の動きが処理される方法が関わっているとする考えもある。サッカードによって対象の網膜像は明らかに不鮮明になるし，マスキング・メカニズムもはたらく (Matin, 1974)。先に注視した位置からの情報によって，次に注視した位置からの情

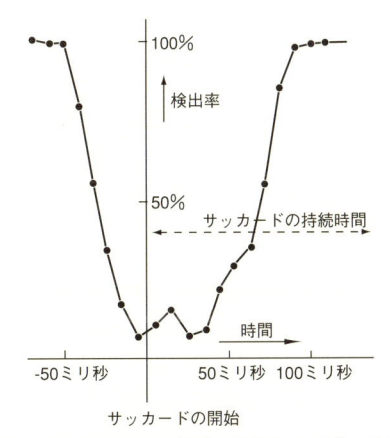

● 図2.16　サッカード開始時あるいはその前後に瞬間的に提示された光点に対する，サッカード抑制の時間的経過。[Latour, 1962 から]

報が干渉を受けないためにも，同様のマスキング・メカニズムが重要であることが示唆されている（Breitmeyer, 1980）。また，サッカード時には，動きの検出が特に低下することも知られている（Bridgeman, 1983）。このようなプロセスによって生じる視覚機能の低下は，**サッカード抑制**（saccade suppression）とよばれている。

Burrとその共同研究者らによる近年の一連の研究（Burr & Morrone, 1996; Burr et al., 1994; Ross et al., 2000）は，サッカード抑制による視感度の低下は主として大細胞系で起こり，もっぱら小細胞系で弁別が行なわれる場合（たとえば，空間周波数の高い縞模様の弁別）には，（ぶれによるぼけとは異なり）抑制がほとんど起きないという考えを支持している。

4. サッカード眼球運動の生理学的メカニズム

神経生理学者はこれまで，脳内に入力された視覚情報がどのような経路で処理されるのかを明らかにしてきた。これと類似した方法を用いて，動眼系の出力に関連した一連の脳の領域を決めることができる。ここでは，サッカードによる定位運動に関与する大脳皮質に焦点を当てよう（皮質に至るまでのメカニズムについての詳細は，4章3節1.と4章4節5.を参照のこと）。サッカードに関連する大脳皮質は，次の2つの特徴をもっている。第一の特徴は，それぞれの領域を電気刺激することによって眼球の定位運動が生じること。第二に，その領域のニューロン活動を記録すると，サッカード開始に先行して放電活動を開始するということである（Schall, 1991）。これらの特徴は，次の2つの方法によっても確認されている。まず，大脳皮質に損傷をもつ患者を対象として，サッカード・システムがどのような影響を受けるかを詳細に検討する症例研究（Pierrot-Deseilligny et al., 1991）であり（8章を参照のこと），次に動物での破壊実験である。さらに近年では，PET（ポジトロン断層撮影法）やfMRI（機能的磁気共鳴画像）を用いて，皮質活動を直接研究できるようになってきた（Corbetta, 1998）。

これらの研究から明らかになってきたのは，サッカード生成に関連した多くの回路が並列的に存在しているということである。大脳皮質の中でサッカード眼球運動と最も密接に関連するのは，後頭頂皮質のLIP野（頭頂間溝外側部）と前運動前頭皮質に位置する前頭眼野（FEF）である。これらの領域を電気刺激することでサッカードが生じる。動物での破壊技法を用いた研究から，サッカードにおいて本質的な役割を果たす単一の経路が存在するわけではないことが明らかになってきた。ただし，上丘と前頭眼野の双方を同時に破壊すると，動物はサッカードができなくなる（Schiller et al., 1980）。このことから，これらの中枢が並列的な出力経路を形成していると考えることができる。前頭眼野および上丘から，脳幹のサッカード生成器への直接的投射が存在するが，前頭眼野からの直接的投射は副次的な役割を果たしているようである（Hanes & Wurtz, 2001）。上丘と後頭葉V1領域の双方が損傷しても，サッカードが生じなくなるが，これはおそらく視覚入力経路が機能しなくなるためであろう

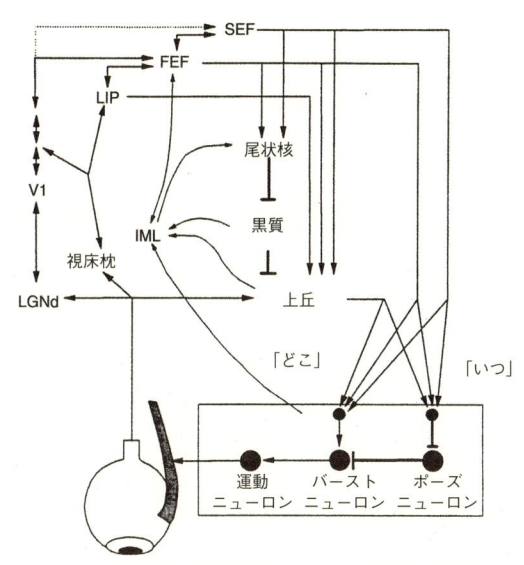

● 図2.17　サッカード生成に関わる動眼系出力経路の図式。LGNd：外側膝状体背側部，V1：第一次視覚皮質，LIP：頭頂間溝外側部，FEF：前頭眼野，SEF：補足眼野，IML：視床内髄板。[Schall, 1995 から]

(Mohler & Wurtz, 1977)。頭頂葉と後頭葉のサッカード関連領域からは，上丘経由で制御信号が送られているようである。というのも，上丘を摘除したあとでは，これらの領域を電気刺激しても，もはやサッカードが生じないからである。これは前頭眼野を電気刺激すると，サッカードが生じるという結果とは対照的である (Schiller, 1998)。また，尾状核と黒質網様部を介した，前頭眼野と上丘との結びつきも重要な経路である (Hikosaka & Wurtz, 1983; Hikosaka et al., 2000)。

近年の研究は，サッカードに関与する脳の領域を単に決めるのではなく，計算論的観点からサッカードのメカニズムを詳細に議論しようとしている。このうち最も洗練された例が，上丘のメカニズムに関するものである（4章3節2.）。上丘および上丘に投射する大脳皮質（前頭眼野とLIP野）は，モーターマップをもっている。そのため，たとえば，これらの領域を電気刺激することで生じる定位サッカードは，刺激する場所に応じて，その方向が決まる。このようないくつかのマップ内では側抑制がはたらき，特定の方向のみへのサッカードが生じることが示されてきた（下側頭皮質では Chelazzi et al., 1993; 前頭眼窩では Schall & Hanes, 1993; 上丘では Glimcher & Sparks, 1992）。そして，これらの領域は，サッカードすべきターゲットをとらえるサリエンシー・マップ（顕著性マップ，訳注：4章6節を参照）として機能すると考えられる。6章の視覚探索と関連づけ，この概念をさらに展開していこう。

6節 要 約

　この章では，アクティヴ・ビジョンにとって特に重要となる視覚系と動眼系に関して知られていることを整理してきた。この際，忠実に守ってきたのは，アクティヴ・ビジョンは神経科学の領域の1つであり，その研究は神経生物学的な原理に基づかなければならないという原則である。もちろん，視覚に関するテキストで扱われる多くの話題（たとえば，色，奥行き視，運動視，空間周波数，皮質領域）について，ほぼ完全に無視してきたことは十分に認識している。さらに，動眼系のうちでも，サッカードの部分のみを詳しく取り扱ってきた。裏を返せば，視覚系と動眼系とは，環境と相互作用する1つのまとまりとして扱われなければならない，ということでもある。そこで私たちは，可塑性，学習，発達については無視するという昔ながらの方法を採ってきた（これらのテーマについては4章7節で扱う）。それは多くの場合，生物学的な配線を決定することが生産的な方法であることがわかっているからである。私たちはまた，アクティヴな観察者に関してはほとんど言及せず，そのような観察者の中ではたらくプロセスのみを取り扱ってきた。次の章では，注意というテーマを考えながら，神経生物学的説明と認知的説明の橋渡しを行なっていく。

3章 視覚的選択，潜在的注意，眼球運動

　私たちの視覚環境には数多くのオブジェクトが寄り集まっている。しかし，私たちはいつもその情報の一部だけを意識する傾向がある（James, 1890）。William James は私たちが注意を向けているオブジェクトは，より多くの処理を受けているようであり，知覚においてより鮮明に表象されると述べている。また，1つのオブジェクトに注意を向けることは，明らかにそのオブジェクトに対して行為することと結びついている。たとえば，オブジェクトを拾い上げるために手を伸ばすことなどである。つまり，視覚的注意とは，視覚に映るオブジェクトの中からある部分だけを選択し，さらにその選択と行為をつなぐ現象なのである（Allport, 1993 を参照）。この研究領域における中心的問題は，これらの現象の背後にある視覚的注意のメカニズムの特徴をいかに適切に表現するかにある。

1節　顕在的注意と潜在的注意

　視覚環境のある部分に注意を向けているとき，いったい何が起こっているのだろうか。少し努力をすれば，まっすぐ前を見続けながら，周辺視野のどこかに注意を向けることができる（Helmholtz,1866）。眼を動かさずに，眼に映る数々のオブジェクトの一部に注意を向けるというこの能力を**潜在的注意**（**covert attention**）といい，視覚的注意研究における基本的な現象となっている。

　私たちは眼球運動をすることによって，まったく努力をせずに，眼に映る数々のオブジェクトの中の1つを中心窩でとらえることができる。サッカードによって複数のオブジェクトの一部を注視することを，**顕在的注意**（**overt attention**）というが，この能力に対しては長い間ほとんど関心がもたれてこなかった。

　注意に関する私たちの議論の根底には，このように潜在的注意ばかりが強調されるのは誤りであるとの信念がある。私たちが主張したいのは，空間の選択がうまくいくのは，1つのアイテムを注視することによって，それを中心窩で処理できるためだということである。中心視によって生じる処理のアドバンテージは，潜在的注意によるアドバンテージよりもかなり大きなものである。視覚的選択を理解することは，元来，**顕在的**注意を理解することにほかならないと私たちは信じている。注意を払っているときに何が起こっているのかを理解できるのは，この新たな見方をもってしかない。ここで重要な問題は，潜在的注意と顕在的注意，すなわち眼球運動との関係であり，

あとでこの問題については詳しく議論する（3節と7節）。

　視覚的注意は1つの空間的な特徴を備えている。すなわち注意は結局のところ，多くの場合，1つの場所に向けられるということである。そこで，注意については，空間的注意から，特に潜在的な空間的注意から議論を始めることにしよう。

2節　潜在的な空間的注意

　Michael Posner（Posner, 1978, 1980; Posner et al., 1978; Posner et al., 1980）は，現在では古典的とされている一連の実験によって，あらかじめ手がかりが与えられた位置に視覚的ターゲット（標的）が提示されると反応時間がより短くなることを示した。典型的な実験画面と結果を図3.1に示す。被験者は画面中央の注視点から眼を動かさないよう教示を与えられた。やや間があって，**手がかり**（cue）の矢印が注視点上に提示され，**ターゲット**（target）の提示位置を示した。ほとんどの試行で，矢印はターゲットが提示される位置を正しく示した。このような試行は**有効試行**（valid trials）とよばれた。しかし，いくつかの試行では，ターゲットは手がかりとは反対側の位置に現われた。このような試行は**無効試行**（invalid trials）とよばれた。この2つの条件の他に，いくつかの試行では矢印が提示されなかった。ターゲットが提

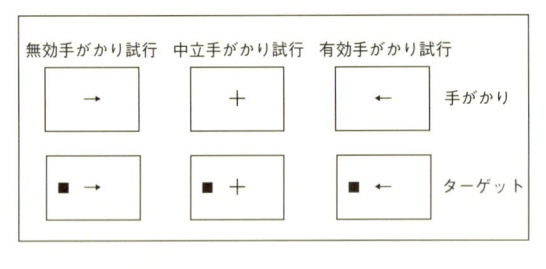

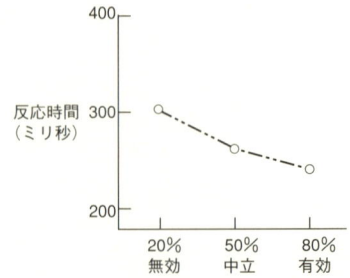

● 図3.1　Posnerの先行手がかりパラダイム　上には，3つのタイプの試行における画面のシーケンスを示す。ターゲットに先行して，ターゲットの位置を示す手がかりが提示される。手がかりが無効なときと有効なとき，さらに手がかりが提示されないとき（中立試行）がある。手がかりのあとにターゲットが提示され，被験者はできるだけ速く，正確に反応するよう求められる。下には，この種の実験から得られる典型的な結果のグラフを示す。被験者の反応は，有効試行では中立条件よりも速く，無効試行では中立条件よりも遅い。

示される位置があらかじめ示されなかったために，これらの試行は**中立試行**（neutral trials）とよばれた。これらの条件間で反応時間を比較することによって，Posnerと共同研究者は，空間手がかりの**コスト**（costs）と**ベネフィット**（benefits）を調べることを可能にした。中立条件に比べて，有効条件では反応時間が短くなった。また中立条件に比べて，手がかりが無効のときに反応時間は長くなった。これらの結果から，眼が動かないときでも，ターゲットが提示される位置に関する事前情報はベネフィットを与え，不正確な情報はコストをもたらすことが示された。

このようなコストとベネフィットは，手がかりとして周辺視野に光点が提示されるような事態でも観察することができた。この場合も周辺手がかりがターゲットと同じ位置に提示されたときにベネフィットが生じ，ターゲットとは反対の位置に提示されたときにコストが生じた。

これら2つのタイプの先行手がかり効果には数多くの類似点がある。しかし，これら2つのタイプの手がかりは，数多くの理由から，機能的に異なると思われる点が部分的にみられる（たとえば，Müller & Rabbitt, 1989）。周辺手がかりはターゲットが提示されるおよそ100ミリ秒前に与えられたときに最も大きなアドバンテージをもたらしたが，視野中央の手がかりはターゲットが提示されるおよそ300ミリ秒前に与えられたときに最大のベネフィットをもたらした。第二に，手がかりがターゲットの位置に関する情報をもたないとき，すなわち,50％の試行でしか正しいターゲットの位置を示さないときでも，周辺手がかりではコストとベネフィットがみられたが，中央手がかりではみられなくなった。Posnerと他の研究者は，周辺の手がかり効果は**自動的**（automatic）であり，中央の手がかり効果は**随意的**（voluntary）であると推測した。これらの2つのタイプは，周辺手がかりによる**外因性**（exogenous）注意と中央の矢印手がかりによる**内因性**（endogenous）注意の違いとしても区別される。

PosnerとCohen（1984）はその後の実験によって，手がかりとターゲットの間の時間間隔をさらに長くすることによって，ターゲット位置を示す手がかりの提示によって実際，コストが伴うことがあることを示した。彼らは，この現象はすでに注意を向けた場所に再び注意を向けることを積極的に抑制するプロセスを反映するものであると主張した。彼らはこのプロセスを**復帰抑制**（IOR：Inhibition of Return）とよんだ。6章6節で議論するように，復帰抑制は視覚探索においてスキャンパスを構築し，照合の繰り返しを避けるための重要なメカニズムに関係していると考えられる（IORの詳細なレヴューについてはKlein, 2000を参照）。

数多くのモデルによって，このような注意による促進効果についての説明がなされてきた。次節以降でそれらをみていくことにしよう。1つの有力なアプローチは，スポットライトの概念を用いたものであり，空間的に限られた範囲を照らす内的なスポットライトがあり，画面の一部の処理を促進するというものである。これについては本章2節1. で詳細に議論することにする。このタイプのモデルを拡張したものとして，

ズームレンズ説がある。この説では，スポットライトがさまざまな空間的範囲に及ぶため，画面上の広い範囲に向けることも，狭い部分に焦点化することも可能である。このタイプの説については，2節2.で議論する。これらの説とは異なるものとして，この章の最後のほうで述べることになるが，促進効果を説明するために，注意が空間の一部というよりもむしろ特定のオブジェクトに向けられるという説がある（6節1.参照）。

　これらのモデルはどれも眼が動くという事実について言及していない。一方，Rizzolattiら（1987）によって提唱されたモデルは**前運動**（**pre-motor**）モデル（3節3.）とよばれ，眼球運動を実際には控えた場合でも，眼球運動の準備過程で潜在的注意が生じることが提案されている。私たちは，このようなアプローチは他のアプローチと同様に結果の説明に有効であり，また7節で議論するように，このようなアプローチによって潜在的注意の現象を私たちの考えるアクティヴ・ビジョンの説明に組み込むことができると考えている。

1. スポットライト

　Posnerと共同研究者は，コストとベネフィットの結果を空間的注意のメカニズムの作用から説明しようとした。空間的注意のメカニズムは，**スポットライト**（**spotlight**）に例えられ，空間の一部に向けられたり，視覚画面上を「移動」したりして，視覚場面の限られた範囲の処理を促進するものとした。先行手がかり実験におけるベネフィットは，注意のスポットライトが，ターゲットが現われる場所にすでに移動していたときに得られ，コストは注意が誤った位置に向けられた場合に生じ，注意を画面上のターゲットの位置に向け直す必要があったためだとした。

　この見解では，注意のスポットライトの動作とふるまいは，数多くの操作によって特徴づけられた。ある場所に注意が向けられることになると，スポットライトはその場所に**引きつけられた**（**engaged**）。新たな場所に注意を向けるためには，スポットライトはその場から**引き離されなければ**（**disengaged**）ならず，画面上を**移動し**（**moved**），新たな場所に**引きつけられた**（**engaged**）。この引き離し–移動–引きつけのサイクルは，注意のシステムの動作を特徴づけるものである。すなわちそれぞれのプロセスがそれぞれ時間を要すると仮定され，先行手がかり課題における反応時間にみられるコストとベネフィットがそのプロセスを示すというのである。したがって，手がかりが現われると，注意が中央の注視点から引き離され，手がかりの位置に移動する。もし手がかりが有効ならば，ターゲットが検出される。しかし，手がかりが無効ならば，注意は手がかり位置から引き離され，画面上をターゲットの位置へ移動しなければならない。このように注意のプロセスは時間を要し，手がかりが無効の場合にはコストが生じる。

　この見解は，これらの機能の1つに明らかに異常が認められる患者の研究からも支持された。頭頂葉に損傷のある患者は，注意の引き離しに欠損があるようであった

(Posner et al., 1984)。核上性麻痺により中脳に損傷があると，潜在的注意のスポットライトを移動させる能力に欠損があるようであり（Posner et al., 1985)，視床に損傷があると，注意のスポットライトの引きつけができないという欠損が生じるようであった（Rafal & Posner, 1987)。視覚探索に関する研究（6章参照）も，当初はこのスポットライト・メタファーを支持し，探索の主要モデルの1つである Treisman の特徴統合理論に組み込まれた（6章2節1.）。

　注意のスポットライト・メタファーは，サッカード・システムの特徴と数多くの細かい点で類似している。第一に，中心窩と同様に，スポットライトは視覚入力の限られた領域に対して，優先的に処理を行なう。第二に，サッカードと同様に，注意の移動の開始，実行に時間を要する。そして第三に，サッカードと同様に，潜在的注意は注視点におけるなんらかの活動によって遅くなるようである（Mackeben & Nakayama, 1993)。なぜ，潜在的注意はこのようにサッカード・システムと類似した特徴をもつのだろうか。さまざまな理由があげられよう。第一に，潜在的注意のスポットライト・モデルは，顕在的注意の特性から示唆を受けてきたといえよう。実際，この類似性は，かなりの部分，直感に訴えるものがある。第二に，この2つは共通の神経メカニズムを基礎にもっているために，同じような特性を共有しているのかもしれない。この第二の考えについては3節3.でさらに展開していく。

2. 注意のズームレンズ説

　潜在的注意については，スポットライト・モデル以外に，Eriksen と St. James (1986) によって提案されたもう1つの説がある。彼らは，注意は決められた範囲の空間に向けられるのではなく，その範囲が変化することを示した。この潜在的注意の**ズームレンズ（zoom lens）**説は，いくつもの実験的知見にうまく当てはまる（たとえば，Egeth, 1977; LaBerge, 1983)。もし，注意の資源が一定で有限であれば，スポットライトのサイズが大きくなると，特定の場所に向けられる注意の量は少なくなるはずである。この説を支持するものとして Castiello と Umiltá (1990) は，Posner の手がかりパラダイムを使って，手がかりが与えられる領域の大きさが，手がかりによるアドバンテージの大きさに影響を与えることを示した。

　直感的には，視覚環境に存在する興味の対象のとるスケールの幅が大きければ，視覚的注意による選択もさまざまな視覚的スケールで可能なことが期待されるであろう。私たちは本書の別のところで，顕在的注意もまたさまざまな大きさの空間的範囲に向けられているようであることを議論する。6章8節で議論するように，Zelinsky ら (1997) は探索課題中の眼球運動をモニターし，画面上の個々のオブジェクトを正確に注視するというよりも，眼球運動は，随時，オブジェクトを小さなひとまとまりとしたときの重心に向けられることを見いだした。この画面上の小単位に対して随時行なわれるサッカードの**ズームイン（zooming in）**は，ズームレンズ・モデルを思わせる。探索場面では，フォーカスはまず広く向けられ，その後サッカードがアイテム

の各グループの中央に向けられる。その後，探索の範囲が狭くなると，ターゲットが注視されるまでさらに小さなグループごとに選択が繰り返される。グローバル効果（4章4節3.）とは，2つのアイテムに対する最初のサッカードが，2つをひとまとまりとしたときのちょうど中央に向かいやすいというものであるが，このこともまた広い空間スケールで処理されることの重要性を示している。しかし，McPeek ら（1999）は，焦点化された注意が，サッカードのプログラミングのために必要らしいことを示した。それゆえ，Zelinsky ら（1997）によって観察されたサッカードのパターンやグローバル効果は，あちこちに散らばった注意のスポットライトの作用というよりも，数多くの要素をひとまとまりとしたときの中央に注意が焦点化されることを反映しているものと思われる。

3. 注意の後期選択モデルと初期選択モデル

潜在的注意研究における基本的問題の1つは，情報処理のどの段階で注意による選択が起こるのかである。Posner の暗黙的注意のスポットライト・モデルは，他のほとんどの注意モデルと同様に，情報処理には2つの段階が存在するという考えを当然のものとして受け入れている（たとえば，Broadbent, 1958）。最初の前注意段階は，選択が起こる前に並列的に処理が行なわれる。第二の段階では，より詳細な処理が入力の一部に対して行なわれる。この後半の後注意段階は容量が限られており，2～3のアイテム，あるいは空間のごく一部についてだけ同時に処理が行なわれる。この2分法こそが，注意に関する研究を浸透させ，結果として最初の並列段階においてどの程度処理が行なわれるかという問題と，それとは反対に注意がどのプロセスに必要になるのかという問題をもたらした。そのため注意のモデルは，これをもとに分類されてきた。モデルは**初期選択**（early selection）説，すなわち注意がごく単純な情報を除く，すべての視覚情報の抽出に必要とされると考える説と，**後期選択**（late selection）説，すなわち注意による選択を受ける以前からオブジェクトの複雑な特性が計算されるとする説のどちらかに分けられる。同じような対比が6章で議論する視覚探索のモデルについてもみられる。基本原理の1つは，選択の位置に関するこの論争を駆り立てているものでもあるが，注意の機能によって神経システムの限られた容量をどの程度補っているかである。簡単にいえば，この議論は視覚から入力されたすべてのアイテムの詳細な特性を処理するのに十分な容量が神経システムにないことにある。この欠点を補うために，注意は限られた数の項目を選択したり，画面上の一部を選択して詳細な処理をしなければならない。このような立場は，初期選択モデルにより近いものである。視覚の場合，中心窩と周辺視の構造上の違いから，選択の程度に違いが生じていることに注意する必要がある（2章2節）。

初期選択の観点とは反対に，Allport（1993）は，選択は1箇所で起こるのではなく，視覚システム全体のさまざまな処理の段階で起こる可能性があると論じた。この考え方では，注意は反応を引き起こす複数の視覚野からの出力をせき止め，一部の情報の

みを通して，運動野を活性化する。このことは複数の視覚野の出力から，1つの行為を起こさせ，一連の行為が調和してなされることを保証することになる。神経心理学における注意研究は，選択が解剖学的にも，機能的にも複数の箇所で生じていることを支持し，数多くのモデルに影響を与えた（たとえば，Humphreys & Riddoch, 1993; Desimone & Duncan, 1995）。選択の位置が複数あることは，視覚入力に機能的違いがあることを反映しているものと思われる。ある環境下では，選択はオブジェクト中心に行なわれるであろう（6節1.参照）。また，すでにみてきたように，選択は空間を基準にしても起こり得る。さらに選択の位置が複数あるのは，異なる行為システムが関与していることを反映しているものと思われる。たとえば，手の届く空間における行為に必要な運動システムは，手の届かない空間における行為に必要な運動システムとは異なるのである（Cowey et al., 1994; Halligan & Marshall, 1991）。

4. 潜在的な空間的注意の視覚的ベネフィット

　注意を潜在的に向けることができることについてはかなりたくさんの証拠がある。しかし，重要な問題の1つは，潜在的注意はそれ単独ではどのような機能を果たしているのかということである。選択はシステム全体で起こっているので，潜在的注意はシステムの限られた容量を調整する手段としては有効でないようにみえる（2節3.）。またもう1つの議論である，潜在的注意は眼よりもより速く画面をスキャンできるかどうかということについては，4節で検討する（そしてその可能性を否定する）。

　潜在的注意のモデルについて無視されがちな問題の1つは，その効果がかなり小さいことである。たとえば，空間的手がかり効果では，たいていの場合，反応時間の促進は40ミリ秒を上回ることはない。数多くの研究は，刺激のどのような知覚特性が，どの程度促進されるのかを測定しようとしてきた。空間についての潜在的注意は，コントラスト閾に比べて，方位閾を大きく低下させ，また最小識別閾においては，線分のずれのみの識別に比べて，線分が左右どちらにずれているかの識別のほうが強く影響を受けた（Lee et al., 1997）。同様に，Carrascoら（2000）は，促進効果のレベルは，課題における判断の特性によって変化することを見いだした（Downing, 1988; Müller & Findlay, 1987も参照）。視野内での検出閾に大きな差があることに比べて，これらの研究のいずれにおいても促進の効果はかなり小さい（Anstis, 1974）。このような顕在的なベネフィットと潜在的なベネフィットの違いは，周辺視野における側方マスキングの効果がかなり大きいことを考慮するとさらに広がる（Bouma, 1970）。加えて，いかなる潜在的注意のベネフィットも，部分的には，判断基準の設定が異なることから生じていると思われる（Downing, 1988; Müller & Findlay, 1987）。

　潜在的注意によるベネフィットが小さいことと，潜在的注意には独立した機能が明らかに欠如していることから，潜在的注意は，潜在的注意と顕在的注意の両者を含む統合的な注意システムの一部として考えるときにのみ意味をなすと考えられる。この節の最初の問題に戻ろう。潜在的注意の**みが**もつ機能とは何であろうか。私たちの答

えは「大変ささいなもの」ということになるだろう。その代わりに，潜在的注意は，興味をもったアイテムを注視する際に生じるアクティヴ・ビジョンのサイクルに欠くことのできない部分であることを強く主張したい。**注視という行為は注意を向ける過程であり**，次に注視する位置を周辺で予備的に見るという潜在的注意によるプロセスにより支えられている（5章3節3., 7章2節3., 9章4節を参照）。このように潜在的選択と顕在的選択は本質的に結びついている。あるアイテムを注視することによる視力のベネフィットは，選択的注意により得られるアドバンテージをはるかに凌ぐが，残念なことに，視覚的選択におけるこのような顕在的注意に関する説明は無視されることが多い。しかし，顕在的定位の重要な役割に焦点を向けるこのようなアプローチは，連続注意モデル（3節2.）や次に詳細を議論する注意の前運動理論（3節3.）などいくつかの注意モデルで用いられている。

3節 潜在的注意と顕在的注意の関係

　潜在的注意によって，眼は実際には動かないまま，視野の一部の処理を促進することができる。この注意は，数多くの研究知見を理解するための重要な統合的原理を提供すると考えることができる。本章とこのあとのいくつかの章で取り上げる中心的問題の1つは，眼球運動が妨げられていないときの潜在的注意の役割は何かということである。ここで非常に重要な点は，潜在的定位と顕在的定位の関係を明らかにすることにほかならない。2つのプロセスの関係については，多くの研究や討論のトピックになってきた。この2つのプロセスの関係については，明確に異なる3つの立場に分けられる。まず，2つのプロセスは独立であるが，偶然，同じような視覚入力によって活性化されたときには同時に作用することもあるという立場である（たとえばKlein, 1980）。第二の立場は，この2つはかなり密接に関連しており，潜在的に注意した位置にサッカード眼球運動が向けられるというものである。この場合，潜在的注意が主導であり，サッカードの準備が行なわれない場合でも注意を向けることができるが，その逆はあり得ない（たとえば，Henderson, 1992）。第三の立場は，Rizzolattiと共同研究者によるもので（3節3.），2つの現象は1つの運動システムのアクションから起こるというものである。すなわち，潜在的注意はサッカード眼球運動を生成するための準備によって生じるというものである。この場合，潜在的注意は顕在的スキャン・システムの副産物に近いものということになる。

1. Klein の独立説

　Klein（1980; Klein & Pontefract, 1994）は，サッカードのプログラミングと注意の間に密接な関連があるならば，次の2つのことを明確に予測できると主張した。第一は，もし被験者がある場所に注意を向けているならば，その後，その位置へのサッカードは促進されるはずであるというものである。第二は，もし被験者がある位置にサッカードをする準備をしているならば，その位置での視覚的パフォーマンスは促進

されるはずであるというものである。Klein（1980）は，内因的な手がかりを用いた場合には，そのいずれの効果に関しても，その証拠を見いださなかった。また，外因的手がかりはサッカードのプログラミングと注意の移動の両方を同時に生じさせるかもしれないが，この同期が因果的結びつきを示す証拠にはならないと主張した。内因的手がかりを用いれば，サッカードのプログラミングやその準備を行なうことなく，潜在的注意を向けることが可能である。その後，数多くの研究でさまざまな手がかり条件を用いて，サッカードのプログラミングと注意の移動の結びつきの効果を示す証拠が見いだされたために，Klein の結果は議論の余地がある（Deubel & Schneider, 1996; Hoffman & Subramanian, 1995; Kowler et al., 1995; Shepherd et al., 1986）。このような効果が検出されるかどうかを決める重要な要因は，課題の難しさかもしれない。二重課題による干渉は，課題がより難しいときにだけみられるようである（McPeek et al., 1999 参照）。

Klein は，通常の環境下においてサッカードの生成や潜在的注意の移動が同時に起こることや，2つのシステムに関連のあることを否定してはいない。彼の主張は単に，この2つの反応が，同一システムによる2つの特性を表わしているのではないということである。内因性の潜在的定位は眼球運動のプログラミングとは独立に行なわれる。Remington（1980）もまた注意とサッカード・システムの関係があまり強くないことについて論じ，サッカード・システムと注意のシステムはどちらも周辺視野で起こった事象によって同時に引き起こされるが，異なるメカニズムによるものであることを示唆している。

2. 連続注意モデル

Henderson（1992）は，潜在的注意と顕在的注意に密接な関連があるとする**連続注意（sequential attention）**モデルを提案した。このモデルは4つの基本仮説をベースにしている。第一に，注視の開始時には，注意は注視中央の刺激に向けられている。第二に，注視した刺激が理解（すなわち識別）されると，注意は別の新たな刺激に向けられる。第三に，別の場所への注意の移動は，サッカードのターゲットとなる場所に眼球運動をするためのプログラミングの開始と同時に起こる。第四に，新たな場所へ注意を向けることによって，その場所における高次の処理に制限が加えられる。このモデルでは，注意の移動が必ず眼球運動に先行する。このような推測は，Shepherd ら（1986）の研究からも支持される。彼らは，被験者がある方向にサッカードのプログラミングをするよう求められると，別の場所に注意できなくなることを見いだした（Deubel & Schneider, 1996 も参照）。

2つ以上のサッカードを同時にプログラム可能なことについては多数の証拠がある（4章4節4.）。しかし，このモデルは厳格に，まず注意が振り向けられ，次いでサッカードが生じるという連続性をベースにしている（このモデルから発展したE－Zリーダーモデルにおいてはこの条件は比較的緩いものになっている—5章7節3.参照）。

Hendersonが提案したこのモデルは，サッカードよりも速く注意の移動が生じるために，最初のサッカードのプログラミングが完了する前に，2箇所に連続的に注意を向けることができ，そのためいくつかのサッカードを同時にプログラミングできるとしている。私たちはあとで，顕在的注意と同じように潜在的注意を連続的に移動するよう求められても，顕在的注意よりも速く移動できるという証拠はかなり弱いことを論じるだろう。Henderson（1992）は連続的に注意を向けることのほかに，並列処理の可能性も考えている。彼は注視をしている位置と注視されようとする位置にまたがって，並列的な処理が行なわれるという考えを否定している。その理由は，ベネフィットは中間の地点ではみられないからである。さらに，彼は注視している場所と注視されようとする場所という独立した空間に対する並列処理の可能性を否定している。その理由の1つは，注意が一度に1箇所だけに向けられるという考えを揺るがすためである（Eriksen & Yeh, 1985; Posner et al., 1980）。

このモデルでは，注視は打ち切られるものとしている。すなわち注視は決まった時間だけ保持されるのである。注視が打ち切られる時点に達すると，次に注視する可能性のある場所に潜在的注意が向けられているかどうかにかかわらず，サッカードが生成される。このような特性は，視覚探索の結果と一致する。すぐに眼球運動が起こらないように訓練して，周辺視野で弁別することが可能になったとしても，難しい探索条件では，周辺視野での弁別が起こる前にサッカードが始まってしまうことが多かったのである（Brown et al., 1997）。

3. 注意の前運動理論

Rizzolattiと共同研究者（Rizzolatti et al., 1987; Rizzolatti et al., 1994; Sheliga et al., 1997）は，サッカードと潜在的注意の移動に非常に強い結びつきがあることを論じた。**注意の前運動理論（pre-motor theory of attention）**では，潜在的注意の効果は，サッカードの生成に関わる運動システムの活動の結果とみなされている。Posnerと共同研究者によって報告された空間的促進は，運動システムがサッカードの生成を準備した結果として起こったものである。この考え方では，注意は運動システムのアクションの副産物であり，注意の効果はさまざまな運動システムや空間座標と関連をもつとしている（たとえば，空間無視において—8章参照）。

前運動理論を強く支持する2つの異なる現象がある。前運動理論では，空間の潜在的注意の現象は，顕在的定位に関わる運動システムでの処理の結果とみなされている。2つの現象をこれから順番にみていこう。

1つめは，2節で議論したPosnerの先行手がかりパラダイムを使った実験から得られた観察である。数多くのグループ（たとえば，Downing & Pinker, 1985; Reuter-Lorenz & Fendrich, 1992; Rizzolatti et al., 1987）が示してきたように，無効条件における反応時間のコストは，無効手がかりがターゲットと異なる象限にあるときに最も大きくなった。このことは，水平，あるいは垂直方向に離れたターゲットへ向かって

注意が「移動」するために，付加的なコストがかかっていることを示唆する。この効果は**座標軸横断効果（meridian crossing effect）**とよばれてきた。一見すると，この効果の説明は難しそうである。しかし，前運動理論が提案するように，注意の促進が運動準備の構成要素であるならば，注意の移動コストは，新たな場所へ注意を向けるために必要な運動の再プログラミングの機能の程度を示していることになろう。同じ象限ではなく，異なる象限に再プログラミングが必要なとき，方向と幅の両方の再プログラミングが必要となる。つまり，ある象限内での移動ではないケースである。座標軸横断効果は，定位が潜在的か（Reuter-Lorenz & Fendrich, 1992; Umiltá et al., 1991），顕在的か（Crawford & Müller, 1992）にかかわらず，外因性の定位ではほとんど生じないようであるが，内因性の手がかりでは，はっきりと示されている。Rizzolattiら（1994）は，この違いは，運動プログラムの性質が2つのケースで異なるためであると論じた。反対に，KleinとPontefract（1994）は，この違いは注意による定位の結果として生じる認知的表象の性質が2つのタイプで異なるためであると論じた。

　前運動理論を支持する証拠である2つめの現象は，サッカード軌跡の研究において発見されたものである。Rizzolattiら（1987）は，被験者に注視点の上の水平に並んだ正方形の内部に現われる手がかりに反応して，注視点の下の正方形に垂直下向きにサッカードをするよう求めた（図3.2）。彼らはサッカード軌跡が水平方向にどの程度逸脱するのかを測定し，サッカードが手がかりから水平に離れた方向へ湾曲することを示した（Sheliga et al., 1995も参照）。つまり潜在的に注意を向けることが直接，空間的効果として運動反応に影響を及ぼすのである。潜在的注意を向ける位置とサッカード軌跡の間のこのような直接的相互作用は，2つの反応が共通の神経基盤を有するという考えを強く支持するものであり，注意の前運動理論を付加的に支持するものである（サルにおける同様の効果についてはKustov & Robinson, 1996も参照）。

4節　注意の速度

　潜在的注意の機能的特性としてよくあげられるのは，画面上のアイテム周辺を顕在的注意よりもすばやく移動できることである。もしそうならば，顕在的注意だけのときに比べて，潜在的注意は一定の時間内でより多くのアイテムをスキャンでき，これが，潜在的注意を使用することの明確な機能的ベネフィットということになる。したがって，重要な問題は，潜在的注意がどれだけすばやく画面上を動くことができるかということになる。

　このような動機づけのもと，数多くの研究で注意の速度を測ろうとしてきた。注意の速度を測定するための間接的方法は，視覚探索課題において得られる反応時間のグラフの傾き（6章）に基づいて計算する方法である。系列探索で，ターゲットがないときの処理速度を示すグラフの傾きは，1アイテムあたりおよそ40〜60ミリ秒であ

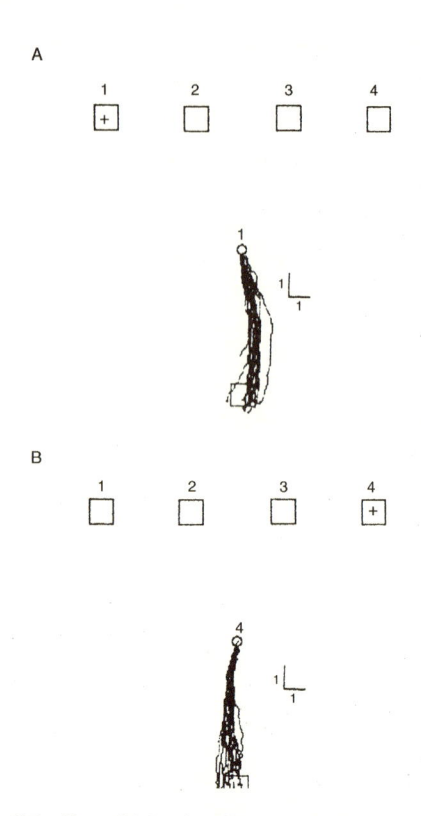

● 図 3.2 サッカード軌跡に対する潜在的注意の影響。この実験課題では，実験参加者の潜在的注意は，画面の上部の 4 つの正方形のどれか 1 つに提示された十字に向けられていた。十字の出現を合図に，実験参加者は下の正方形にサッカードを行なった。A では，十字（と潜在的注意）は一番左側にあり，サッカードが右にカーブしている。反対に，注意が右側に向けられていたときは，サッカードが左にカーブしている。[Rizzolatti et al., 1994 の図 9.2 を改変]

る。もし注意のスポットライトによって一度に 1 つのアイテムだけが処理されると仮定すれば，このような図は潜在的注意の移動速度の見積もりを示すことになるであろう。この見積もりは連続するサッカードの速度に比べてかなり速いものである。サッカードの場合，最高のスキャン速度は 1 アイテムあたりおよそ 200 ミリ秒になる。しかし，別の説明（6 章 4 節）によれば，明らかに系列探索が行なわれているときでも，複数のアイテムが同時に処理されるということである（Duncan & Humphreys, 1989, 1992; Treisman & Gormican, 1988）。そのため，系列探索のグラフの傾きは，同時にはたらくいくつかのメカニズムによって，全体的に（Müller et al., 1994; Townsend, 1971），あるいは部分的に（Wolfe et al., 1989; Wolfe, 1994）左右されるのではないかという議論になる。これらのことがらは，注意の速度の見積もりに探索速度を用いる

ことに，かなり限界があることを示している。

　注意の速度をより直接的に測定しようとした研究も数多く存在する。Saarinen と Julesz（1991）は被験者に，注視点の周辺に連続的に提示される文字を報告するよう求めた。文字の提示間隔が 33 ミリ秒と短いときでも，成績はチャンスレベル以上であった。彼らは，潜在的注意は高速で移動すると結論した。このような課題で正しくチャンスレベルの成績を計算する方法については疑問が投げかけられており（Egeth & Yantis, 1997），並列処理のメカニズムによって成績をどの程度説明できるかについてはまだはっきりしないままである。このパラダイムもまた外因性の注意に対するものであるが（2節），内因性の注意では異なる特性が示されるかもしれない。

　潜在的注意の速度を直接測定するもう 1 つの方法として，高速系列提示テクニック（RSVP: Rapid Serial Visual Presentation）を使うものがある。このテクニックを使った実験のほとんどが，同じ位置に提示された 2 つの刺激に対する反応から注意の速度を決定している。これらの研究については，別の文献で詳細にレビューされているので（Egeth & Yantis, 1997），ここでは多くの議論はしない。しかし，RSVP タイプの課題でありながら，空間的に離れた位置にアイテムを提示した研究もいくつかある。

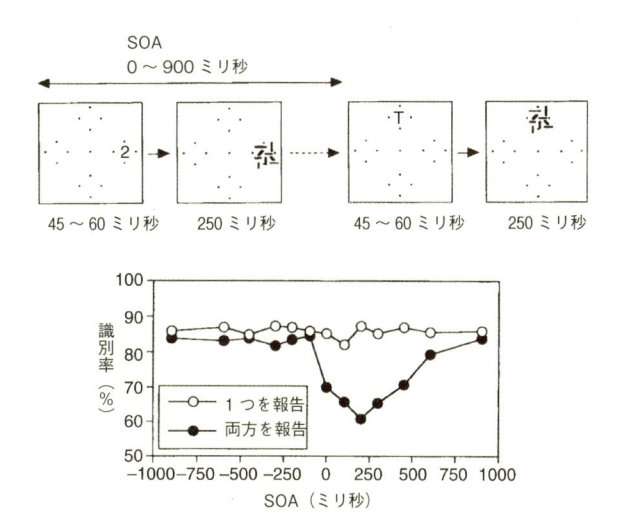

● 図 3.3 注意の移動の時間推移。上は，実験画面のシーケンスを示す。4 つの場所のいずれかに表われる数字には，その後マスクがかけられ，別の場所に次の文字が提示されるまでの時間（SOA）がコントロールされた。被験者の課題は，文字と数字の両方を報告することであった。グラフは，SOA とアイテムの識別率に関係があることを示している。白丸は，コントロール条件であり，1 つの記号だけを報告しなければならないときの結果を示す。黒丸は両方のアイテムを報告しなければならないときのデータをプロットしている。両方のアイテムに注意する（そして報告する）ことはかなり長いインターバル（少なくとも 500 ミリ秒）でも，明らかに難しいことがわかる。これは，2 つの空間位置の間を注意が移動するために要する時間の長さを示している。[Ward, Duncan & Shapiro, 1996 の図 2 と図 3 を修正]（訳注：マイナスの SOA は最初の刺激，プラスの SOA は 2 番目の刺激の成績を示す。）

Duncanと共同研究者（Duncan et al., 1994; Ward et al., 1996）は，被験者に時間的にも空間的にも異なる2つの課題を行なうよう求め，注意の移動の時間推移を測定した（図3.3）。2つの課題は少なくとも200ミリ秒まで，またそれ以上の間隔があいても互いに干渉し合った。これらの実験では，注意の速度をより直接的に見積もることができた。さらに彼らの実験は単純であるために，被験者が記憶容量の限界による混同を起こして困ることもほとんどない（Egeth & Yantis, 1997）。注意の速度の問題は，明らかにまだ論争の渦中にあり，さらに詳細な実験的研究が必要である。これらのパラダイムの多くで刺激の並列処理が起こっているとするならば，全体として，より長めの見積もりがより正しい注意の速度を反映していると考えられる。およそ200ミリ秒という見積もりは，スキャン中の眼球運動の時間推移とかなり近いものである。もしこれらの直接的評価が正しいならば，潜在的注意が単純に視覚場面を高速にスキャンできるメカニズムということにはならない。

　注意のメカニズムが独立していることの目的をうまく説明できない限り，潜在的注意はサッカードのシステムと密接に結びついたシステムのアクションを反映している可能性が高い。これは注意の前運動理論によって提案されたものと若干似た考え方である。

5節　注意の神経生理学

　神経生理学では，過去30年間，顕在的注意と潜在的注意の両方について，広範囲にわたる詳細な研究が行なわれてきた。数多くの脳領域がサッカードのコントロールにおいて重要な役割を果たしていることがわかってきた（4章3節）。その中には，頭頂葉，前頭眼野，上丘などが含まれる。それぞれの部位における潜在的注意の効果についても報告されてきた。

　Wurtzと共同研究者（たとえば，Goldberg & Wurtz, 1972; Mohler & Wurtz, 1976）は，いまでは古典的となっているいくつかの研究において，サルの上丘表層の活動の記録を行なった。サルは，手がかりとして与えられた光点の位置にサッカードをする訓練か，顕在的反応はせずにその光点の位置に注意を向ける訓練を受けていた。細胞の活動は明らかに手がかりの開始に合わせて生じ，感覚刺激が消失しているサッカードの生起時点では生じなかった。これらの細胞の反応は，単に手がかりのあとに生じる眼球運動の結果として起こるのではなく，むしろ選択的に注意を向けることによって起こるようであった。反対に，手で反応するよう求められているときには，提示された手がかりに注意を向けることによる細胞の活動は起こらなかった。このことは潜在的注意とサッカードの生成が密接に結びついていることを示す強い根拠となっている。どちらも基本的には同じ神経プロセスから生じているのである。

　頭頂皮質の細胞の反応特性もまた注意の効果を示すものであるが，反応の性質にはあまり関係がないようである。Wurtzら（1982）は，これらの細胞が，サッカード

によって反応するときも，サッカードを起こさず手で反応するときも，同じように応答することを示した（図3.4）。まず，このことは出力の性質に直接関連のない「注意の細胞」が存在することを示しているようである。しかし，手による反応は通常サッカードと連合しており，この2つにまたがって注意を向けさせるユニットが，重要な意味をもつのかもしれない。KustovとRobinson（1996）は，上丘の細胞に対する手がかりの効果は，ターゲットへの反応がサッカード眼球運動か手による反応のどちらかのときに，手がかりの提示と関連があることを示した。このことは，反応としてサッカードが求められていないときでも，このような空間手がかりの提示は上丘における活動を生起させることを示唆している。反応が求められていないときや積極的に抑制されているときは，注意を向けることによって，複数の運動システムが同時に活性化するようである。とりわけ，複数の運動システムが連携して行動をコントロールす

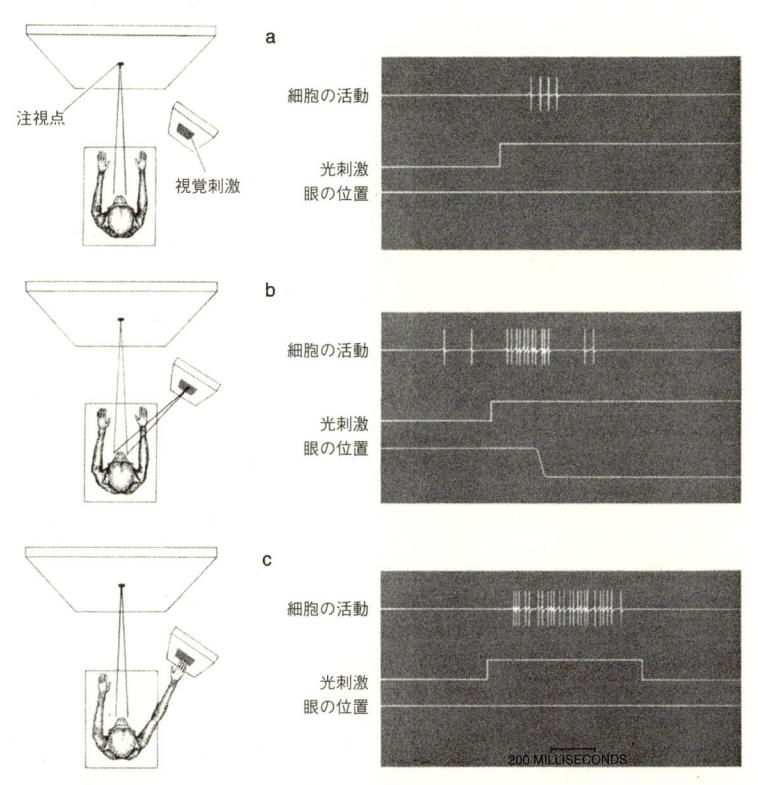

● 図3.4　さまざまな注意条件における頭頂皮質の細胞の反応。(a) サルは注視を続け，視覚刺激に反応しない。(b) 視覚刺激に対してサッカードをすると細胞に活動が生じる。(c) サルは注視をしたまま，視覚刺激に向けて指さし運動をする。[Wurtz, Goldberg, & Robinson, 1982 を改変]

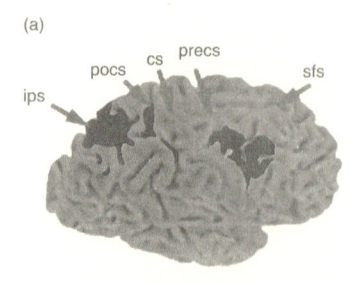

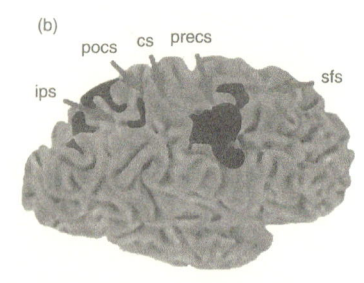

3章 視覚的選択,潜在的注意,眼球運動

● 図3.5 (a) 潜在的注意時と (b) 眼球運動時の人の脳活動。右半球において活動のみられる領域を黒く示す。数多くの脳画像研究の結果をまとめたものである。詳細については,Corbetta と Shulman (1988) を参照のこと。脳溝名は以下のとおりである。ips: intraparietal sulcus (頭頂間溝), pocs: postcentral sulcus (中心後溝), cs: central sulcus (中心溝), precs: precentral sulcus (中心前溝), sfs: superior frontal sulcus (上前頭溝)。[Corbetta & Shulman, 1998 の図4を修正]

るときなどである(Colby & Goldberg, 1999 を参照)。最近の前頭眼野に関する研究において,サッカードと空間的注意の密接なつながりを示す動かしがたい証拠が得られている。Moore と Fallah (2001) は閾下の微弱刺激を前頭眼野に与えた。この刺激によって,潜在的注意課題の成績が向上することが示された。まとめると,これらの結果は,空間的注意とサッカードの生成には密接なつながりがあることを示唆している。

Corbetta と Shulman (1998) は,空間的注意とサッカードの生成について神経画像法を用いて行なわれた機能解剖学的研究をレヴューしている (図3.5)。総じてこれらのデータは,頭頂皮質と前頭皮質に共通の神経信号が,潜在的注意と顕在的注意を向けることに関わっていることを示している。前頭-頭頂ネットワークには前頭眼野や補足眼野が含まれている。顕在的注意と潜在的注意の移動を必要とする課題においてみられる解剖学的な一致も,これら2つのプロセスが密接に関連していることを示唆しており,注意の前運動理論とも整合性が高い (3節3.)。

6節 非空間的注意

本章では,これまで空間的選択に焦点を当て,ターゲットを中心視する顕在的注意は,注意が特定のアイテムに向けられ,そのアイテムの選択が生じるための主たる方法であると論じてきた。しかし,選択は空間についてのみ起こるのではない。この節では,非空間的選択について検討する。最初の項では,選択がオブジェクト・ベースで起こることの証拠を検討する。その後,第二の項では,視覚特性への注意について検討する。

1. オブジェクトへの注意

Posner が行なった先行手がかり実験は,注意がある範囲の空間に向けられることを示唆するものであった。その空間内のアイテムは処理が促進された。しかしこれら

の実験では，空間的に資源が向けられているのか，非空間的に，すなわち**オブジェクト・ベース（object based）**で資源が向けられているのかを区別することはできなかった。それは，Posner の実験デザインでは，注意が向けられるべき場所を示すものとして，周辺視野に提示された正方形が用いられることが多かったからである。Duncan（1984）は，注意理論を3つに分類できると提案した。オブジェクト・ベース理論では，処理は決められた数のオブジェクトだけに行なわれ，オブジェクトが選択の単位となる。弁別ベース理論では限られた数の弁別が行なわれる。最後の空間ベース理論では，選択が空間の限られた部分について行なわれる。これらの理論を検証するために Duncan（1984）は，被験者に2つの単純な知覚課題を同時に行なうよう求めた（図3.6）。刺激は，長方形とそれを縦断する線分から構成されていた。長方形の大きさは2種類（大／小）あり，その辺のどこか（左／右）に切れ目があった。線分は傾いていて（時計回り／反時計回り），2種類のパターン（点線／破線）で描かれていた。被験者に課された2つの課題は，2つの属性について報告することであった。それは1つのオブジェクト（線分か長方形，どちらかの2つの属性）に関する場合と，2つのオブジェクト（線分と長方形，各1つずつの属性）に関する場合があった。Duncan は，被験者が1つのオブジェクトだけに注意を向けるときに比べて，2つのオブジェクトに注意を向けなければならないときに成績が大きく低下することを見いだした。このことは，2つのオブジェクトが（重なり合って）同じ空間領域を占めるときでも，それが（何度も注視をする必要がない）小さい領域にあるときでも変わりなかった。この課題では，オブジェクトが1つのときも2つのときも，画面上の刺激は常に同じ位置に提示された。弁別すべき項目の数は一定であり，また選択における空間的要因も2つの課題とも変わらなかった。結果は，オブジェクト・ベースの注意理論によってのみ説明することができた。1つのオブジェクトよりも2つのオブジェクトに注意を向けるときにコストが加算されたのである。Duncan（1984）の結果からは，

● 図3.6　Duncan（1984）は，実験参加者が異なるオブジェクトの2つの特性に注意を向けるとき，1つのオブジェクトの2つの特性に注意を向けるよりも報告の正確さが低下することを示した。実験参加者には，長方形と線分が重なった刺激が提示された。2つの刺激例を上に示す。それぞれの試行で，実験参加者は線分に関する特性（傾きの方向／線のパターン）か，長方形の特性（切れ目のある側／長方形の形），あるいは2つのオブジェクトの線分と長方形に関するそれぞれ1つの特性を報告するよう求められた。[Duncan, 1984, 図1より]

選択の手続きは単に空間座標に密接に結びついたものではないことが示唆される。さらにこの結果は，注意の後期選択説も支持するものでもある。後期選択説では，広範囲に前注意処理が行なわれるとし，たとえ空間的に重なり合ったアイテムでも選択に際しては独立であり，競合するものとなる（Baylis & Driver, 1993; Egly et al., 1994; Vecera & Farah, 1994 も参照）。

アクティヴ・ビジョンの観点も含め，注意理論において挑むべき問題は，注意理論に顕在的注意のプロセスを統合することである。すなわち，注視によって，行動に関連するオブジェクトの処理が優先的に促進されるのである。空間ベースの注意とオブジェクト・ベースの注意を対比させることは，読書中の眼球運動のコントロールをどのように説明するかという問題を思い出させる（5章7節）。空間的枠組みを仮定しているモデルがある一方で，いくつかの有力なモデルでは，注意が単語を単位とするレベルで向けられていることを出発点としている。

2. 視覚特性への注意

もし被験者が赤と緑のりんごの入ったバスケットの中の，赤いりんごすべてに選択的注意を向けるよう求められたならば，赤いりんごは容易に選択できるであろう。すべての赤いアイテムにおけるこの非空間的促進は，注意プロセスの一部に選択をガイドする部分があることを示しているが，このことは注視による選択のアドバンテージだけではもちろん説明がつかない。このようなプロセスは実際のところ，視覚探索において非常に重要であり，詳細については6章で検討する。

Corbetta と共同研究者（1991）による PET を用いた研究では，色か形か運動に注意を向けると，外線状皮質のほとんど重ならない領域で活動が増加することが示された。これらの活動がみられた領域は，人間以外の霊長類では，刺激の次元に特化した細胞が含まれていることで知られている。これらの領域は，解剖学的には空間的に注意を向けることに関係のある上頭頂前頭が作るネットワークとは異なっている（図3.5）。このような結果は Moran と Desimone（1985）が行なった単一細胞の電気生理学的研究を補足するものである。彼らは，V4野の活動を記録し，古典的な受容野内において，空間的注意が細胞の反応の強さを変化させることを見いだした。これらの結果は，画面上の赤いアイテムに注意を向けるといった刺激特異効果と，空間選択メカニズムの相互作用を明らかにするものになるであろう（6章7節も参照）。

7節　アクティヴ・ビジョンと注意

注意におけるアクティヴ・ビジョン説では，注視することがアイテム選択のための主な方法である。これまでみてきたように，注視は潜在的に注意することによるアドバンテージに比較して，視力の点で大きなアドバンテージをもたらす。アクティヴ・ビジョン・アプローチでは，選択は注視することによって生じるとされているが，ある意味，これは初期選択モデルということになる。1回の注視では，画面上のいくつ

7節 アクティヴ・ビジョンと注意

かのアイテムは選択されない。これは単に感覚器官がそれらを処理するのに十分ではないためである。場合によっては，視覚的選択は網膜上で起こるのである！ しかし，周辺視野の視覚能力が劣っていることによるコストの影響をどのアイテムが受けるかは，高次レベルでの視覚的制約や，課題要求など複数の要因から決定されるのである。

連続的に注視をする際に，次に注視するアイテムが選択されるプロセスを考えると，顕在的選択の説明はより難しくなる。周辺視で情報を集めるメカニズムによって，次に注視され，ベネフィットを受けるアイテムが決定される。この注意プロセスそのものが，すでに選択のプロセスを経た視覚入力とともに作用する。次に注視される位置がどのように選ばれるかを理解することは，本書が明らかにしようとする中心的問題の1つである。さらにこれらのメカニズムは，それ自体が限界をもつことも明らかである。たとえば，普通の顔が，眼や鼻の向きや配置を変えた複数の顔の中に提示されると，その顔に向けてサッカードをすることを被験者は難しく感じる（Brown et al., 1997）。しかし，色や形を拠り所に，1つのアイテムへサッカードをすることもできるのである（Findlay, 1997; 6章も参照）。

潜在的スキャンの1つのベネフィットは，顕在的スキャンである眼球運動よりも速く視覚環境をスキャンできることである。4節における注意の速度の測定に関する私たちのレヴューは，すばやい潜在的スキャンに関する直接的な証拠が弱いことを示している。実際，潜在的スキャンの速度は顕在的な眼球運動が可能なスキャン速度に近いとするほうがよさそうである。この問題については6章でもう一度戻ることにする。そこで再び，視覚探索中に潜在的注意によってアイテムを連続的にすばやくスキャンできるという証拠はないと結論する。

速度に関するやや異なる議論が，たとえば，Henderson（1992）といった理論家によりなされている。彼らは，3節2.で議論したように潜在的注意と顕在的注意には密接な関連があると信じている。彼らの議論からは，潜在的注意は，眼球そのものの動きにいくらか先行してサッカードのターゲットに「移動する」ことが示唆される。このような議論は，サッカードの直前にターゲットを視覚的に弁別する能力が向上するとの知見を根拠としている（Kowler et al., 1995; Deubel & Schneider, 1996）。この重要な結果が，潜在的注意が主でありサッカードが従であるとの主張に使われることがある。私たちはいくらか異なるアプローチのほうがよいと考えている。なぜならば，サッカードを従として（潜在的に）退けることは，眼球運動のユビキタスな性質とほとんど一致しないからである。2つのタイプの注意を異なるものとして扱って，鶏と卵の問題について論評するよりも，私たちは2つの形式の注意は通常密接に結びつき，サッカード直前のアドバンテージに関する現象はアクティヴ・ビジョンの重要な要素になっていると考えている。

潜在的注意には他の機能も考えられることについても述べておこう。しかし現在のところこれらの機能の存在に関する証拠は弱いようである。直感的ではあるが魅力的

な使い方としては，社会的状況において人の目をごまかす場合がある．注視によって誰か他の人に注意を向けているように見せながら，潜在的注意によってある人に注意を向けることができる．しかし，処理の促進（2節4.）がそのような自然な状況で起こるかどうかについてはまだ示されていない．

　顕在的注意の重要性と潜在的注意の小さな役割に関する私たちの議論は，視覚システムの構造における大変基礎的な事実に基づいている．ではなぜ潜在的注意に関する研究がこれほど長く支配的であったのだろうか．影響を及ぼしてきた要素がここには複数あるのではないかと考えている．まず，視覚的注意の研究は，元々聴覚に関する研究から始まったことである（たとえば，Cherry, 1953）．この分野における古典的な観察は，カクテルパーティー効果である．人混みの中でたくさんの話し声が一度に聞こえてくるとき，1人の声に注意を向け，他の人の声を無視することができる．このような環境で聴覚的注意を切り換えるとき，たとえ積極的に頭部を音源に向けることによってベネフィットが生じたとしても，そのプロセスは明らかに内的プロセスである．聴覚について研究をしていた研究者が，視覚の研究を始めたときに，彼らは聴覚システムをモデルとして視覚的注意について考え始めたのかもしれない．その結果，彼らは潜在的プロセスを過剰に強調することになったのである．第二として，視覚的注意の研究は心理学における認知革命の一端を形成したことがあげられる．すなわち，一般に認知心理学は課題遂行における運動の側面を無視して，内的（そして当然，暗黙的な）プロセスに焦点を当てる傾向をもってきた．第三に，最近まで，眼球運動を測定することはかなり難しいことであり，そのため，潜在的注意の研究は最も容易に達成可能なゴールであった．最後に，これまで強調してきたように，パッシヴ・ビジョン・モデルに対する絶対的信念がかなり強固なものであったことである．

8節　要　約

　私たちは注意によって視覚情報のどの部分をさらに，より詳細に分析するかを選択できる．中心窩はそのような選択が生じるための主要なメカニズムである．注視されないアイテムは，特に視力の低下により，かなり限定された処理しか受けない．また，私たちは眼を動かさずにアイテムに注意を向けることができる．潜在的に注意を向けることも，処理のアドバンテージをいくらかもたらすが，この効果は，興味をもったアイテムを注視するときに生じるアドバンテージに比べると小さい．行動的側面と生理学的側面の双方の証拠からは，この潜在的な定位が顕在的なサッカードによる選択と密接に関連があることが示唆される．空間的な選択プロセスは，特徴ベースの選択メカニズムとともにはたらいている．すなわちこれらのメカニズムによって，行動に関連のあるアイテムへ眼球運動が導かれるのである．

4章 視覚定位

1節 イントロダクション

　視覚的な方向づけ，すなわち視覚定位（visual orienting）を行なうためには，視線を視野内の新しい位置に向け直すことが必要になる。このような視覚定位のプロセスについては，特に**ターゲットによって喚起されるサッカード**（**target-elicited saccade**），すなわち視野内に現われた新しいターゲットに対して生じるサッカード眼球運動を材料として，詳しく研究されてきた。このような研究に関心がもたれてきた理由の1つに，ヒトの行動学的研究によって発見されたプロセスと，霊長類の脳生理学研究において発見されたプロセスとの間に密接な対応があることがあげられる。本章ではこの対応関係を強調するために，サッカードの2つの主要な変数，すなわちサッカード潜時と着地位置の特性に関して別々の節を設けた（2節と4節）。さらにそれらの生理学的な基礎に関する説明もつけ加えた（3節と5節）。

　2章で述べたように，中心窩は細かなものを見るために必要な高い視力を有する。この特性を生かすためには，見たいと思う場所へ中心窩を向ける必要がある。これが視覚定位のプロセスである。遠くの対象に視線を向け直すためには，体や頭を動かすことも必要になる。頭部と眼の定位のメカニズムは密接に結びついている（Jeannerod, 1988）。近い位置に対象がある場合には，視線を対象に向ける代わりに，その対象を視線方向にもってくるといった操作も生じる。ただしこの点に関して，ここではこれ以上は触れない。

　Sanders（1963）は彼の古典的研究の中で，視野を，定位を遂行するために必要とされる運動効果器の組み合わせに基づいて区別した。**アイ・フィールド**（**eye field**）は，ヒトが眼を第一眼位に保って前方を向いている状態での，偏心度20度の範囲を指す。この領域内では，定位は眼を動かすだけで達成される。この領域を越えて偏心度90度までの範囲は**ヘッド・フィールド**（**head field**）とよばれる。この範囲では，眼球運動と頭部運動の両方を使って定位が行なわれる。このヘッド・フィールドの外側では，さらに身体運動が加わってくる。Sandersによると，これらの異なる領域間を移動することが必要とされる課題では，負荷が増加し，成績は低下する。

　これらの領域の定義はおおまかなものである。個人差や状況の違いといった他の要因によって，定位法は変わる。たとえばメガネをかけていると，レンズの最適な場所

を通して視線方向を保とうとするために，頭部運動が生じやすくなる。8章5節では頭部運動だけで定位を行なっている人の話を取り上げる。

　視覚定位に関する多くの研究は，眼を用いた定位についてのみ検討している。この場合，定位はサッカードによって遂行される。このため本章では，ターゲットによって喚起されたサッカードが主要な関心となる。そのようなサッカードは，視野の周辺あるいは周辺近くに新しいターゲットが突然出現したときに生じる。明らかにそれは随意的な反応だが，このような状況におけるサッカード定位は，自動的かつ自然に生じる。このため，信頼性のあるデータを得ることができる。

　ここで，これとは異なる2つの重要な実験パラダイムについて述べておく。それらはいずれも，視覚定位に関する私たちの知見を広げるために，広汎に用いられているからである。**アンチサッカード**（anti-saccade）・パラダイムでは，観察者はターゲットとは反対方向に眼を動かして反応するように求められる（4節5.）。アンチサッカードを行なうためには，自動的な定位反応を抑制し，それとは異なる運動指令を作り出すことが必要となる。もう1つのパラダイムは**記憶サッカード**（memorised saccade）・パラダイムである。このパラダイムは観察者により多くの随意的な活動を要求する。多くの場合，周辺にターゲットが短時間提示され，観察者はそれに対してすぐには反応せずに，ある一定時間経ってから反応するように求められる。その間，ターゲットの位置を短期記憶に保持しておかねばならない。このパラダイムについては，記憶された位置に対するサッカードを扱った他の研究と一緒に，9章2節4.で論じる。

2節　定位サッカードの潜時は何によって決まるか

　ターゲットによって喚起されるサッカードを用いた実験パラダイムでは，観察者は周辺視野に現われたターゲットに対して，サッカードによる定位運動を行なうことを求められる。ターゲットの出現から眼が動き始めるまでの時間的な遅れがサッカードの潜時である。この遅れは眼の動きの反応時間であり，定位に関与する脳のプロセスの累積時間を反映している。本章では，このようなサッカードに関する研究が，その基礎にある脳のプロセスを理解するうえでどのように役立つかについて述べる。その前に注意点を1つ述べておく。脳は統合的なシステムである。サッカード定位はきわめて自動的なプロセスであるが，他の脳活動から完全に独立したものではない。この点について Zingale と Kowler（1987）は，いくつかのサッカードを要求されたとき，最初のサッカードの潜時は，そのサッカード系列の長さとともに増加することを示している。同様に，サッカード潜時は認知課題を同時に課されることによって長くなる（Takeda & Findlay, 1993）。

1. ターゲットの特性

　定位サッカードの潜時は，眼が向けられるターゲットの特性に依存していると考え

2節　定位サッカードの潜時は何によって決まるか

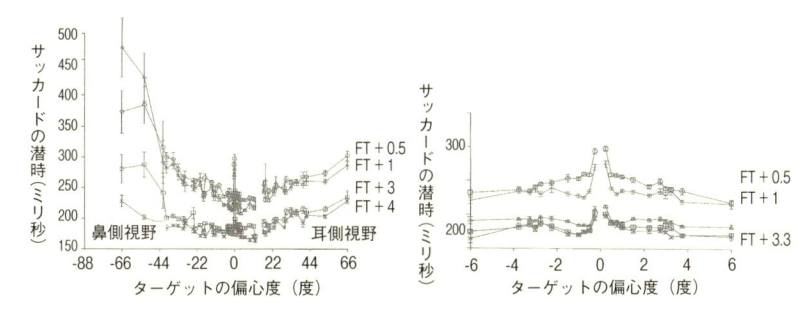

● 図 4.1　さまざまな強度のターゲットによって喚起されたサッカードの潜時を，ターゲット位置の偏心度の関数として示す（FT＋1は中心窩での閾値よりも1log単位だけ上であることを示す）．[Kalesnykas & Hallett, 1994 より引用]

られる．このことはいくつかの研究で示されている．たとえば，明るいターゲットに対するサッカードの潜時は，薄暗いターゲットへのサッカード潜時より短い（Kalesnykas & Hallett, 1994; Reuter-Lorenz et al., 1991）．低い空間周波数情報をあまり含まないターゲットでは，サッカード潜時は長くなる（Findlay et al., 1993）．しかしこれらの要因の効果は，ターゲットが視覚閾値に近い場合を除けば，かなり小さい．

ターゲットの位置の効果も興味深い．多数の研究を扱ったレヴュー論文の中でFindlay（1983）は，ターゲットの偏心度の関数としてみたサッカード潜時の変化は，ボウル型の関数を示すと結論している．広い範囲にわたって（約1度〜15度），サッカード潜時はほとんど変化しないが，非常に小さなサッカード（約1度以下：Wyman & Steinman, 1973）と大きなサッカード（15度以上）では潜時は長くなる．後者では多くの場合，修正サッカードが生じる（4節5.）．図4.1に示したように，KalesnykasとHallett（1994）による組織的な研究はこの関係を支持している（ただしHodgson, 2002を参照のこと）．

2. ギャップ効果

ターゲットによって喚起されたサッカードの研究では，観察者はターゲットの予測不可能なステップ運動を眼で追うことを求められることが多い．この場合ターゲットは，新しい別の場所に提示されると同時に，元の位置から消える．Saslow（1967）は，このような状況においては，視覚刺激が以前に注視されていた位置から消えることが，サッカード定位運動のプログラミングに貢献していると考えた．彼は注視点の消去とターゲットの出現を別々の視覚事象として取り扱うことによって，この問題を研究した．彼はこの2つの事象が同時に生じるのではなく，それらの間に何も提示されない時間が挿入された状況で実験を行なった．周辺視野にターゲットが現われる前に注視点を消すことによって，視覚刺激の存在しない**ギャップ（gap）**期間が生じる．これに対して，注視点がターゲットの出現後まで提示されるのが，**オーバーラップ（overlap）**状況である．Saslowは，こうした操作によってサッカード潜時は大きく

57

影響されることを見いだした。図4.2が示すように，ギャップ状況においては，ギャップが長くなるほど（約200ミリ秒のギャップまで）サッカード潜時は減少する。反対にオーバーラップ状況では，オーバーラップが長いほど潜時が増加する。

このギャップ効果はきわめて再現性があり，ターゲットが現われる方向を観察者が予測できるか否かにかかわらず生じる（Kingstone & Klein, 1993; Walker et al., 1995）。このことは，注視点の消去はサッカード運動と結合したなんらかの一般的な準備プロセスを開始させ，サッカードの大きさの決定などは運動プログラミングの後期の段階で行なわれることを示唆している（6節）。ギャップ効果に関する研究によって，2つの一般的な準備成分が存在することが提案された（Forbes & Klein, 1996; Reuter-Lorenz et al., 1995）。1つはいかなる予告信号でも見いだされる一般的な警告成分である（Tam & Stelmach, 1993 ―彼らはこの成分が手の運動にもベネフィットをもたらすことを示した）。2つめの効果は眼球による定位に固有なものであり，さまざまな用語でよばれる（注視停止，注視解除，注視の解放，あるいは眼の解放）。

3. 遠隔ディストラクタ効果

RossとRoss（1980）は，ターゲットの提示時に注視刺激が消えるのではなく，注視位置に新しい刺激が現われる状況では，ギャップ効果と反対の結果を得られることを報告した。そのような刺激提示においては，刺激がターゲットと同時に提示されることでサッカード潜時は増加する。刺激がターゲットよりも前に提示されると，反対

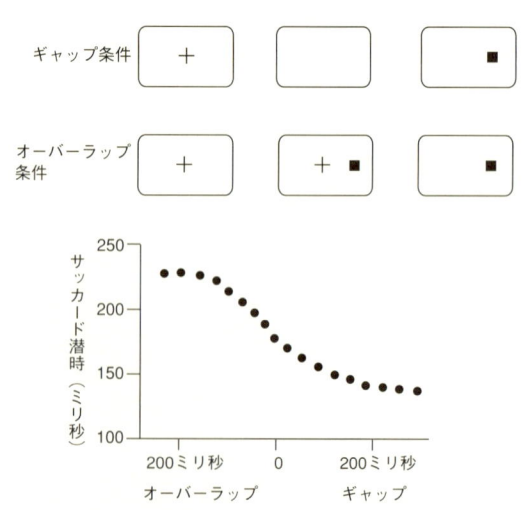

● 図4.2　ギャップ効果。上段のパネルはギャップ条件とオーバーラップ条件での刺激提示順序を示す。いずれの場合もまず中心の注視点を見つめ，ターゲットが提示されたら，それに向かってサッカードを行なう。ターゲットはスクリーンの右側か左側に現われる。ターゲットの提示からサッカードが生起するまでの時間がサッカード潜時として計測される。下段のパネルは，このような実験パラダイムで得られる典型的な結果を示す。

2節 定位サッカードの潜時は何によって決まるか

の効果が生じ，潜時は短縮する。これはおそらく警告信号として作用するためである。潜時の増加は頑強な効果である。Walkerら（1995, 1997）は，ディストラクタ刺激がターゲットと同時に提示されるときに生じる現象についてさらに研究した。彼らは，ギャップによる促進効果の場合と同様に，観察者がどちらの方向に眼を動かすことになるのかをあらかじめ知っているか否かにかかわらず，潜時が増加することを示した。ターゲットに近い扇形領域以外の視野領域ではどこでも，そこに刺激が提示されると潜時の増加が生じた（図4.3）。Walkerらはこれらの知見を記述するために，**遠隔ディストラクタ効果（remote distractor effect）** という用語を導入した。上に述べた扇形領域内に提示されたディストラクタは，サッカード潜時には影響を及ぼさない。しかしそれとは対照的に，サッカードの最終位置に影響を及ぼす。これはグローバル効果の1つである（4節3.）。図4.3は遠隔ディストラクタ効果がきわめて規則的な性質をもつことを示す。

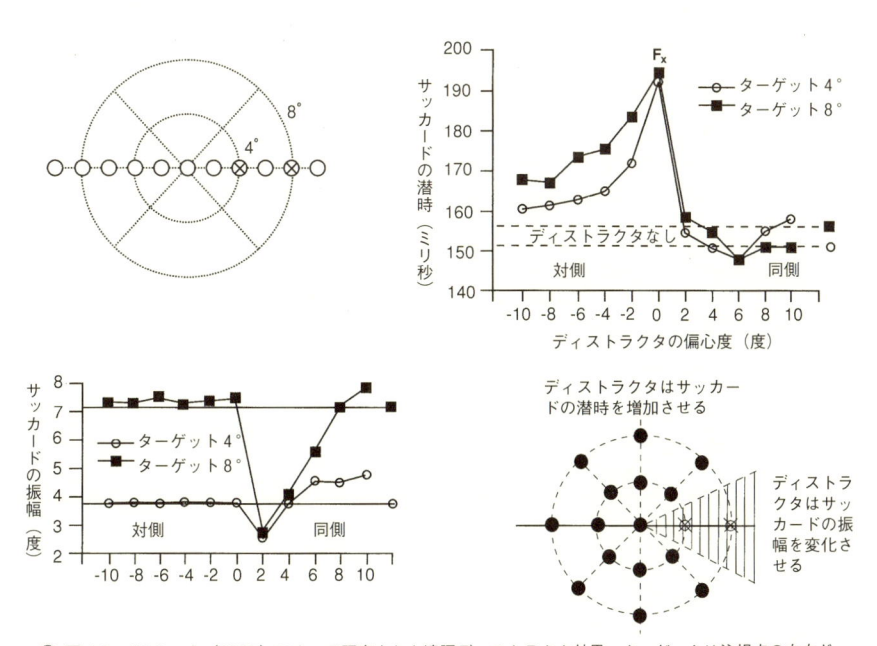

● 図4.3　Walkerら（1997）によって研究された遠隔ディストラクタ効果。ターゲットは注視点の左右どちらかの，4度あるいは8度離れた位置に提示され，テスト試行では同時にディストラクタが提示された。左上のパネルに示された実験では，ディストラクタは円で示された11箇所のどこかに提示された。対照条件ではディストラクタは提示されなかった。注視点の位置，あるいはターゲットと反対側の視野にディストラクタが提示されると，右上のパネルに示したように，サッカード潜時が増加した。ターゲットと同じ側に提示されたディストラクタは，サッカード潜時に影響を及ぼさないが，左下のパネルに示したように，サッカードの振幅が変化する。これらの結果から，遠隔ディストラクタ効果は，右下のパネルに示したような形になることがわかる。サッカードのターゲット側の軸に沿った狭い領域に提示されたディストラクタはサッカードの振幅を変化させる。これに対して，これ以外の視野に提示されたディストラクタは潜時の増加をもたらす。

ギャップ効果と遠隔ディストラクタ効果はいずれも非常に頑強で，かつ規則正しく生じる。このことは，視覚的なオンセットとオフセット（訳注：視覚刺激の出現と消去）が，きわめて自動的に作動するサッカード生成機構へのアクセス経路を有していることを示唆している。このことを示す別の結果が Theeuwes ら（1998）によって報告されている。彼らは，観察者が随意的なサッカードを開始しようとしているときになんらかの刺激が提示されると，しばしば観察者が意図していた場所ではなく，提示された刺激に向かって非随意的なサッカードが生じることを示した。

4. エクスプレス・サッカード

1983 年に Fischer と Boch は注目すべき発見を報告した。彼らはギャップ・パラダイムを用いて，ターゲットに向けてサッカードを行なうようにサルを訓練し，サッカード潜時を測定した。彼らはサルがたびたびきわめて短い潜時（80 ～ 100 ミリ秒）のサッカードを行なうことを見いだした。当時，典型的なサッカードの潜時は 200 ミリ秒程度であるとされていたために，そのような短い潜時であること自体が新奇なことであった。2 つめの発見は，多数の試行で得られたサッカード潜時の分布に関するものであった（図 4.4）。短い潜時のサッカードは，全体の分布の中でそれだけが分離した副次的な母集団を形成していた。このことは，それらがエクスプレス・サッカードという独立したカテゴリーに属することを示している。

翌年，Fischer と Ramsperger（1984）は，同様の現象がヒトにおいても生じることを報告した。ただしヒトのエクスプレス・サッカードの潜時（100 ～ 130 ミリ秒）は，サルのそれよりもやや長めである。その後の研究でもこの知見は確認されたが（Jüttner & Wolf, 1992），ヒトの場合は，サッカード潜時の分布が図 4.4 に示したような劇的な双峰性の分布を示すことはまれである（Reuter-Lorenz et al., 1991; Wenban-Smith & Findlay, 1991）。エクスプレス・サッカードの特性とその意義については Fischer と Weber（1993）が詳しく論じている。エクスプレス・サッカードはいくつかの予想外の特性を有する。たとえば，ターゲットが中心窩に近いとめったに生じな

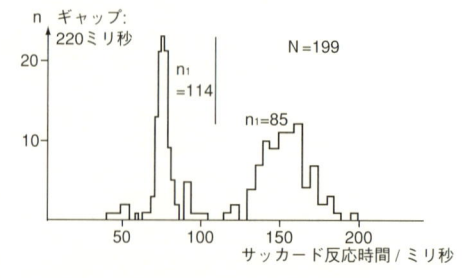

● 図 4.4　Fischer と Boch（1983）のサルを用いた研究で初めて示されたエクスプレス・サッカード。サルはギャップ・パラダイムで定位サッカードを行なうように訓練された。サッカード潜時の分布は，極端に短い反応時間をもつ下位の母集団が存在することを明確に示している。

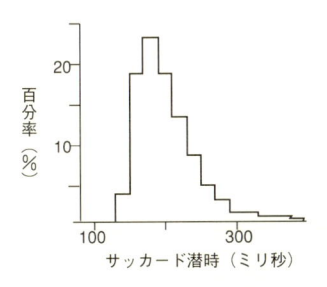

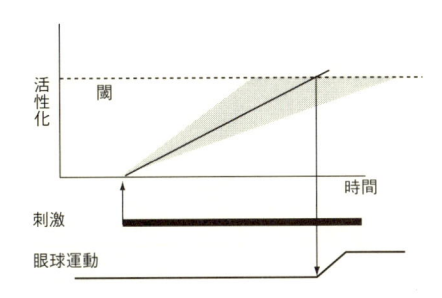

● 図4.5　左側のパネルは，定位課題におけるサッカードの潜時がプラスの方向に歪んだ典型的な分布を示す．右側のパネルは Carpenter の LATER モデルの原理を示す．サッカード生起の基礎にあるプロセスは，活性レベルが一定の閾値レベルまで線形に上昇することであり，その上昇率はガウス分布に従ってランダムに変化する．

い（Weber et al., 1992）。自由観察場面では，非常に短時間の注視がしばしば認められるが，（たとえば，4節4.），これも同様の現象のあらわれかもしれない．

5. 潜時の変動性

テスト条件をできるだけ注意深く設定しても，サッカードの潜時は，試行のたびに，明らかに予測不能な形で変化する．試行を重ねることで，潜時の累積分布を求めることができる．この分布の特性には非常に興味深いものがある．Carpenter（1981; Carpenter & Williams, 1995）は，反応時間の分布はプラスの方向に偏っており，潜時の逆数の分布がほぼガウス分布の形をなすことを示した．

そのような分布は，図4.5に示したきわめて単純な生成機構によって説明できる．Carpenter はこれを LATER（Linear Approach to Threshold with Ergodic Rate: エルゴデックな割合での閾への線形的な接近）モデルと名づけた．各試行において，仮説的な変数が直線的な割合で増加し始める．それがある閾値に達したときにサッカードは開始される．この閾値に達するまでの時間がサッカード潜時に相当する．LATER モデルは，増加の割合がガウス分布に従うランダムな変数であると仮定する．このモデルはそれゆえ，実際に観察されるようなサッカード潜時の偏った分布を予測できる．さらに，サッカードの速度や正確さについて教示を与えるとサッカード潜時の分布は変化するが，この変化は閾値レベルの変化として解釈できる（Reddi & Carpenter, 2000）．このモデルは，生理学的研究からも支持されている（3節3.）．

3節　サッカード生起の生理学

ターゲットによって喚起された定位運動に強い関心がもたれる理由の1つは，先の節で紹介したように，行動学的研究と生理学的な脳のプロセスの間に，密接な対応が認められるためである．

霊長類におけるサッカード眼球運動のコントロールは，多くの点で，ヒトのそれと

似ている。実験室で訓練したサルに，定位サッカードや視覚探索のような複雑な課題をさせることは容易である。サッカード・システムに関する神経生理学的知識は，覚醒状態にあるサルが訓練された課題を行なっているときの脳細胞の特性について調べることで，とりわけ進歩した。

図4.6は霊長類の脳の模式図であり，サッカード眼球運動の生成にとって重要とされる主要な部位や経路を示している。眼筋は，中脳および橋の部位から発する運動神経によって，第3，第4，および第6脳神経を経由してコントロールされる。これらの神経の細胞体は，それぞれに対応する動眼神経核の中に見いだされる。図4.6に示したように，これらの神経核に隣接して，中脳網様体（MRF）および旁正中部橋網様体（PPRF）といった重要な前運動性の中枢が存在する。これらの中枢への下行性の入力は，そのほとんどが（すべてではないが）上丘（SC）から来ている。上丘には，視覚刺激に反応する細胞群と，サッカードを遂行したときに反応する，部分的に重な

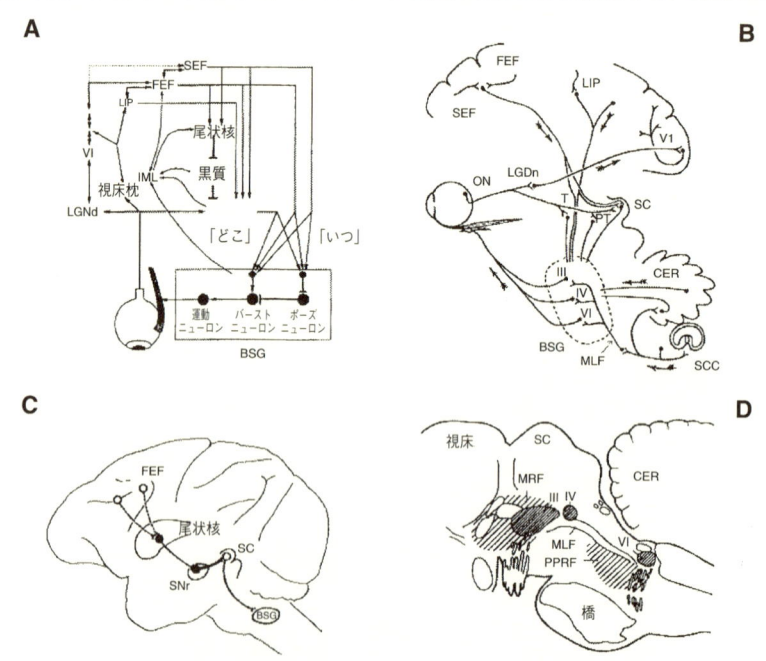

● 図4.6 サッカード生成の脳内中枢。(A) サッカード生成に関わる神経経路（図2.17）の模式図。[Schall, 1995 による] (B) 霊長類の脳における視覚入力経路，動眼出力経路，およびサッカード生成に関わる皮質中枢の模式図。[Robinson, 1968 を改変] (C) 霊長類の脳の大脳基底神経核から脳幹にいたる動眼経路を示す。[Hikosaka & Wurtz, 1982 より改変] (D) 脳幹のサッカード生成に関わる領域。[Henn et al., 1982 より]

III，IV および VI はそれぞれ第3，第4，第6脳神経核であり，ここから動眼神経が始まる。BSG：脳幹サッカード生成機構（図Dに詳細が描かれている），CER：小脳，FEF：前頭眼野，IML：視床の内側髄板，LGNd：外側膝状体の背側部，LIP：頭頂間溝外側，MLF：正中縦束，MRF：中脳網様体，ON：視神経，PPRF：旁正中部橋網様体，PT：視蓋前部，SC：上丘，SCC：半規管，SEF：補足眼野，SNr：黒質網状部，T：視蓋神経核，V1：皮質視覚第1野。

り合う細胞群がいくつかある。上丘はサッカード眼球運動と結合したきわめて重要な視運動性の中枢であり，サッカード生成に重要な大脳皮質の2つの領域（LIPとFEF）から入力を受ける（2章4節4.）。

1. 網様体のバースト細胞とポーズ細胞

図4.7は，脳の動眼部位およびその直前の前運動部位で生じる神経プロセスを，模式的に示したものである。この図は，きわめて複雑な神経機構をごく単純化した概略図として示している（詳しくは，Fuchs et al., 1985; Moschovakis & Highstein, 1994; Schall, 1991, 1995; Scudder et al., 2002 を参照）。眼球が静止しているときでも，すべての動眼神経は持続的な活動を示し，眼窩内における眼球の位置に応じて中程度の発火がみられる。サッカード生起におけるこれらの細胞の典型的な活動のようすが，図4.7の「運動ニューロン」の発火記録に示されている。サッカード生成においては，主動筋を動かす運動神経の発火が一時的に高頻度となり，その後それより低いレベルではあるが，眼球の新しい位置を保つのに見合った発火率に落ち着く。このような神経活動を記述するために，**パルス－ステップ（pulse-step）・パターン**という用語が用いられる。拮抗筋が作動するときには，そのパルス時において活動を停止し，その後低いレベルの活動に移行する。図に示した仮説的な運動ニューロンは最初の眼球運動を生じさせるための主動筋をコントロールするもので，パルス－ステップ・パターンを示している。2番目の反対方向への運動が生じたときには，この運動ニューロンの活動は停止しており，拮抗的な運動を駆動するための信号は出ていないことを示している。

このような活動パターンは，隣接するMRFおよびPPRF領域の神経回路によって作り出される。これらの領域では，特性がきわめて異なる2種類の神経細胞が見つかっている。**ポーズ細胞**や**オムニポーズ細胞**は常に一定率の発火を示しているが，サッ

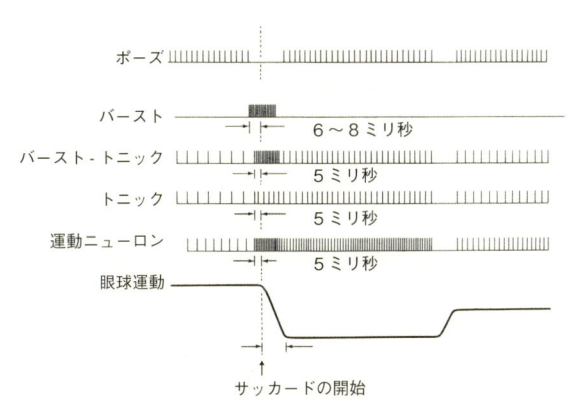

● 図4.7　さまざまなタイプの脳幹細胞におけるサッカード眼球運動にともなう神経活動。[Gouras, 1985 より改変]

カード生起時だけ短期間発火を完全に停止する。その活動の停止は，実際の眼球運動が開始される5〜15ミリ秒前から始まる。活動の停止は，サッカードの大きさや方向とは無関係に生じ，それゆえ，オムニポーズ細胞はサッカードのいかなるメトリック特性（訳注：大きさ，速度などの計量可能な特性）も符号化しない。そのようなメトリックの符号化はこれとは別のタイプの細胞，とりわけ，サッカード運動と同期して（かつ，ポーズ細胞と同様にわずかに先行して）短い**バースト（burst）**を示す細胞によって行なわれる。しかしバースト細胞は，ある一定の方向と大きさの運動に対してのみ発火する。言い換えれば，このタイプの細胞は，運動のメトリック特性を符号化している。いくつかの細胞（ロング・リード・バースト細胞）は，実際の運動が生じるかなり前から発火率を増加させる。MRFとPPRFは（MLFを介して）密接に結合した領域であり，MRFのバースト細胞はサッカードの垂直成分に関与し，PPRFのバースト細胞は水平成分に関与する。

ここでの重要な原則は，コントロール情報が2つの流れに分離していることである。Van Gisbergenら（1981）は次のような術語を導入した。ポーズ細胞はWHENシステムを形成しているといえる。なぜなら，これらの細胞はサッカードが生起する時間に関わっており，眼がどこに動くかには関与していないからである。眼がどこに動くかは，バースト細胞システムが関与することであり，それゆえこれらはWHEREシステムとよばれる。WHEN／WHEREシステムが区別されることにより，その行動面での結果として，サッカードを開始するための準備プロセスが，その目標位置の決定に先行してなされることが可能になる（2節2.）。

2. 上丘の注視細胞，バースト細胞，ビルドアップ細胞

上丘（SC）は，先に述べた中脳と脳幹の動眼中枢に向かって下向性の経路が出発する主要領域である。その構造は最近の研究によってかなり明らかにされており，下位の中枢と同様の特性をもつことが示されている。Daniel Guitton, Dong Munozおよび Robert Wurtzによる研究は，その後の研究を発展させた重要な研究であり，本節はWurtz（1966）による明快な説明に基づくところが大きい。ここでは特に上丘からの直接的な下向性経路について詳しく説明する。これらの経路はサッカードの生成に適しているようにみえるが，サッカードの精度や順応性は，小脳も含む，上丘から脳幹への並列経路を通して維持される（Robinson & Fuchs, 2001）。

上丘は複数の層から成り立っており，本のページのように積み重なっている。以下に詳しく述べるように，これらの層は視覚空間と動眼空間のマップを含んでおり，そこでは左右の視野がそれぞれ反対側の上丘に表現されている。**表層（superficial layers）**とよばれる一番上の層は，網膜から直接に視覚投射を受ける。その下の層——**中層（intermediate layers）**および**深層（deep layers）**——は，これとは別の視覚投射を受け，動眼生成中枢と結合している。これらの視覚投射の詳細について，2章2節1.で述べた視覚経路に準じて説明すれば以下のとおりである。SC上層の活性

3節 サッカード生起の生理学

化はネコのWシステム（訳注：X細胞，Y細胞に続く第三の網膜細胞（W）が関わる経路。2章3節1.を参照）と同じシステムによって引き起こされ，深層の活性化は主にM細胞を通して引き起こされるが，P細胞の関与を示す証拠もある（Schiller, 1998）。逆説的なことではあるが，上層と深層の間に神経結合はないとされる。この視覚マッピングは，網膜−皮質投射と同様の異方性をもつ。中央の中心窩領域が占める領域は広く表現され，上丘の吻側の先端——**吻側極**（the rostral pole）——に投射している。上側の空間は上丘の内側に，下側の空間は外側に表現される。そのマッピングは眼中心であり，眼窩内での眼の位置によって影響を受けない。ただし他の視覚中枢と同様に，活動レベルは眼の位置によって変化する（Paré & Munoz, 2001）。

「上丘は視覚空間をマップする」という言語表現は，表層と中層の細胞のいずれもが，トポグラフィック（訳注：広さなどは変化するが位置関係は保たれていること）に配置された視覚受容野をもつという事実を指している。「上丘は動眼空間をマップする」という言語表現は，深層の細胞を電気的に刺激するとサッカード眼球運動が引き起こされ，その大きさと方向は刺激される部位に依存しているという事実を指している。細胞の中には，視覚性の反応と動眼性の反応の，両方の特性をもつものもある。視覚マップと動眼マップが正確に重なっているという事実は重要な発見であった（Schiller & Koerner, 1971; Robinson, 1972）。上丘の深層のある位置を刺激すると，同じ上丘の視覚マップに表現された空間領域に向かって正確にサッカードが生じる。それゆえ，上丘は明らかに定位の視運動協応に関わっている。しかし，マップが正確に重なっているとする初期の発見に対しては，その後疑問が生じた。なぜなら，これらの2つのマップが相互にどのように作用しているか不明だったからである。上丘に関する最近の研究の進展は，サッカードに先行する深層の活動，特に吻側領域の役割に集中している。

注視中枢（fixation centre）という用語は，上丘の吻側極の部位を指している。この部位は視覚マップの中心窩部位に対応する。神経生理学研究によれば，この部位の細胞は動物が注視しているときには必ず活性化し，サッカード眼球運動の遂行時に活動を停止する（Munoz & Wurtz, 1993a）。この部位はGABAに反応し（Munoz & Wurtz, 1993b），GABAの作動物質をこの部位に注入するとサッカード活動が高まる。逆にGABA拮抗物質を注入すると反対の効果が生じる。動物はめったにサッカードを起こさなくなり，起こってもその潜時は正常よりも長くなる。この部位の細胞は，脳幹のオムニポーズ細胞とよく似た特性を示す。この部位と脳幹のオムニポーズ細胞の間には直接的な連絡があることが示されている（Paré & Guitton, 1994）。

深層の別の場所では，2つの重要な細胞のタイプが発見されている。いずれもサッカードに先行した神経活動を示すが，重要な点で異なる。**ビルドアップ**（buildup）細胞はサッカードが生じるかなり前から活動を増加させ，サッカード開始直前に活動の頂点に達する。**バースト**（burst）細胞は，MRFとPPRFにある同名の細胞と似

4章 視覚定位

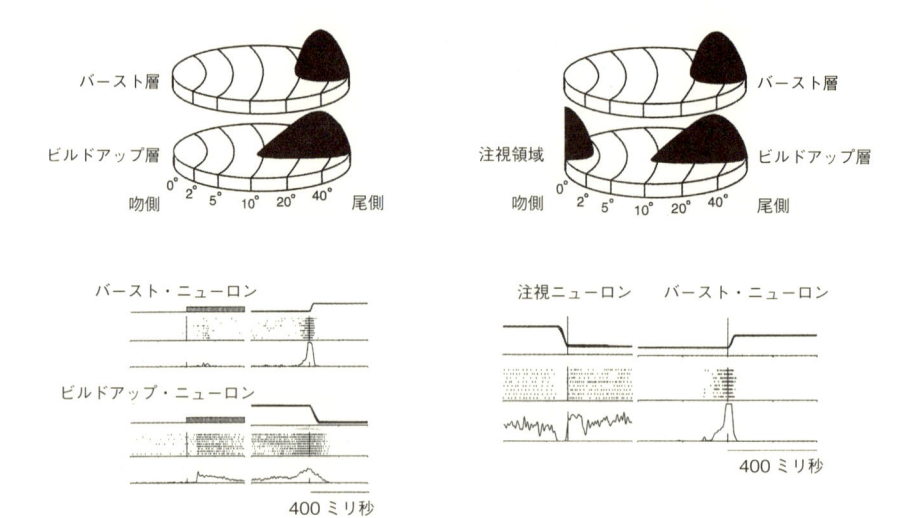

● 図4.8 上丘でのサッカードに関連した神経活動。左上のパネルは上丘の2つの層を地図状に示す。黒い山はこれらの2つの層における神経活動のピークを示す。左下のパネルはこれらの2つの層における典型的な神経活動を示す。左側のプロットは視覚ターゲットに対応した活動を，右側のプロットは眼球運動に対応した活動を示す。最上段のプロットは視覚刺激とサッカードを示す。中段のプロットは神経活動をラスターで示す。それぞれのラスターの線は各試行での記録。下段のプロットは神経活動の平均値。右側のパネルには上丘の吻側にある注視領域での神経活動がつけ加えられている。[Wurtz, 1996 より改変]

ており，サッカードの直前に短く激しく発火する。いずれの場合も，活性化は動眼マップ上の適切な方向へのサッカードに先行して生じるが，この方向に関してはバースト細胞のほうがビルドアップ細胞よりも正確な反応を示す。

　サッカードに至るまでの上丘の活動は，おおまかに次のように述べることができる（図4.8）。眼が向けられる空間内の場所に対応する上丘の部位では，中層のビルドアップ細胞がしだいに活動を強める。この活動の増加は，さまざまな下向性経路での活性化によって生じる（図4.6）。それと同時に，吻側の注視領域にある細胞は活動を弱める。ある時点において，その活動バランスは，突然の切り換えが生じる位置まで達する。このとき吻側極の活動は停止し，バースト細胞が発火し始め，サッカードの特性を反映した活動がMRFとPPRFで生じる。ビルドアップ細胞の活動は，下向性経路からの刺激特性を反映して，大変不安定であるが，それ以降の起動プロセスのはたらきによって，生起するサッカードはかなりステレオタイプなパターンを示す。サッカード潜時は注視領域とビルドアップ領域での状況によって左右されるが，Dorrisら（1997）は，エクスプレス・サッカードの場合，サッカード潜時はビルドアップ領域の先行活動とかなり相関するが，注視領域における先行活動とは相関しないことを見いだしている。

3. サッカード潜時の変動性

　サッカード潜時の変動性に関しては，理論的研究と神経生理学的研究の間で興味深い対応がみられる。Carpenter によって提案された LATER モデル（2節5.）は，単一細胞レベルで生じているプロセスをよく反映しているように思われる。霊長類の前頭眼野にある細胞の活動は，サッカードの直前に間断なく増加することが示されている（Hanes & Schall, 1996; Schall & Hanes, 1998）。この活動の増加率はサッカードの潜時と相関し，サッカードの開始は神経活動の増加率が十分に高くなったときに生じるとする累積モデルを支持している。同様の対応関係は，上丘のレベルでも報告されている（Dorris et al., 1997）。

4節　定位サッカードの着地位置は何によって決まるか

　私たちは，どんなターゲットに対しても意のままに眼を向けることができるため，こうしたことが神経プロセスの重要なはたらきであり，8章で述べるように，この機能の損失が深刻な障害をもたらすことなどはほとんど考えもしない。このはたらきについては，ターゲットによって喚起されたサッカードに関する多数の研究によって，詳細に調べられてきた（詳しくは，Hallett, 1986 あるいは Becker, 1989 を参照）。ターゲットが中心 10 度以内にあれば，たいてい 1 つのサッカードだけで眼はターゲットに直接向けられる。そのようなサッカードは，2章4節で述べたようなステレオタイプな軌道を示すが，その振幅には差がみられる（その範囲は運動振幅の約 5 %から 10 %である — Kowler & Blaser, 1995）。最初のサッカードに続いて，第 2 の小さな修正サッカードが生じることもある。大きなサッカードになると，ターゲットまで届かないことや，修正サッカードが生じることが多くなる。この場合，約 10 %の振幅の不足が生じるという知見が広く受け入れられているが，異論もある（Kapoula & Robinson, 1986）。小さなサッカードの場合は，課題が視覚的な詮索を要するときに修正サッカードが増える（Findlay & Kapoula, 1992）。小さなサッカードを連続的に行なって眼をターゲット方向へ動かすときも，たびたび変則的なパターンがみられる（Crawford, 1991, 4章7節）。

1. 修正サッカード

　修正サッカードに関する研究はいくつかの興味深い知見をもたらしてきた。定位目標であるターゲットを瞬間的に提示し，最初のサッカードが生起したときにはすでにそれが消えているようにすると，修正サッカードはなお生じるが，その頻度は少なくなる（Becker, 1972）。このことは，修正サッカードはあらかじめ計画された運動系列に基づいて生じるか，あるいは最初のサッカード終了後に取得された視覚的な誤差に基づいて生じるかのいずれかであることを示している。修正サッカードの潜時，すなわち最初のサッカード後の注視の持続時間は，最初のサッカードのあとに残る注視誤差の大きさにほぼ完全なまでに依存している（Becker, 1989）。

定位サッカードを調べる典型的な実験では，さまざまな距離にあるターゲットを含む刺激セットが使われる。被験者はこのような刺激セットの特性にすぐに気づく。このことは短い距離にあるターゲットからなる刺激セットではわずかなアンダーシュート（訳注：振幅の不足）がみられ，長い距離にあるターゲットからなる刺激セットではわずかなオーバーシュート（訳注：振幅の超過）がみられることからも示される（Kapoula, 1985）。これは運動反応の研究ではよく知られた知見であり，**レンジ効果（range effect）** とよばれる。

2. ダブルステップ・パラダイム

ダブルステップ・パラダイムでは，観察者は2回連続ですばやく移動するターゲットを眼で追いかけることを求められる。このパラダイムのねらいは，最初のステップ（ターゲット移動）に対して生じるサッカードに対して，第2のステップがどのような効果をもたらすかを調べることにある。実験は，できるかぎり観察者が刺激の特性を予測できないように計画されることが多い。ターゲットは，予測不可能なさまざまな方向に，さまざまな時間間隔をおいて，2回移動する（ダブルステップ）。これらに加えて，ターゲットが1回しか動かない試行（シングルステップ）も実験に含まれる。この実験パラダイムは多くの研究において用いられ（Komoda et al., 1973; Becker & Jürgens, 1979; Findlay & Harris, 1984; Aslin & Shea, 1987），それによって得られた情報も多い。

ダブルステップ試行で得られる主な結果は次の3つである。1つは，それぞれのステップに対して別々のサッカードが生じる場合である。この状況は，2つのステップ間の時間が長く，最初のステップに対する反応が2番目のステップによって影響を受ける前に完了しているときにみられる。これとは反対に，1つめのステップを無視し，2つのステップを経たあとの最終位置に向かってただ1つのサッカードが生じることがある。このような結果は，2つのステップ間の時間が非常に短いときにみられる。3つめの起こり得る結果は，最初のサッカードが2つのターゲット位置のいずれにも向かわず，その中間の位置に向かう場合である。一般にこの場合には，最初のサッカードの次に，2番目のターゲット位置へのサッカードが生じる。さらに，サッカードの軌道そのものが変容することもあるが，これは大きなサッカードの場合にのみ観察される（2章4節1.）。

BeckerとJürgens（1979）は，結果のタイプを決定する最も重要な要因は，第二のステップと最初のサッカードの間の時間であることを示した。彼らはこの変数をDと名づけた。図4.9に示したように，ある条件においては，最初のサッカードの到達位置が規則正しくDに依存していることを示すために，**振幅推移関数（amplitude transition function）** をプロットすることができる。Dが小さいと，第二のステップはサッカードに影響しない。Dの値が大きいと，眼は第2のステップのあとの新しい位置に向かう。このように，新しいステップが完全にサッカードを獲得してしまう。

BeckerとJürgensは，Dが中間の値のときには，2つのステップの間の位置に向かう折衷的なサッカードが生じ，その到達位置は2つのステップの間を結ぶなめらかな推移を示すことを発見した。この推移が始まる点は，最初のステップの位置にサッカードが向かうことができる最後の時点を示している。小さなサッカードの場合この値は約80ミリ秒であるが，BeckerとJürgensによれば，大きなサッカードにおいてはこの値は大きくなる。

図4.9に示したような振幅の推移パターンは，2つのターゲットが，中心から同じ方向に沿う異なる偏心度の位置にある場合にみられる。一方のターゲットは視野の右側に，他方のターゲットは視野の左側にある場合には，これとは異なるパターンがみられる（BeckerとJürgensの1979年の研究では水平サッカードだけが検討された）。この場合も，先ほどの場合と同様に，Dが80ミリ秒以下のステップは効果をもたない。この時点を過ぎると，すべてのサッカードが（最初のターゲットとは反対側にある）第2のターゲットに向かう。2つのターゲットが視野の同側にあった場合には，Dのある範囲において推移関数が認められたが，異なる視野にある場合にはサッカードはまったく生じなかった。

これらの知見に基づいてBeckerとJürgens（1979）は，サッカード生成に関する

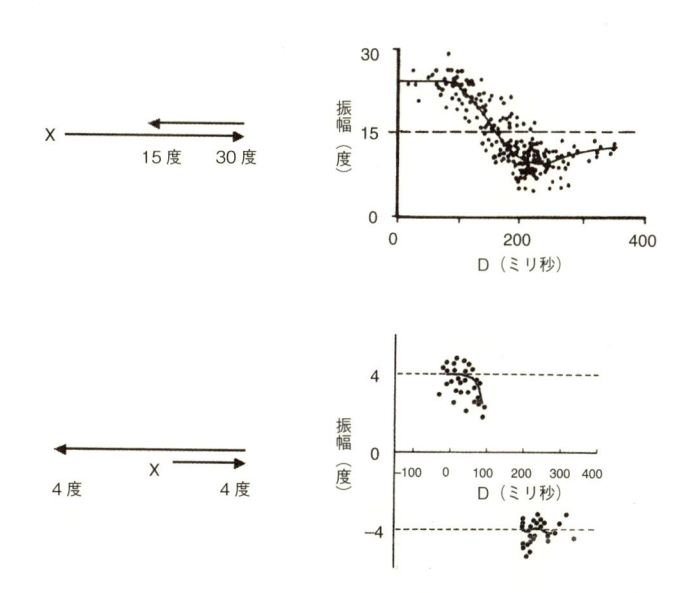

● 図4.9 2ステップの追視課題で見いだされた振幅推移関数。左側はターゲットの動き方を示す。右側のプロットでは，各点が1つのサッカードを表わしている。サッカードの振幅が変数Dの関数としてプロットされている。ここでDは2番目のターゲット・ステップが生じた時点とサッカード生起の時点の間に経過した時間である。上側のプロットはBecker（1989），下側のプロットはFindlayとHarris（1984）による。

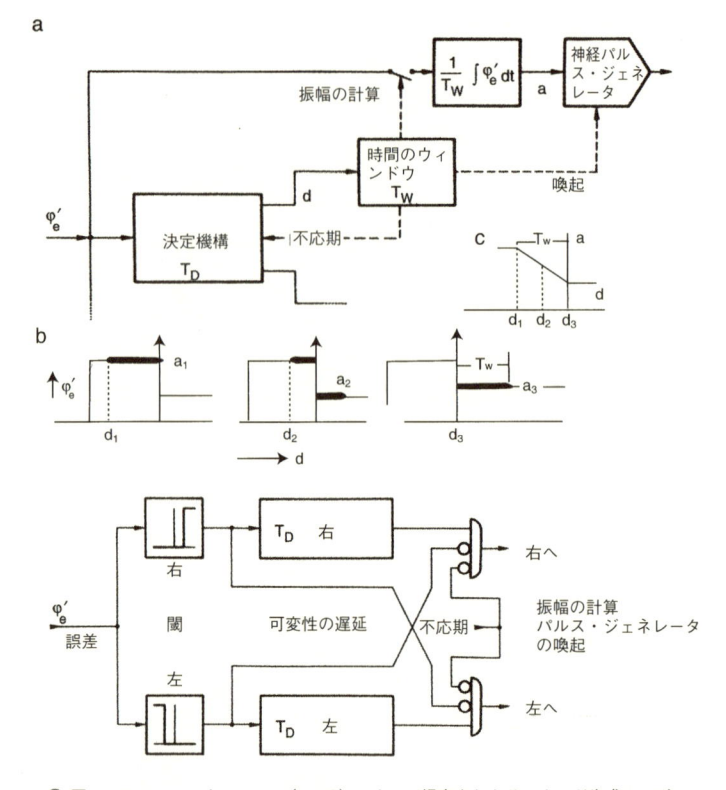

● 図4.10 Becker と Jürgens (1979) によって提案されたサッカード生成のモデル。

2段階モデルを提案した。これらの2つの段階は図4.10に図式的に示されている。決定段階では，眼をいつ，どの方向に動かすかが決定される。その決定がなされると，その信号が振幅計算段階に送られる。ここはサッカードの大きさの決定に関わる。この振幅計算段階は，ターゲット情報を取り込むことによって，必要とされる振幅を完全に自動的な形で計算する。その情報の取り込みは，即座に行なっているわけではなく，ある時間のウィンドウの中で利用可能なすべての情報を統合してなされる。振幅推移関数の持続時間は，このウィンドウの長さに対応している。もしこの統合の期間内にターゲットの位置が変化すると，それによって生じる残余振幅は，2つのターゲット位置を重みづけして統合することで決まる。2つのターゲットの中間位置に向かうサッカードは，この統合プロセスによって説明される。

このモデルは本章の別の節で述べた WHERE／WHEN の分離とよく似ている。しかし，Becker と Jürgens は，WHEN の計算を彼らのモデルにおける決定段階に割り当てた。このモデルは，ダブルステップ・パラダイムや水平サッカードを用いたその

他のパラダイムで見いだされた結果をうまく説明できる。しかし，2次元空間内でのサッカードまで話を広げると，いくつかの問題が生じる。FindlayとHarris（1984），およびAslinとShea（1987）は2次元空間におけるダブルステップ・パラダイムを用いた実験で，振幅と方向，両方の推移関数を見いだした。FindlayとWalker（1999）は，反対側のステップに対する反応の遅れは，ある特殊なサッカード方向の再プログラミングを反映しているのではなく，遠隔ディストラクタ効果（3節2.）の1つの事例であると主張した。彼らは，振幅と方向が別々にプログラムされるのではなく，すべてのプログラムが2次元的な空間マップ上での選択を通して行なわれるとする，別のモデルを提案している（6節）。

3. ダブルターゲット・パラダイム

ターゲットによってサッカードを引き起こすもう1つのよく知られたパラダイムは，2つのターゲットを同時に提示する方法である。すでに2節3.で述べたように，2つの刺激が十分に近い位置にあると，サッカードは個々のターゲットに正確に向かうよりも，2つのターゲットの中間位置に向かうことが多い。これを，2ステップ・パラダイムで示された結果と同じように解釈すれば，サッカードの振幅は，空間の広い範囲にわたって統合された刺激に基づいて計算されたと説明できる。**グローバル効果**（**global effect**）という用語はこのような側面を示している。ターゲットの大きさや明るさのような特性によってサッカードの着地位置が影響を受けるが，グローバル効果はしばしば**重心効果**（**centre-of-gravity effect**）ともよばれる（Deubel et al., 1984; Findlay, 1982; Findlay et al., 1993; Ottes et al., 1984）。この効果はサルでも研究されている（Schiller, 1998; Chou et al., 1999）。これらの知見は，この効果が比較的「未加工」な形で統合された視覚刺激によって生じることを示している。しかし，この効果は視覚運動経路における比較的後期の段階のはたらきによることが，さまざまな知見から示唆されている。

HeとKowler（1989）は，探索課題の形でダブルターゲット実験を行なった。2つの刺激は形が異なり（+と×），その1つが探索のターゲットとされた。その結果，被験者は周辺視を利用して眼を探索ターゲットに向けることができないことが示された。サッカードはしばしば2つの刺激の中間の位置に向かったが，その到達位置は，探索ターゲットが最も現われやすい位置に関する先行知識によって影響を受けた。このため彼らは，グローバル効果は高度なストラテジーに依存していると主張した。Ottesら（1985）はもっと適切な解釈を提示している。彼らによれば，グローバル効果はサッカード・システムのデフォルト値としての選択肢を反映しているが，高いレベルの探索ストラテジーや認知ストラテジーによって修正されることがある。グローバル効果に関する研究は主に視覚定位に関係づけて行なわれているが，テキストの読みにおいてもグローバル効果がサッカードの目標位置を選択するのに役立っているとする主張がある（Vitu, 1991a; 本書5章参照）。

4. サッカードの並列処理

修正サッカードに関する項（1.）で述べたように，修正サッカードは，最初のサッカードの終了後にすでにターゲットが見えなくなっている場合でも起こり得る。このことは，2番目のサッカードはあらかじめプログラムされていることを意味している。一度に2つ以上のサッカードがプログラムされる可能性は，視覚探索においてきわめて短い注視（< 100ミリ秒）がみられることからも示唆されている。Becker と Jürgens (1979) は，上述したダブルステップ・パラダイムでもそのような短い潜時のサッカードが生じることを報告しており，サッカードは対の形で準備されることがあると提案している。2つのサッカードが正確に遂行されるためには，2番目のサッカードは最初のサッカードによって生じた眼球の回転を考慮に入れる必要がある。このことは，9章で再び取り上げることとなる重要な問題を提起する。

この現象は，スキャニングや視覚探索では短い持続時間の注視がごく普通に生じることが発見されたことによって，最近再び関心がもたれるようになってきた（Findlay et al., 2001; McPeek et al., 2000; Sommer, 1994）。このタイプのプログラミングは，読みにおいて，単語内の再注視においても報告されており（5章6節），以前考えられていたよりも一般的なのかもしれない。McPeek ら (2000) は例外を探す課題におけるサッカードについて研究した（6章1節）。各試行において，3つの要素，すなわち2つの赤と1つの緑，あるいは2つの緑と1つの赤を含む画面が提示された。課

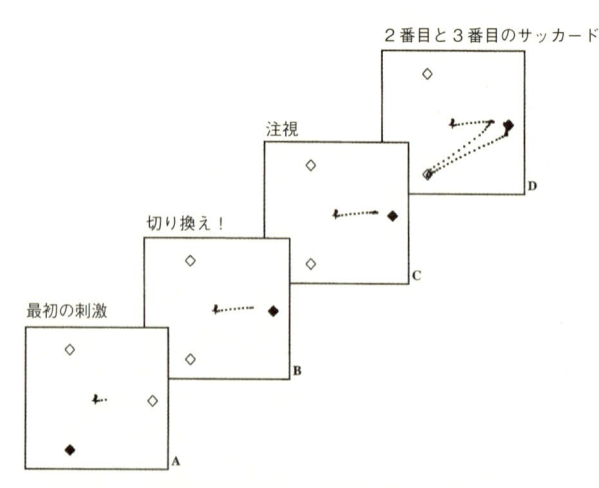

● 図 4.11　McPeek ら (2000) の研究で用いられた刺激提示順序を，眼球運動の記録と重ねて示す。被験者はターゲットに向かってサッカードをするように教示された。ここでターゲットとは3つの刺激の中で仲間はずれのものと定義された（実際の刺激提示では赤と緑の形が用いられた）。試行によっては2つの形が入れ換わることがあった。この図は刺激の入れ換えによってターゲットがサッカードの目標位置に移った場合を示している。それにもかかわらず，サッカードは途中で止まり，以前のターゲット位置に向かって生じ，そのあとで新しいターゲット位置に対するサッカードが生じる。

題はユニークな色のターゲットに眼を向けることであった。最初のサッカードはしばしば誤った方向に向かったが，多くの場合，短い注視に引き続いて第2のサッカードがターゲットに向かって生じた。McPeek らは，サッカードに随伴した操作をこの課題に加え，最初のサッカード遂行中に画面が切り換わるようにした。この切り換えによって2つの要素の色が入れ換わった（図4.11）。2番目のサッカードの直前の注視が短ければ，その2番目のサッカードは最初のターゲットの位置に向かった。これは最初の注視時にターゲットの位置が記録されたことを示している。しかし驚くべきことに，そのような「記憶に向かって生じた」サッカードは，普通の長さの注視あるいはより長い注視のあとでも生じた。注視時間が250ミリ秒を超えた場合においてのみ，色の切り換えが考慮された。このことは，逐次制御的な2つのサッカードを結合したプログラミングが，以前に予想されていた以上に一般的であることを示している。

5. アンチサッカード

アンチサッカード課題は Peter Hallett によって最初に開発された（Hallett, 1978; Hallett & Adams, 1980）。この課題では，実験参加者はターゲットと反対側の位置に向かってサッカードを行なうことを求められる。そこで，たとえばターゲットが注視位置の右側に現われたら，その鏡映位置である左側に眼を向けることが正しい反応となる。この課題は2つの理由から価値がある。第一に，反射的なサッカードと随意的なサッカードの関係を研究する手段としての価値。第二に，広汎な神経学的症状のめやすとしての価値である（8章4節）。Everling と Fischer (1998) は健常者での知見および臨床的な知見についてレヴューを行なっている。アンチサッカード課題で成功するためには，実験参加者はターゲットに対して自然に生じる定位サッカードを抑制する必要がある。アンチサッカードに関する議論では，このような反射的に生じる誤った定位運動は，しばしば**プロサッカード**（**prosaccade**）とよばれる。

実験参加者は普通にアンチサッカードを行なうことができるが，試行を続けているうちに，誤ってターゲットに対して反射的にプロサッカードを行なってしまう。興味深いことに，しばしば実験参加者は，自分が誤ったプロサッカードを行なったことに気づかない（Mokler & Fischer, 1999）。プロサッカードの誤りは，練習によって，たいていは20%程度まで減少する。ただし，Evokimidis ら (2002) による2000人以上の若い徴兵者を対象とした大規模な研究で示されたように，個人間の変動はかなりある。アンチサッカードの平均反応時間は，プロサッカードのそれよりも少し長く，2節4.で述べたエクスプレス・サッカードの潜時範囲（Fischer & Weber, 1992）で生じることはない。ターゲットまでの振幅が1度から12度まで増加するにつれて，規則正しくエラーの割合は増え，潜時は減少する（Fischer & Weber, 1996）。Krappman (1998) は8つの主要な方向に対するアンチサッカードを調べたところ，着地位置の変動は大きいが，サッカードの方向はおおむね妥当であった。修正サッカードも生じたが，正確さはそれほど向上しなかった。

8章4節で述べるように，前頭葉に損傷をもつ患者は，間違ったプロサッカードを抑制するのが難しい。このことから，アンチサッカードを生じさせるには，前頭葉システムから上丘に信号を送って，アンチサッカードをプログラムする前に，自然発生的な反射的サッカードを抑制することが必要であるとの考えが提示された（たとえば，Walker et al., 1998）。しかし，サッカードの並列処理を示す証拠が増えているので，MoklerとFischer（1999）が提案したように，プロサッカードとアンチサッカードは並列的に準備されるように思われる（4節4.）。このことは，プロサッカードとアンチサッカードの潜時にあまり差がないことも説明できるかもしれない。ZhangとBarash（2000）は，アンチサッカードを生起させるに必要な変換は，「視運動的」よりも「視覚的」なものであると結論している。この結論は，アンチサッカードのターゲット位置に対応する頭頂皮質での神経活動が，早期に（ターゲット提示の50ミリ秒後）に増加し始めるとする彼らの発見に基づいている。

5節　WHEREシステムの生理学

前節でサッカード生成における上丘の役割について述べた。サッカード目標の選択は，バースト活動が生じる動眼マップ上のポイントを選ぶことによって達成される。上丘における視覚表現の重要な特性は，上丘のさまざまな層に一連の正確なマップが存在するにもかかわらず，視覚システムと運動システムが結合する層においては，空間的な符号化がかなり広範囲に分布する形で生じることである。このことは，視覚受容野は広くかつ重なり合っていて，どの細胞も視野の広い範囲を受けもっており，一点のターゲットが上丘マップのかなり広汎な領域にわたって表現されていることを意味している。このように，上丘は視覚方向および動眼方向を表現するために，拡散した母集団による符号化を用いている。これはMcIlwain（1976, McIlwain, 1991も参照）によって初めて指摘された特性である。この知見は，図4.12に示したLeeら（1988）の研究などによって支持されている。Robinson（1972）らは，上丘の運動マップの中の2つの離れた場所を同時に刺激すると，そのベクトル平均としてサッカードが生じることを示しているが，これは行動学的な実験で見いだされたこととまったく同じである（Glimcher & Sparks, 1993も参照）。

このような拡散した表現は，空間的・網膜対応的にマップされた視覚信号を，眼筋を活性化させるための適切な時間コードに変換するのに役立つ。このプロセスに関する詳細については本書の範囲を越えている（詳しくはMcIlwain, 1976; Van Gisbergen et al., 1987を参照）。1つのターゲットだけ考えるのであれば，拡散表現は1対1の表現と同じくらいに正確である。しかし，同時に提示された2つのターゲットは，1つの表現を形成する傾向をもつ。これはまさにグローバル効果で見いだされた特性である（4節3.）。

5節 WHEREシステムの生理学

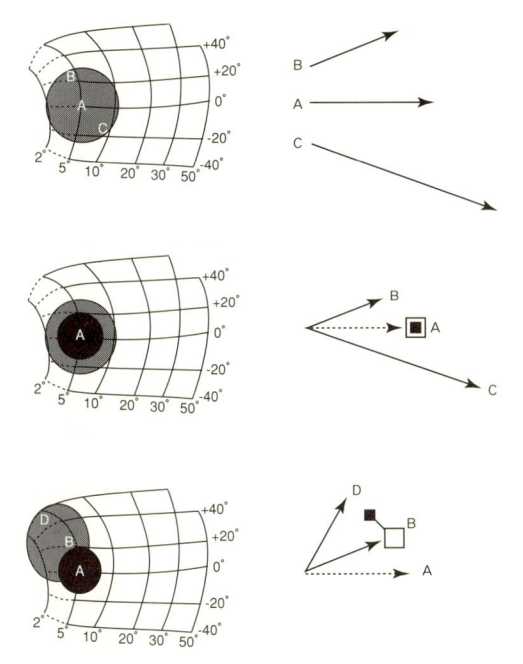

● 図 4.12　サルの上丘における分散化した符号化。図の左側は上丘の運動マップを図式的に示している。A，B，C の位置への刺激によって，上段に示されたベクトルをもつサッカードが生じる。明るい灰色の領域は，A の位置への刺激による右方向 5 度のサッカードが生じる直前に活動化した部位を示す。下の 2 つの図は，A にリドカインを注入したあとに刺激を与えたときの結果を示す。暗い灰色の領域は，注入の影響を受けたと考えられる部位。A（中央）への刺激はそれでも右側 5 度のサッカードを引き起こす。これは影響を受けない領域からの平均ベクトルが右側 5 度のベクトルとなるからである。しかし，B の位置への刺激は，D の位置の刺激によって生じるサッカードの方向に偏ったサッカードを引き起こす。これは暗い灰色の領域はもはやベクトル加算に寄与しないためである。[Lee et al., 1988 による]

1. 空間の符号化とサッカード・システム

　Robinson（1975）の論文はサッカード・システムに関するその後の考え方に大きな影響を及ぼした。Robinson は，サッカードはなんらかの内的目標状態に向かって生じるとする証拠を取り上げ，この目標状態とは，頭部中心に構成された，空間の心的表現における場所であると提案した。この提案を支持する知見は多いが，とりわけ音源に向かってサッカードが可能であることによって支持されている（Zambarbieri et al., 1982; Zahn et al., 1978）。音源定位は，主に各耳に到達する音の特性の違いに基づいており，それゆえ頭部方向との関係でまず符号化される。

　Robinson の考えを支持する研究としてはさらに Mays と Sparks（1980）の研究がある。彼らは暗室でサルにサッカードを行なうように訓練した。ターゲットが瞬間提示された直後に，上丘のある部位に電気刺激を与えた。これによって人為的なサッカ

ードが引き起こされる。ターゲットに対するサッカードが生じる前に、この人為的なサッカードを引き起こし、それによってサッカードの特性がどのように変化するかを調べた。結果は明確であった。サルは、電気刺激で引き起こされたサッカードによって到達した新しい眼の位置から、ターゲットの位置に向かってサッカードを行なった。ターゲットへのサッカードを準備する際に、電気刺激による眼の移動がなんらかの方法で考慮されたのである。

　頭部中心の座標系というアイデアは、しかしながらいくつかの問題に直面した。サッカード眼球運動に関係した神経中枢における信号は、頭部中心の座標よりも、むしろ例外なく眼球中心の座標系を用いているように思われる（Moschovakis & Highstein, 1994 ― ただし9章3節3.を参照）。Mays と Sparks の実験結果に関する Droulez と Berthoz（1990, 1991）の解釈では、運動成分が強調されている。これによれば、空間に関する記憶はそれに関連する運動行為の形で符号化され、そのため、視野内の位置に関する記憶は、その場所へ眼を向けるためのコマンド信号の形で符号化される。この考えは、上丘における空間の聴覚的表現は、眼球の位置の変化によってシフトするという Jay と Sparks（1987）の発見によって支持される。それゆえ、眼球を音源方向に向けることができるのは、なんらかの絶対的な枠組みをもっているためでなく、上丘での空間表現によるのである。9章で述べる最近の研究では、同様なプロセスが視覚表現においても生じることを示している。

6節　Findlay と Walker のモデル

　Findlay と Walker（1999）は、定位システムのしくみは図4.13に示したモデルによってできると提案した。
　このモデルは主に定位システムを機能的に説明するものであるが、定位に関わる脳の神経経路についての生理学的な知見とも対応するように作られている。このモデルの主要な特徴は、WHEN 情報と WHERE 情報を扱う経路が別になっていることである。このことは、モデルの中で2つの縦方向の流れとして表わされている。WHERE システムは、内部結合した1組の活動マップであり、それによって「サリエンシー・マップ（訳注：目立った場所を示すマップ）」が生成され、そこからサッカード目標が選択される。このような、サリエンシー・マップの考え方は、視覚探索の理論において強く主張されている（6章4節3.）。活動マップにおける位置の符号化は、拡散された形で生じる。これに対して WHEN システムは、活動レベルが変化する単一の信号として考えられている。水平の帯域は処理のレベルを表わし、階層の下から上に向かうほど自動性を失う。2つの流れの間の相互作用は、低いレベルにおいて相互に競合的な抑制という形で生じる。

　レベル1は、特に3節1.で述べた脳幹での相互作用を表わしており、個々のサッカードを引き起こすために、バースト細胞システムとポーズ細胞システムが相互に作

6節 Findlay と Walker のモデル

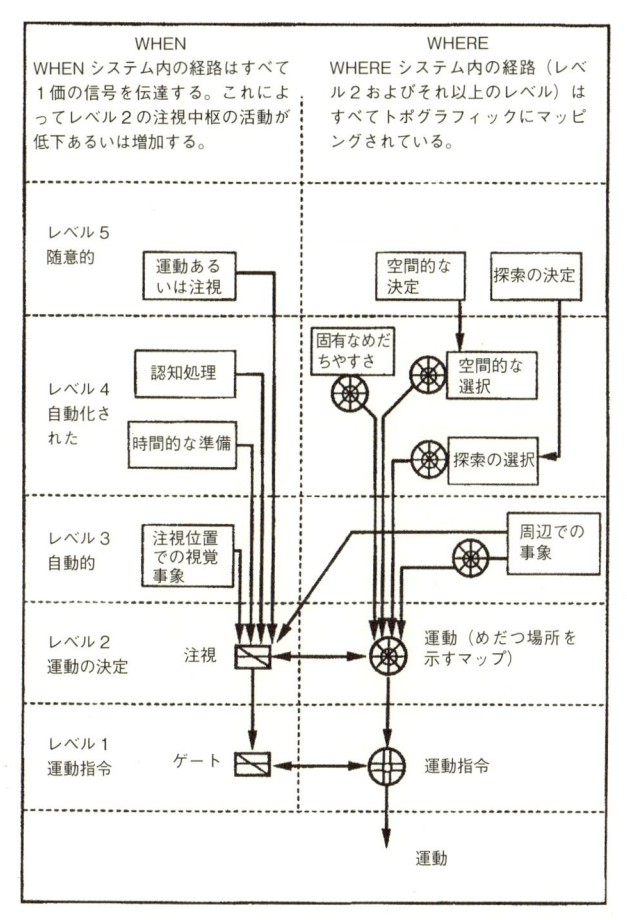

● 図 4.13　Findlay と Walker（1999）によって示されたサッカード眼球運動生成のしくみ。

用している。そのバランスがある臨界レベルに達すると，サッカードが取り消し不能な形で喚起される。レベル1での相互作用は，その上のレベルからの影響を受ける。レベル2の**注視中枢**（**fixation centre**）と**運動中枢**（**motor centre**）の間で，プッシュプル的な競合的相互作用が生じる。レベル2の機能はレベル1と同じである。しかし，レベル1は急速な運動を生成するために高度に自動化された形で機能するが，レベル2の一方の中枢ではゆっくりした，かつ不安定な増強が，他方の中枢では同様な形の減衰が生じる。この時間のかかるプロセスが，サッカード生成の正確なタイミングを決定する。レベル2は明らかに上丘に似た処理プロセスを示すが（3節2.），Findlay と Walker はこうした処理プロセスは上丘だけのものではなく，同様の競合

的相互作用は脳の他の部位でも生じるとしている。

　レベル3は，一過性の視覚事象が自動的で不可避的な影響を定位プロセスに及ぼすという事実を反映している。目下注視している位置で生じた事象は，注視システムに大きく，かつ不可避的な効果をもたらす。周辺での事象は運動中枢上のサリエンシー・マップに影響を及ぼす。ただし，これによって顕在的な定位が生じるかどうかは，レベル2での注視／運動のバランスに依存している。周辺での事象は，さらに注視システムにも影響するが，これは図の中では縦方向の流れを横切る横方向の経路として示されている。レベル4とレベル5は緩やかに定義されており，高いレベルからの影響がどのような役割を果たすかを，おおまかに示している。

　このモデルは，サッカード定位に関してよく知られた多くの知見，特にギャップ効果やエクスプレス・サッカード，遠隔ディストラクタ効果，グローバル効果などをうまく説明できる。このモデルは研究者仲間からのコメントを公開している雑誌で発表されたが，コメントの多くはこのモデルに支持的であり，より詳細な図式の完成をめざしたものも少なくなかった。実際，そのような図式がそのあと公表されている（Clark, 1999; Trappenberg et al., 2001）。生理学研究からの興味深い具体的な意見は，注視細胞とビルドアップ細胞は連続体であるとするKrauzlisら（1997）が最初に提案した考えに基づいている。そこでは，レベル2のプロセスについてより統合的な説明を示しており，1つの活動マップがレベル1に対して特異な形で投射するとしている。すなわち，WHEN経路での投射は，主に──ただし占有的ではないが──マップ上の中心窩を表現する領域から来ており，WHERE経路での投射はその他の領域から来ている。最後に指摘すべきは，このモデルは，それ自体が示すとおり，対になったプログラミングに関しては何も説明していないことである（4節4.）。

7節　発達と可塑性

　これまでの節では，円滑に機能する神経プロセスについて説明してきたが，これらについては今ではかなりよく解明されている。本節ではまず最初に，このような定位のメカニズムがすでに生後間もない時期になんらかの形で存在することを示す証拠を紹介する。そして最後に定位の正確さを保持するための順応のメカニズムについて論じる。

　視覚定位の発達については組織的な研究がある。周辺にある顕著なターゲットに対する定位反応は，生まれたときから，少なくとも中心から周辺30度の範囲で存在する（Maurer & Lewis, 1998）。定位反応が生起する確率は，刺激の大きさやコントラストに依存する。年齢とともに定位が生じる視野は拡大し，定位反応の潜時は短くなる。AslinとSalapatek（1975）は，生後2か月の幼児は，単一のサッカードでなく，小さなサッカードを繰り返して定位すると報告している。しかしリアルな刺激材料を用いると，より成人に近いサッカードが生じたとする研究もある（Hainline, 1998）。

注視位置での刺激と周辺の刺激との間で競合が，かなり早い段階でみられるとする証拠が，年少の幼児でギャップ効果 (2節1.) を示した研究によって報告されている (Hood & Atkinson, 1993)。「強制注視」とよばれる特に興味深い現象が，生後約1～2か月でみられる。これは赤ちゃんが，中心のターゲットから眼を離すことに強く抵抗する現象である (Hood et al., 1998)。

視覚の発達について研究する目的の1つは，行動的な知見を神経学的な発達に関する知見に結びつけることにある。Bronson (1974) による有名な論文では，月齢2か月以下ではすべての視覚処理は皮質下で行なわれ，幼児においては上丘が定位のための主要な中枢であると述べられている。この主張は，網膜－上丘経路には動眼定位中枢と神経結合がない可能性があることが知られるにつれ (3節2.)，しだいに支持されなくなってきた。Bronson が用いた方法とは異なる方法を用いて幼児の能力を調べた研究も，こうした見解を支持している (Slater et al., 1982)。Johnson (1997) は，脳の定位プロセスに関する今日の知見により一致した見解を表明している。

定位反応は，入力信号，すなわち網膜上における視覚ターゲットの位置から，出力信号，すなわち動眼コマンドへの変換を実現する。サッカードは即時に反応することが重要なので，バリスティックで紋切り型の運動である (2章4節)。しかし長い時間が経つにつれて，入力と出力の結合が調整されることもある。そのような調整によって定位の正確さが保たれ，健常者においても病的な場合においても，筋の強度の変化にかかわらず効率的に作動する。

このような適応的メカニズムは，早い時期に Kommerell ら (1976) の研究で見事に示されている。彼らは，一方の眼だけに眼筋麻痺（筋力の低下）が生じた患者について研究した。健常な眼にアイパッチをかけると，数時間後（どちらかの眼に示された）ターゲットによって引き起こされたサッカードの振幅が増加することが見いだされた。アイパッチを悪い方の眼にかけると，反対のプロセスが生じ，運動の大きさが小さくなった。眼が意図した場所まで達していないとする情報に対して，システムはなんらかの方法で順応できたのである。

同様な順応は，McLoughlin (1967) によって初めて導入された方法を用いて，実験室で示すことができる。スクリーン上にサッカードを引き起こすためのターゲットが提示される。観察者の眼の位置をモニターし，定位サッカードが生起したらすぐに，ターゲットは新しい位置に動かされる。サッカード抑制によって，そのような位置の変化は被験者には気づかれない (2章4節3.)。しかしながら図4.14に示すように，サッカードを何度も繰り返す間そのような操作を規則的に加えられると，順応が生じる。この知見の重要性については9章で再び取り上げる。

Deubel (1987, 1991, 1995) は，このような順応にみられる多数の特性を明らかにしている。般化テストでは，ある特定のターゲット位置へのサッカードに対してなされた変化に順応したあと，次にそれがさまざまな位置に提示されたターゲットへのサ

4章 視覚定位

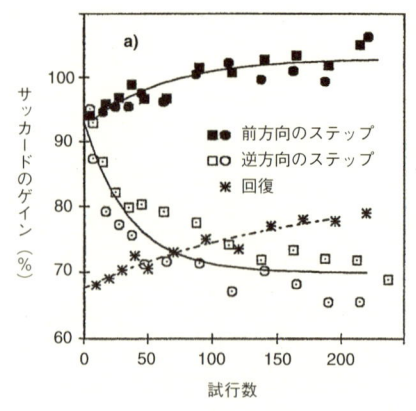

● 図4.14 定位サッカードの実行中にターゲットの位置が移動することによって生じたサッカード・ゲインの順応。プロットはサッカード・ゲイン（サッカード振幅 ÷ ターゲットの移動幅）の一貫した増加を示す。[Deubel, 1991 より]

ッカードにどう影響するか調べられた。その結果，順応は順応期に経験した方向に近い，限られた方向へのみ般化することが示された。それとは対照的に，ある特定の振幅のサッカードへの順応は，同じ方向のさまざまな振幅のサッカードに転移した。ターゲットによって喚起されたサッカードと，随意的なサッカードでは，順応のメカニズムが異なるかもしれない。

5章 読みにおける視覚サンプリング

1節　イントロダクション

　読み書き能力は，文明化を示す大きな証の1つである。多くの現代人にとって，読みは積極的に視覚を用いる行為の中でも，最も頻繁に行なう行為である。このため，読みのプロセスは心理学の歴史において最も精力的に研究されてきたトピックの1つであったとしても，驚くにはあたらない。研究の多くは，本章で扱うよりももっとスケールの大きな分析を行なっている。しかし研究の歴史をみると，視覚サンプリングの詳細なプロセスに関する問題は，一貫して多くの研究者を魅了してきた。この研究の進展によって，読みにおける視覚情報のサンプリングに関する多くの問題について，理解が深まった。テキスト刺激を作成・制御することが容易になったことで，読みの研究は促進された。その結果，アクティヴ・ビジョンの特徴である低次レベルと高次レベルのプロセス間の相互作用について研究する機会がもたらされた。本章ではこの分野における研究の進展について紹介する。

　読みにおける眼球運動についての研究は長い歴史をもつ。眼はテキストに沿ってスムーズに動くのではなく，飛び飛びに動く。このことを最初に明らかにしたのは，パリ大学のJaval（1878）であった（2章4節）。眼球運動を効率よく記録するための撮影技法が開発されると，この問題に対する関心がかなり高まってきた。アメリカのDodgeはこの撮影技法に関する先駆的な研究を行なった。それは国境を越えた共同研究であった。彼はハレ大学のErdmannとともにドイツで研究を行なった（Huey, 1908の記載による）。その結果，この研究テーマに対する関心は1900年代初頭の40年間にさらに高まった。この時期の研究によって，以前にフランスでの研究によって発見された読書時の眼球運動の基本的パターンが確認され，さらに詳しく調べられた。その後の研究では，平均的なサッカードの長さや平均的な注視時間などの測定値が主に研究された。また応用研究も多く，特に読みの速さにおける個人差や，テキストの配列の違いによる効果などが研究された。Tinker（1946, 1958, 1965）による一連のレヴューはこの時期の傾向を反映している。

　その後の30年間は，認知心理学のすべての領域がそうであったように，この分野に対する関心は低下した。再び研究が盛んになったのは1970年代になってからである。その復活に大きく貢献したのは2人のアメリカ人研究者，George McConkieと

Keith Rayner であった。彼らはコーネル大学で共同研究を開始し，多数の研究成果を生み出した（後述）。その他の研究拠点では，特にパリの Ariane Lévy-Schoen と Kevin O'Regan の貢献も大きい。いまや研究の重点は，眼球のすばやい連続的な制御に向けられるようになった。ここでも技術的な進歩が重要な役割を果たした。今度の場合は，デジタル・コンピュータが洗練された実験操作と大量のデータ分析を可能にした。興味深いことに，コンピュータ革命によって，ついには眼を動かす必要がないようにテキストを提示する，新しい方法も可能になるかもしれない（Rubin & Turano, 1992）。

　アクティヴ・ビジョンとして読みを考えると，本書の別の箇所でも触れたアクティヴ・ビジョンに関するいくつかの疑問が生じる。すなわちそれは，どのようにして視覚世界はサンプリングされるのかという疑問であり，読みの場合はどのようにしてテキストがサンプリングされるのかという疑問である。読みは知覚システムと認知システムの相互作用を必要とする。知覚に関する基本的な疑問は単刀直入なものである。多くの研究によって，読みにおける有効な情報は中心窩周囲の限られた領域だけから得られることが示されている。この領域を示すために**知覚の範囲**（**perceptual span**）という用語が使われている。この知覚の範囲と，それに影響を与える要因を明確にするために多くの研究が行なわれてきた。初期の研究では，タキストスコープ，すなわち非常に短い刺激を提示するための装置を用いて，眼の注視をシミュレートすることが試みられた。しかし5章3節1.で述べるように，知覚の範囲を研究するための優れた直接的技法は，1975年に McConkie と Rayner によって開発された。知覚の範囲は**視覚の範囲**（**visual span**）と関わりが深いが，それとは明確に区別される。視覚の範囲とは，視力の限界を考慮したうえでなお認知が可能な中心窩周辺の領域を指す（2章および6章4節を参照）。この範囲にある情報は利用可能と考えられるが，そのすべての情報が実際に用いられるわけではない。

　読みの目的は，テキストという抽象的な視覚パターンから意味を引き出すことである。また視覚サンプリングの速さは，いかなる方法であれ，理解の速度と一致しなければならない。ここでの主要な問題は，テキストの理解に関わる言語処理がどの程度まで眼の動かし方を制御できるのか，あるいは影響を与えるのか，という点にある。一般的な知見は次のようなものである。すなわち，眼によるサンプリングのパターンは，テキストを読み進めるうちに変化する認知的な負荷に影響を受けている。それによって主にどの時点で眼を動かすかが決定される。このため，読みにおける眼球運動を十分に説明するためには，言語はどのようにして理解されるのかを知っておく必要がある。4節の言語の処理では，そのために必要な言語処理の基本について述べる。ただし，話題が膨大であるため，ほんの概略にとどめざるを得ない。

2節　読みにおける視覚サンプリングの基本パターン

　読みにおいて眼は，テキストの行に沿って，注視によって分割された一連のサッカードによって動く。各行の終わりに達すると，次の行の始めに向かう大きなサッカード（戻りの動き）が生じる。行に沿った眼の動きのほとんどは前向きの動きだが，反対方向の動きも生じる。この動きは，単語内で生じる**再注視**（refixations）か，あるいは単語間で生じる**あと戻り**（regressions）に分類できる。後者はより随意的に生じ，テキスト処理の困難さに関係している。これに対して前者は，単語の知覚のしやすさにも関係しているが，同様な前向きの再注視とともに，動眼方略に固有な動きのように思われる（Vitu, McConkie & Zola, 1998）。英文テキストの流暢な読み手においては，成人の場合，前向きの動きの平均的な大きさは，おおよそ7～9文字である。注視の平均持続時間は200～250ミリ秒程度，各サッカードの持続時間は約30ミリ秒である。仮にあと戻りの動きを無視すれば，以上の数値から典型的な読みの速度は，1分あたり約250単語となる。

　このような数値は前世紀の初頭から示されている（これらは Huey, 1908 によって明確に記されている）。これらの平均値が，テキストの特徴や読書条件とは無関係にほぼ当てはまるのは，いささか驚くべきことである。このような一般化ができることは考慮に値する。先に述べたサッカードの大きさは，測度の単位として文字間隔を用いている。文字の大きさを視角で表現すると，テキストの大きさや目とテキストの距離によって大きく変化する。このため，視角で測定されたサッカードの大きさも変化する。しかし視覚−動眼系は，かなり広い範囲にわたって容易に調整が可能である。このため，網膜に映ったテキストの大きさに合わせてサッカードの大きさを適切に調整できる（2章1節2.を参照）。目とテキストの距離に関してこの主張が正しいことについては，Morrison と Rayner（1981; Morrison, 1983 も参照）によって報告され

● 表 5.1　さまざまなタイプのテキストを用いて測定された平均的な眼球運動のパラメータ [Rayner & Pollatsek, 1989 による]

トピック	注視時間 (ミリ秒)	サッカードの大きさ (文字数)	あと戻りの割合 (%)	1分あたり の単語数
小説	202	9.2	3	365
新聞	209	8.3	6	321
歴史学	222	8.3	4	313
心理学	206	8.1	11	308
英国文学	220	7.9	10	305
経済学	233	7.0	11	268
数学	254	7.3	18	243
物理学	261	6.9	17	238
生物学	264	6.8	18	233
（平均）	231	7.8	11	288

ている。

多くの理由から，平均的な値からの逸脱が生じる。当然ながら，テキストの内容は読みの速さに影響する。読みの速さはテキストの難易度と読み手の能力によって変化する。この点については，この分野の研究が盛んになった最初の時期に精力的に研究された。その結果，眼球運動のそれぞれの測定値が，テキストの難易度によって影響されることが示された（表5.1）。子どもの時期における読みの発達についての研究でも，同様のパターンが示されている（表5.2）。

これらの全般的な変化に加えて，測定値の分布についても関心がもたれてきた。典型的なパターンを図5.1に示す。注視時間の分布は200～250ミリ秒の間で顕著なピークを示す。その両側に，長い注視時間と，まれに生じる非常に短い注視時間がすそ野を形成する。後者はある特定の個人でより一般的にみられる（Radach et al., 1998）。

先に説明したような文字間隔で表わしたサッカードの長さは，双峰性の分布を示す。ほとんどのサッカードはテキストに沿った前方への動きであり，その長さは8文字で鋭いピークを示す。読み手は時折テキストを数行あと戻りすることはあるが，一般にあと戻り運動はきわめて少ない。1970年代において認知プロセスへの関心が再び高まると，これらの分布をもたらす要因について説明しようとする試みが盛んになった。

読み手は一般に両眼を使って読む。そこで，両眼の協応についても関心がもたれてきた。読みにおいて両眼はどの程度まで一緒に動くのだろうか。Hendriks（1996）やHellerとRadach（1998）は，読みの途中で生じる注視時に，規則正しいバーゼンスの変化がみられることを確認している。両研究ともバーゼンス運動を報告しており，これはよく知られているサッカード遂行に伴う一過性の開散運動と対応している（2

● 表5.2　さまざまな学年の平均的な能力をもつ子どもから得られた眼球運動のパラメータ
[Buswell, 1922のデータのWoodworth & Schlosberg, 1954による再録から]

学年	1行あたりの注視回数	平均注視時間（ミリ秒）	1行あたりのあと戻り回数
IB	18.6	660	5.1
IA	15.5	432	4.0
II	10.7	364	2.3
III	8.9	316	1.8
IV	7.3	268	1.4
V	6.9	252	1.3
VI	7.8	236	1.6
VII	6.8	240	1.5
High School I	7.2	244	1.0
High School II	5.8	248	0.7
High School III	5.5	224	0.7
High School IV	6.4	248	0.7
College	5.9	252	0.5

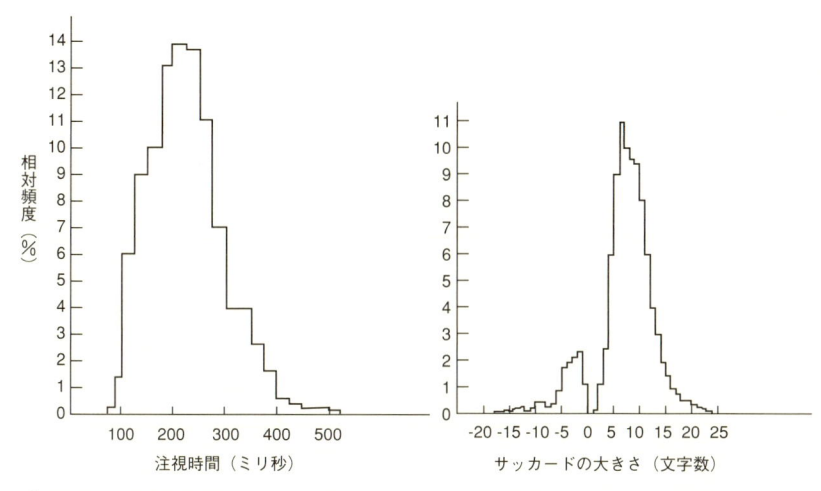

● 図 5.1　大学生の読み手における注視時間および行替えを除いたサッカードの大きさの頻度分布 [Rayner & Pollatsek, 1989 による]

章 4 節 2.)。Hendriks の報告によれば，バラバラな単語のリストを読むときよりも，散文を読んでいるときのほうがバーゼンスは速かった。このことは注意の要因が関与している可能性を示唆している。この知見は興味深い。なぜなら，読み障害の原因の1つとして両眼の制御が示唆されているからである (8 節 2.)。

3 節　読みにおける注視中の知覚

アクティヴ・ビジョンのプロセスに関わる重要な疑問は，どのような視覚情報がこのプロセスに寄与しているのかということである。この疑問に答えるためには，まず第一に注視位置から離れた位置での視力の低下について (2 章 1 節 1.)，第二に対象物が注視されるときの時間の短さについて考慮する必要がある。タキストスコープの発明は，後者を評価するための方法を提供した。初期の研究 (Cattell, 1885) では，視覚素材を瞬間的に提示すると，その中の限られた量しか知覚されないことが示された。しかし，タキストスコープで得られたデータの解釈には，数多くの困難が伴う。この問題を解くための優れた方法は 1970 年代になって現われた。

1. 視線－随伴の方法

McConkie と Rayner (1975) は，読みやその他の視覚プロセスにおいて視覚がどのように使われるかを調べることができる技法を導入した。その考え方はきわめて明白である。読みにおいては網膜の特定領域から情報がサンプリングされているとすれば，その領域からの視覚入力の妨害は (読みの速さに及ぼす効果や動眼系のパフォーマンスで表わされるような) 読みのプロセスに悪影響を及ぼすであろう。反対に，悪

影響なしに特定領域の視覚入力を妨害することができれば，この領域からの視覚素材は使われていないと考えることができる。この方法を用いることで，実際の読みのプロセスではどのように情報が使われているかを調べることができる。このアイデアの実現には，巧妙な技法が必要とされた。というのは，眼がテキスト上を動いたときに，テキストに変更を加えた領域が網膜上の一定の位置に保たれるようにする必要があるからである。この変更が加えられた領域は視線に随伴していなければならない。つまり，眼の動きに合わせて，テキスト上を動かなければならない。**視線－随伴**（gaze-contingent）の画面では，注視位置に関する正確な情報によって，コンピュータ画面上の提示内容が変化する。

図 5.2 に示したように，さまざまなタイプの変更が考えられる。最も一般的なのは，McConkie と Rayner（1975）によって開発された**移動ウィンドウ**（moving window）法である。ウィンドウとは画面上の特定の領域を指す。眼が動くと画面が変わる。たとえば，ウィンドウ内では普通に見えるが，ウィンドウの外側では変更が加えられる。**中心窩マスク**（foveal mask）法ではこれとは反対に，ウィンドウの外側はそのままで，ウィンドウの内側に変更が加えられる（Rayner & Beretra, 1979）。その結果，中心窩暗点（scotoma）あるいは局所的な盲の状態になる。さらに**境界線**（boundary）法では，眼が，あるイメージ上の境界線を越えると変化が生じる（Rayner, 1975）。これらの視線－随伴の方法では，テキストの変更は常に眼がサッカードによって動いている最中に生じる。一般に被験者はサッカード中に生じる変化には気づか

1	通常	... move smoothly across the text ...
2	移動ウィンドウ	... xxxx xmoothly axxxx xxx xxxx ...
3		xxxxxxxxmoothly axxxxxxxxxxxxxx
4	中心窩マスク	... move sxxxxxx xcross the text ...
5	境界線	... move smoothly aenewe the text ...
6		... move smoothly across the text ...

● 図 5.2 視線－随伴のパラダイム。左側のボックスは装置の概略図。眼の正確な位置を測定する装置をビデオシステムに接続することで，スクリーン上に映し出される刺激が視線に随伴する形で，すなわち眼が向けられている場所に応じて変化するようになっている。この技術の使用例のいくつかを右側のボックスに示す。上段 1 は元になったテキストを示す。その下は，アステリスク印の真上にあるテキスト位置を注視したときに，テキストの内容が変化している例を示している。ただし，アステリスクは実際には現われない。移動ウィンドウ法では，ウィンドウの外側にあるテキストはクロス（×）に置き換わる。ここでは 9 文字のウィンドウを用いた例が 2 つ示されている。2，3 ではウィンドウのスペースの外にある文字はすべて変化している。これらとは反対の中心窩マスクの例が 4 に示されている。ウィンドウの内側の文字が変化している。5 と 6 は境界線法を用いた例を示す。視線が眼には見えない境界線を通過したときに，テキストに含まれる単語（ここでは単語 'across'）が変化する。テキストは眼が 'smoothly'（5）に向けられ，次に 'across'（6）に向けられると現われる。

ない（2章4節3.）。このため，このような実験状況では，被験者はテキストに操作を加えられたことに気づかない。

2. 知覚の範囲の測定

視線－随伴の方法を用いた実験はこれまで多数行なわれてきた（総説は Rayner, 1995, 1998 を参照）。これらの研究によって，読みにおける視覚情報のサンプリング過程が明らかにされてきた。当然ながら，中心窩領域が読みにとって重要であることが示された。中心窩マスク法を用いて人工的な暗点を作り出すと，傍中心窩あるいは周辺領域では影響を受けないが，中心窩に投射されるテキストは大きく損なわれる。このため，読みはほとんど不可能になる (Rayner & Beretra, 1979)。中心窩にマスクをかけ，テキストの7文字の範囲に相当する領域を見えなくすると，「読み」の速さは1分あたり12単語まで低下し，多くの誤りが生じた。ある被験者は「The pretty bracelet attracted much attention（そのかわいらしいブレスレットは多くの注意を引きつけた）」という文章を「The priest brought much ammunition（その司祭はたくさんの酒をもってきた）」と読み間違えた。

これとは反対に中心窩だけが見える状況では，読みはほとんど影響を受けない。ただし，読みの速度はかなり低下する。このことは，中心窩の外側の情報も正常な読みのプロセスに寄与していることを示している。ウィンドウの大きさをさまざまに変えたり，ウィンドウの外側に操作を加えた多数の研究の結果，テキストの読みにおける知覚的範囲については，次のような結論が得られている (Rayner, 1995)。

知覚の範囲は非対称的である。注視位置の左側4～5文字以上離れている文字に対して（あるいはそれらの文字が目下注視している単語の文字でないなら，もっと近くの文字でもよい）手を加えても，読みはなんら影響を受けない。しかし，単語の右側では，15文字ほど離れた位置に手を加えただけでも，読みの速度は有意に遅くなる。この非対称性は機能的なものであり，右から左へ読むヘブライ語のような言語では，非対称性の方向は逆になる (Pollatsek et al., 1981)。バイリンガルの読み手であれば，知覚の範囲の非対称性の方向は，目下読んでいる言語の方向に依存する。中心窩から離れるにつれて大きくなる視力の低下はほぼ対称であるので（2章），ここで示された非対称性は，知覚の範囲が，構造的な要因に加えて，注意の要因によっても決定されることを示している。

注視位置から右側7～8文字を超えた範囲は，しばしば**単語認知範囲（word identification span）**とよばれる。ここでは単語の輪郭や，単語の最初の文字などについての有効な情報が得られる。しかし，単語に含まれる文字の詳細については情報が得られない。この単語認知範囲の大きさは，現在注視している単語の右側にある次の単語が比較的短い単語であればそれを認知することはできるが，そうでなければ，現在注視している単語しか十分な認知は得られないことを意味している。もちろん，単語認知範囲は平均的なサッカードの大きさにほぼ等しいことには注目すべき

である。視覚情報は注視中のどの時点で取り込まれるのだろうか。この点を確かめる試みがなされている。注視の最初の50ミリ秒だけ単語情報が利用可能であれば，その直後にマスクをかけても読みは正常に進行する（Rayner et al., 1981）。このことはBlanchardら（1984）によっても確認されたが，さらに彼らは，単語情報の利用可能な時点が注視中の最初でなくても情報を取得することは可能であることを示した。彼らはまた，注視中に左から右への潜在的なスキャンが生じていることを示す証拠は見つからなかったとしている。もし文字が，潜在的な注意を用いて，厳密に左から右への順序で処理されていたならば，このようなスキャンも予測される。

先に述べた数値は典型的な値であり，それらは平均値である。知覚の範囲の正確な大きさは多数の要因に依存している。知覚の範囲は文字の数そのものよりも，抽出される情報量に関係している。日本語やヘブライ語などの言語では，同じ意味を伝えるときでも英語より少ない文字ですむ。それに対応してこれらの言語では，知覚の範囲に相当する文字数は少なくなる。知覚の範囲は読みの技能とともに増加するため，読みを学習中の子どもや，読みが上手でない人では知覚の範囲は小さい（Rayner, 1986; Rayner et al., 1989）。また，この研究には，理論的に重要で未解決の問題が残されている。それは，中心窩での単語処理の難易度が時々刻々変化している場合に，その変化によってその注視位置における知覚の範囲は影響を受けるだろうかという問題である（Henderson & Ferreira, 1990; Schroyens et al., 1999）。

以上を要約すると，成人の読み手では，テキスト上の中心窩が向けられた位置よりも先の，傍中心窩での情報の抽出によってベネフィットを得る。約8文字の広さの単語認知範囲の中では，詳細な情報を獲得できる。これを越えた約15文字までの範囲では，単語の輪郭といったなんらかの有効な視覚情報を得ることができる，といえる。

3. プレヴューによるベネフィット

傍中心窩の情報が読みのプロセスを助けていることは明らかである。傍中心窩でプレヴューされた情報はそれに続く中心窩での処理に寄与する。このことは何らかの情報がサッカードの前後を通じて貯蔵されていることを意味する。しかし，傍中心窩の視覚が役立つとしても，その方法は多様である。情報の記憶はさまざまな形で行なわれる可能性がある。情報はまったく処理されない（アイコンの）形で伝えられるのかもしれないし，部分的に処理された形かもしれない。または，単語の語彙的要素が部分的に活性化しているかもしれないし，あるいは単語に関連する意味ネットワークが活性化しているかもしれない（意味プライミング）。さらには，傍中心窩の情報によって，眼が次の単語の最適な場所へ導かれる可能性もある。4節2.で述べるように，視線が単語のどの位置に向けられるかによって，処理の速さは影響を受ける。また，プレヴューがサッカードの着地位置にどの程度影響を及ぼすかについては，6節で述べる。

視線−随伴による方法に基づいて，傍中心窩でのプレヴューについて調べるために

は,境界線法 (5節 1.) を修正した次のような方法を用いる。テキストの文字列を周辺あるいは傍中心窩に提示する。被験者はその文字列に向かって眼を動かし,その内容に応じて反応することを求められる。サッカードの最中に文字列がターゲット単語に変換される。その際,次の2つの極端なケースは反応のベースラインとされる。その1つは最初の文字列がサッカード後に提示される単語と無関係なケース(無関連条件)である。もう1つは変化のない条件であり,最初の文字列自体がサッカード後の単語であるケース(変化なし条件)である。傍中心窩あるいは周辺に提示された文字列の認知は,サッカード後の単語を完全に見ることができる変化なし条件のほうが,対照条件である無関連条件よりも速い。サッカード後に提示される単語と部分的に同じ文字をもつ単語を最初に提示することで,単語認知に寄与する文字列の特性を調べることができる。

　Rayner (1995; Starr & Rayner, 2001) はプレヴューによる促進を調べた研究を総括し,正書法的類似性が主な寄与要因であると主張している。綴りが類似した単語(例:chart と chest) は促進を増す。視覚的なレベルで類似している必要はない。McConkie と Zola (1979) および Rayne ら (1980) による古典的な研究では,大文字と小文字を交互に並べた文字列が用いられた。サッカード中に大文字と小文字を入れ替えても(例:BrAnD から bRaNd),入れ替えないときと同様の認知の促進がみられた。このことはなんらかの抽象的な文字表象の関与を示唆している。促進の大部分は,単語の始めの数文字から来ている。普通の読みにおいては,これらの文字は次に読む文字の中で最も中心窩に近い位置にある。始めの文字列が次の単語と意味的には似ていても,正書法的に異なっていれば促進はみられない。すなわち 'song' は 'tune' を促進しない (Rayner et al., 1986)。これはよく知られた意味プライミングと対照的である。意味プライミングは,意味的に似ている単語が連続的に中心窩に提示されたときに観察される (4節 1.)。

　眼球運動はテキストの読みにおける視覚サンプリングをどのようにコントロールしているのだろうか。この点を詳細に分析した結果,次の節で述べるように,このような眼球運動によるコントロールは,テキスト理解のプロセスと密接にリンクしていることが示された。Rayner (1975, 1978) はこのリンクを記述するために,**プロセス・モニタリング (process monitoring)** という用語を導入している。ここで「プロセス」とは視覚素材の言語的分析を指す。この考えは,たとえば「コンスタント・パタン説」,あるいは「グローバル・コントロール説」とは対照的である。これらの説はサッカードの長さや注視時間のプリセット値(訳注:前もって設定された値)などをめぐって提案された説である。コンスタント・パタン説においては,プリセット値はテキストの難易度に応じて次つぎに変更できるが,この変動性はランダムな要因の結果生じるとされる。プロセス・モニタリングのような説のほうが,コンスタント・パタン説よりもデータをうまく説明できるというのが一般的な見解である。読みにおける眼球運

動のコントロールについて十分に説明するためには，それゆえ，理解のプロセスに関する説明を組み込まなければならない。ただし，そうかといって，テキストの視覚的特性といった非言語的な変数を除外してもよいわけではない。それでは，モニターされるテキスト理解のプロセスとはどのような特徴をもっているのだろうか。次節では，これに関連して言語学の領域ではどんなアイデアが提案されているのか，簡潔に紹介する（より詳細な説明は，Rayner & Pollatsek, 1989; Kennedy et al., 2000 にある）。

4節　言語の処理

1. 語彙アクセス——単語認知の速度に及ぼす影響

　単語は言語の単位であり，直感的にも理論的にも重要である。何度も接したことのある単語は個人の記憶の中に表現されており，それが単独で提示されても，テキストや会話の中に現われたときと同様に認知できる。**語彙アクセス（lexical access）**という用語は，記憶の中にある単語の心的表現が活性化されたときに生じるプロセスのことを述べているが，いまだに完全に理解されているわけではない。認知のプロセスは，たびたび神経学の用語に似た形で述べられる。つまり，なんらかの仮説的な神経機構において活性化が生じ，認知の閾値レベルに達することのように説明されるのである。Morton (1969) は大きな影響力のあった彼の論文の中でこの比喩を用いており，心的辞書内のある単語に対応する仮説的なユニットを記述するために，**ロゴジェン (logogen)** という用語を導入した。そのあとに公刊された影響力のある論文はRumelhart と McClelland (1982) によるものである。彼らはそのようなプロセスがどのようにして膨大な相互結合をもつ並列的な神経ネットワークで実現されるのかを示した。

　Morton の理論によれば，単語の「認知」は，それに対応するロゴジェンの活性化がある閾値レベルを超えると生じる。単語が認知される以前に，ロゴジェンが部分的に活性化することもある。この場合の認知は前意識的なものである。単語によって，それに対応するロゴジェンを活性化できる容易さが異なる。特に活性化に要する時間は，単語の親近度に依存する。単語の親近度とは**単語頻度（word frequency）**のことであり，日常生活の言語使用においてその単語に接する頻度を指す。頻度の高い単語はより速く活性化される。別の要因は最近接した言語素材か否かに関係している。ある単語のユニットが最近活性化されていると，その単語は容易に活性化される。これは単語認知の速さを測定するための実験で観察される**反復プライミング (repetition priming)** の現象を引き起こす。これらの実験で観察されるもう1つの安定した現象は**意味プライミング (semantic priming)** である。単語の認知は，直前にそれと関連した単語を認知していると促進される。それゆえ 'nurse' という単語に接していると，そのあとで 'doctor' という単語に接したときの語彙アクセスは速まる。単語ユニットは聴覚入力（発話）でも書字入力（テキスト）でも活性化される。

読みの心理学におけるもう1つの重要な問題は，書字単語の認知において，その単語の聴覚（音韻的）表象はどの程度利用されるかという問題である（詳しくは Rayner & Pollatsek, 1989 を参照）。

　読みにおいては，これ以外にも多数の言語プロセスが関与している。言語はテキストにも適用される統語的な構造をもつ。'They are eating apples' といった文章は，それ自体2つの意味（訳注：「彼らはリンゴを食べている」と「それらは食用に適したリンゴです」）に解釈可能なのであいまいである。同様に，'Mary gave the book to Jane and she felt pleased' のような文章においても，'she' という単語は，2人の女性のどちらにも適用できる。そのような単語は前方照応指示とよばれるが，テキストでは頻繁にみられる。統語処理（訳注：句・節・文の組み立て方に関する処理）は普通は自動的に行なわれるが，これらの自動的処理の相対的な難易度は，眼によるサンプリングのパターンに顕著に示される。このため，読みにおける眼球運動の研究は，これらのプロセスを調べるための鋭敏な方法を提供してくれる。これらのプロセスに関する多くの研究において眼球運動が調べられているが，一般に眼球運動自体は二次的な関心にすぎず，単に高次なプロセスの指標として用いられているだけである。この点についての最近の説明は Rayner (1998)，Underwood (1998)，Kennedy ら (2000) にみられる。

2. 最適注視位置

　視覚的な単語認知の速さに影響するもう1つの要因は，単語内で最初に注視される位置である。1つだけ提示された単語の認知について調べた一連の実験によって，単

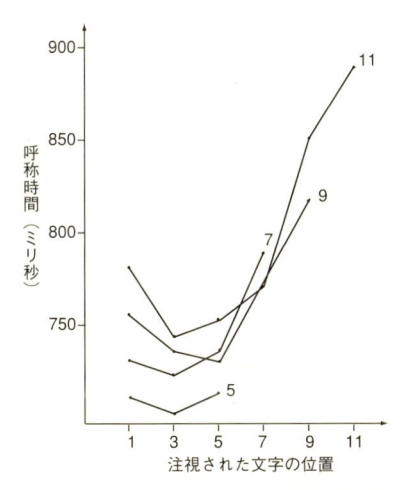

● 図5.3　単語のどの位置に最初に眼を向けるかによって，単語の命名時間が変化することを示す例。4つのプロットは，5文字，7文字，9文字，および11文字からなる単語のデータを示す。[O'Regan et al., 1984 による]

語内での注視位置が，認知の速さに大きな効果を及ぼすことが示された（O'Regan & Jacobs, 1992; O'Regan et al., 1984）。図 5.3 はこの現象を示した 2 組の実験結果を表わしている。単語が 1 つだけ提示され，それに対する反応を求められるとき，認知時間は**最適注視位置（optimal viewing position）**において最も速くなり，その位置は単語中央のやや左側にある。注視位置がこの位置から離れるにつれて，認知時間は劇的に増加する。この効果は 2 つの原因に基づく。最適注視位置から離れるにつれて，しだいに再注視が増えてくる。しかし，単語が 1 回だけ注視された場合でも，注視の持続時間は（1 文字のずれあたり約 20 ミリ秒の増加で）変化する。McConkie ら（1989）および Vitu ら（1990）によるさらなる分析によれば，普通の読みにおいてもこうした現象は生じるものの，その効果は小さく，またその原因はすべて再注視が増えることによる。最近の論文では，最初の注視については反対の効果が生じること，つまり，読み手が最適注視位置に眼を向けたときには，その注視時間が長くなることが報告されている（Vitu, McConkie, Kerr, & O'Regan, 2001）。

5 節　注視時間のコントロール

　図 5.1 に示したように，読みにおける眼球運動の停止時間にはかなり変動がある。注視時間は，表 5.1 に示したようなグローバルな意味においても，時々刻々の変化としてとらえた場合も，テキストの特性と密接にリンクしている。実際，この関係については十分に把握されているので，今や注視特性は言語処理について調べるための最も強力な手段の 1 つとみなされている。

　方法論的にやっかいな問題がある（Liversedge & Findlay, 2000 も参照のこと）。特に長い単語の場合は，1 つの単語に対して 2 つ以上の注視がきわめて頻繁に生じる。単語処理に費やされたトータルの時間を知ることは有意味である。個々の注視時間を加算して**注視の持続時間（gaze duration）**を求めることができる。Just と Carpenter（1980）は，注視の持続時間を，ある単語に対する全注視を加算したものと定義している。これ以外の測定値として，**総時間（total time）**がある。これはその後のあと戻りによる注視も含めた時間である。眼球運動を言語処理に関連づけようとする研究者にとっては，注視の持続時間や総時間は明らかに利点がある。一方，視覚的側面に関心のある研究者にとっては，個々の眼球運動のコントロールのほうがより重要である。

　これらの測定値は，注視する単語の特性によって影響を受ける。単語頻度の変数に関しては詳しく研究されてきた（4 節 1.）。Inhoff と Rayner（1986）は，低頻度の単語に対する注視は，高頻度の単語の注視よりも約 20 ミリ秒長いことを示した。しかし，傍中心窩でのプレビューによる有利さを排除するために視線−随伴の方法を用いると，再注視の起こりやすさについては差が認められたものの，注視時間の差はみられなかった（ただし，Vitu, 1991c を参照）。Rayner は確信をもってこの種の証拠を用いな

がら，読みは低次レベルの要因に基づく眼球運動によってコントロールされているとする説に反論している。最近の研究でRaynerら（1996）は，低頻度と高頻度の単語に対する眼球運動反応の違いは，眼が単語に到達したあとで生じることを示した。低頻度の単語に対する最初の注視時間は（約20〜30ミリ秒）長く，この注視時間の増加は再注視の有無にかかわらずみられた。また，再注視の可能性においても差がみられた。単語の長さは，単語頻度と無関係に，再注視が生じる確率に大きな効果をもっていた（5文字の単語では約12％であったが，8文字の単語では26％に増えた）。しかし，同じ長さの単語の中では，低頻度のほうが再注視の生じる割合がわずかに大きかった（約4％）。

　語彙アクセスは言語理解における重要なプロセスであることが確認されている（4節1.）。単語の頻度と予測可能性は，1個の単語の認知速度，およびテキストの中にある単語の注視時間の両方に影響することが示されている。このため，語彙アクセスのプロセスが眼球運動のコントロールに影響することは明らかである。ただし，抽象的な心的活動が眼筋の作用に直接影響するということを初めて聞くと，驚く人が多いかもしれない。また，もっと高次な抽象的心的プロセスも同様の効果をもつことがわかっている。次の文章を考えてみよう。

　　　　Since Jay always jogs a mile seems like a short distance.

あなたがこの文章を読んだとき，あなたはきっと困惑すると思われる。この文章は「ガーデンパス」文の典型例であり，あいまいな最初の部分（ここでは動詞の'jogs'は他動詞としても自動詞としても取り扱える）の次に，あいまいさを解消する語句が現われる。このような文章は心理言語学者の強い関心をひく。というのは，この文は多くの人が単語を可能な限りできるだけ早く文章の枠に当てはめようとする，いわゆる**最小付加（minimal attachment）**の原則を用いる傾向があることを示しているからである。ここでの議論にとって興味深いのは，このような文を読んだときの眼の動きである。この問題はFrazierとRayner（1982）によって初めて研究された。彼らは，あいまいさを解消する単語はたびたびそれ以外の普通の単語よりも長く注視されること，そして眼はすぐに文の最初の部分にあと戻りすることを見いだした。このような眼球運動の変化は，明らかに単に'seems'という単語の語彙アクセスに帰されるものでなく，統語プロセスが直接的に眼の動きをコントロールしていることを示している。

　話を要約すれば，語彙アクセスや統語的なあいまいさの解消といった言語プロセスが，テキストを読むときに費やされる個々の注視時間に影響を及ぼし得ることを示す強い証拠があるということである。

6節　着地位置のコントロール

　McConkie ら (1988) は重要なデータを報告している。彼らは 43668 個の注視データを集めて分析した。その結果, 眼はテキスト上のある位置にまったく気まぐれに着地するのではなく, 単語の境界と関係したある一定の位置に優先的に着地するという初期の報告 (Dunn-Rankin, 1978; Rayner, 1979) を確認した。Rayner (1979) はこの位置を**優先的注視位置 (preferred viewing location)** とよんだが, この位置は 4 節 2. で述べた最適注視位置よりもやや左側にある。McConkie らは, これらの優先的な着地位置が, サッカードの開始時における眼の出発位置に規則正しく関係していることを明らかにした (図 5.4)。これらの発見は, サッカードの着地位置がテキストの内容とは無関係な特性に依存していることを示している。このことから, 着地位置は単

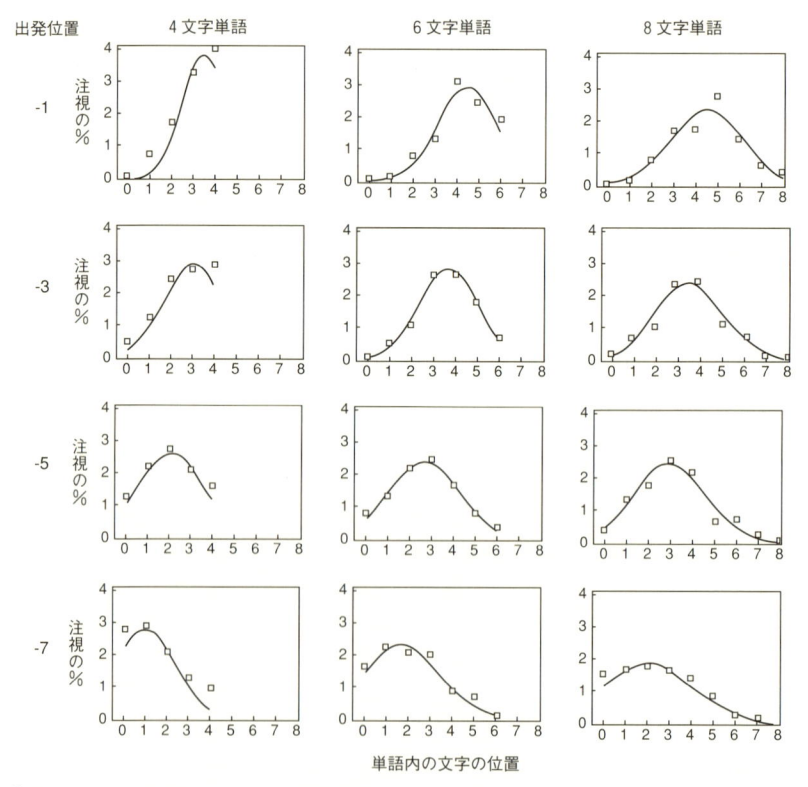

● 図 5.4　テキストの読みにおける眼の到着位置の分布。McConkie ら (1988) によって報告された 43000 個のサッカードの分析に基づく。左より 4 文字, 6 文字, 8 文字単語に対する到着位置。図の最上段から下方向に, サッカードの出発位置の違いを, 単語の左側の位置で示す。(訳注：縦軸の数字は 10 倍にすると%)

語の境界といった低次レベルの視覚要因によってコントロールされているとする提案がなされるようになった。この提案については次節で述べる。しかしながら，単語の長さと着地位置の関係にはかなりの変動がある。いまだに議論になっている問題は，着地位置を決定するこれ以外の要因は純粋にランダムな変数によって説明されるのか，あるいはこれまで考慮されることのなかった低次レベルの視覚－動眼性の要因によるのか，それとも処理される視覚素材に関係したより高次レベルの言語的な要因によって説明されるのかという問題である。同じように多量のデータを分析した Rayner ら (1996) および Radach と McConkie (1998) による別々の研究の結果，その基本パターンが確認された。Rayner らは，特定の長さの単語でサッカードの出発点が決まっていれば，低頻度の単語へのサッカードであれ，高頻度の単語へのサッカードであれ，着地位置の分布はまったく同じであることを示した。

　Reilly と O'Regan (1998) は，McConkie ら (1988) のデータをさらに分析している。彼らの仮定によれば，そのデータによって明らかにされた基本パターンは次のことを示している。すなわち，着地位置の分布は，（サッカードの出発位置および単語の長さにかかわらず）目標とされた着地位置の両側にガウス分布状に広がるエラー分布に一致する。彼らはガウス分布からの規則正しい逸脱に注目した。そして，これらの分布は，現在の注視位置の右側にある 20 文字のウィンドウの中の最も長い単語を目標とするといった方略に帰されるべきだとした。もちろんこの方略の弊害は，中間にある短い単語は読み飛ばされやすいということである。

　前節で述べたように，データの中の一部は再注視であり（4文字単語では 13 %，8文字単語では 31 %に増える），これについては McConkie ら (1989) によって分析されている。再注視は，眼が最初に着地した位置が，単語の始めに近いとき，あるいは終りに近い場合によくみられる。きわめて高頻度の単語の場合は，再注視はめったに生じない。この場合は例外として，一般に単語頻度は再注視の生起に影響しない。このことは少なくともサッカードによる再注視に関しては，語彙アクセスの速さはサッカードの着地位置にほとんど影響しないことを示唆している。最近のいくつかの研究によれば (Radach & McConkie,1998; Vergilino & Beauvillain, 2000)，単語内で生じる再注視のプログラムは他のサッカードとは異なり，おそらくひとまとまりのプログラムの一部として生じると考えられる（4章4節4.）。

　読みにおけるサッカードの着地位置の決定を，定位課題におけるサッカードの着地位置の問題（4章4節）にリンクさせて考える試みがなされている。Vitu (1991a) は，テキストの読みにおいて重心効果（訳注：4章4節3.を参照）が生じることを示す証拠を報告している。そのデータはレンジ効果（訳注：4章4節1.を参照）を支持するものではなかったと彼女は主張している (Vitu, 1991b)。ただしあとで述べるように，レンジ効果に基づいた理論を提案している研究者もいる。Vitu ら (1995) の研究は，眼球運動パターンの変動性の多くは動眼系のコントロールのような非言語的な要因に

由来するとする考えを支持している。彼らは，言語的負荷は低いものの，動眼系によるスキャニングが必要とされるさまざまな課題を用いた。たとえばある極端な課題（z綴り課題）では，テキストの文字はすべて1個の文字（文字z）に置き換えられた。被験者はあたかもそれを読んでいるかのように，テキストに沿って眼を動かすように求められた。さまざまな条件で実験が行なわれたが，全体的な眼球運動の特徴（サッカードの大きさ，注視時間）と局所的な特徴（単語の読み飛ばしの割合，サッカードの出発位置，着地位置）のいずれにおいても，ほとんど変化がみられなかった。Vituらはこの結果から，眼の動きを決定する主要な要因は，あらかじめ決められた動眼方略であり，言語的な要因はほとんど影響しないと主張した。興味深いのは，普通の読みとz綴りのスキャニングの間での差が，予測された差とは反対の方向であったことである（Rayner & Fisher, 1996 も参照）。読みのほうが注視時間が短く，極端に小さなサッカードの割合が少なかった。

1. 単語の読み飛ばし

テキストの読みにおいて，短い単語の多くは注視されない。単語の読み飛ばしに関わる要因について研究することは，それ自体，どのようにしてサッカードの着地位置が選択されるかという問題を調べることでもある。驚くことでもないが，前節で述べたサッカードの出発位置および単語の長さといった変数もまた，単語が読み飛ばされる確率に影響する。Brysbaertと Vitu（1998）のデータによれば，2文字単語が読み飛ばされる確率は，サッカードがその単語の1文字前から出発した場合には90％だが，8文字以上前から出発した場合は約50％だった。5文字単語の場合のそれらの確率は，それぞれ60％と10％だった。これらの数値は，次の単語の低次レベルの視覚特徴が重要であることを示している。それと同時に，このことは単純な動眼系の理由によって生じるかもしれない（つまりサッカードが一定の大きさであろうとするなんらかの傾向，あるいは大きさに限界があることによって，より短い単語は読み飛ばされることになるだろう）。あるいは別の理由として，サッカードの出発位置や単語の長さといった要因が，単語の見やすさに影響する可能性が考えられる。もし単語が認知されたか否かに依存して読み飛ばしが生じるのであれば，これらの要因の効果が予想される。これらの可能性について調べるには，低次レベルの要因を一定に保ちつつ，高次レベルの要因を変化させる必要がある。

長年にわたり，サッカードの着地位置に対する言語的効果に関して最も広く引用されてきた証拠は，短い単語での着地位置の分析に基づくものだった。O'Regan（1980）は，定冠詞 'THE' を含んでいる文を読ませ，このときの眼球運動を分析するという巧妙な実験を行なった。また一方で，眼が 'THE' の直前に来るまではテキストに変化はないが，次の時点で 'THE' がそれよりは一般的でない 'WAS' のような3文字の単語に変化するようにされた場合の眼球運動を分析し，両者を比較した。その結果，この臨界領域におけるサッカードの振幅は，前者において大きいことが見いだされた。

この発見は，高次な言語要因によって眼球運動がコントロールされていることを示す証拠として繰り返し引用され，眼は常に短い一般的な単語は読み飛ばすことを示すものとして，しばしば過剰に単純化された。その後O'Regan (1992) はこうした傾向に注意をよびかけ，彼が発見した効果は小さいものであることを指摘した。しかし最近になって，彼は再びこの読み飛ばし効果を確認している (Gautier et al., 2000)。それによれば，フランス語の 'les' への（およびそれを飛び越す）サッカードは，あまり一般的でない3文字単語へのサッカードよりも大きく，また注目すべきは，この効果は先行する注視時間が極端に短いときでさえ生じた。その他の研究もまた，頻度の高い単語ほど読み飛ばされることが多いことを示している (Rayner & Fischer, 1996; Rayner et al., 1996)。それゆえ，単語の読み飛ばしに言語的要因が影響することは明らかである。しかしながら，これらの効果は比較的小さい。BrysbaertとVitu (1998) は，単語の長さと処理負荷（単語の文脈）の要因を独立変数として，読み飛ばしの確率に関するデータに回帰分析を施した。2つの要因が変動を説明できる割合は有意だった。しかし，その割合は単語の長さに関しては44％だったが，処理負荷に関してはたったの11％にすぎなかった。

2. 言語的変数は単語内での着地位置に影響するか

　言語要因がサッカードの着地位置に影響することを示した報告はこれ以外にもいくつかあるが，追認が難しく，議論の段階にある。それらの問題の1つは，単語の認知にとって重要な情報が，単語のある部分に局在している場合に，眼はどこに着地するかという問題である。たとえば，'vulnerable' という単語は最初の5つの文字に基づいて認知されるのであり，この部分は他のいかなる単語とも共有されない。これに対して 'underneath' という単語の前半の部分は他のいくつかの単語と共有されるが，後半の部分は独自なものである。Hyönä ら (1989) は，これらの2つのタイプの単語ではサッカードの着地位置が異なると報告している (Underwood et al., 1990 も参照)。彼らは次のように解釈している。単語が傍中心窩でとらえられると，その単語のめだった部分が語彙プロセッサによって認知される。その結果，そのめだった部分に眼が向けられることになる。この主張に対して Rayner と Morris (1992) は異議をとなえている。彼らは単語の最初あるいは終わりの部分に情報があるとする Hyönä らの知見を確認できなかった (Radach & McConkie, 1998 も参照)。

　フィンランド語を用いた Hyönä (1995) の研究はこれらのくい違いを解決するかもしれない。彼の新しいデータは，初期の研究で得られた結果は，始めの部分に情報をもつ単語に対して平均よりも小さなサッカードが生じたことによることを示していた。単語の終わりの部分が情報をもつことなどによる効果は認められなかった。Hyönä は，実験で示された効果は，特異な正書法による視覚的な顕著さから生じた効果として解釈できると述べている。このことは，不規則文字結合は効果的に眼を引きつけることを意味している。こうした効果はフランス語のテキストを用いた Beauvillain と共

同研究者による研究や（Beauvillain & Doré, 1998; Beauvillain et al., 1996），英語の文章を用いた White と Liversedge（2003）によっても報告されている。

7節　読みにおける眼のコントロールに関する理論

　これまでの節で数多くの効果を紹介してきたが，それらは読みにおける眼のコントロールに関する理論によって適切に説明されなければならない。本節では，こうしたプロセスに関する理論的な研究について検討する。モデルが成功するためには何が必要なのだろうか？　この点に関して研究者の意見は一致していない。事実，諸モデルはその根本のところで違いがある。あるモデルは，最もらしい神経プロセスで容易に達成できるような，「処理能力の少ない」メカニズムを強調している。たとえば，「現在注視している場所の右側にある次のブランクの位置に眼を向けよ」などである。これに対して他のモデルでは「高性能な」メカニズムが好まれ，眼を動かすことを決定する際に，なんらかの重要な計算論的・言語的な処理が関与するとしている。たとえば，「次の単語の最初の数文字に基づいて，これらの文字からその単語を認知できるかどうか，周辺視を用いよ。もしそれが可能だったら，その認知した結果を受け入れ，次の単語に眼を移せ。もしそれが不可能だったら，眼をその単語の中間に移せ」といったものである。もちろん，現在得られているデータに基づけば，これらの特殊な考え方はいずれも支持されない。

1. 非認知的な要因を強調するモデル

　McConkie ら（1988）は，図 5.4 に示したデータに関して，なんら明確なモデルを提示していない。ただし，ある単語への最初の注視は，認知的要因とはまったく無関係になされると述べている。McConkie らによれば，サッカードの着地位置に関する彼らのデータは次のように説明される。傍中心窩に見える次の単語は，重心効果（訳注：4章4節3.を参照）のような視覚的な特性に基づいて，機能的な目標位置を決定した。その場所に向かってサッカードが生じたが，2つの変動要因によって影響を受けた。サッカードを目標に向けるシステム内には常に知覚-運動系の変動が存在するが，さらにこの変動にサッカードのレンジ効果（4章4節1.）による変動が加わった。彼らはサッカードの着地位置に関心があり，注視時間についてはモデル化していない。注視前の時間が長いとサッカードのレンジ効果は減少するといった，調整要因として注視時間が考慮されているにすぎない。このようなわけで，語彙などの言語的影響はまったく仮定されていない。O'Regan（1992）もまた，読書時の眼球運動に関する彼の「方略-方策（strategy-tactics）」アプローチにおいて，同様な立場をとっている。彼によれば，読み手は次の単語に眼を向ける際に，その単語の中央から少しだけ左側の位置に向かってサッカードを行なうという方略をとる（その位置はたまたま最適注視位置に近い―4節1.）。McConkie らが提案したように，実際の着地位置はさまざまな要因によって変動する。このため，さまざまな方策がとられることになる。眼が

7節 読みにおける眼のコントロールに関する理論

最適注視位置から離れた場所に着地した場合には，単語内の別の場所を再注視するような運動が方策として生じる。この再注視される場所が，一般には最適位置に近い場所となる。

2. 語彙アクセス処理によって駆動されるモデル

以上の2つのモデルは，読みにおける認知プロセスに出発点をおくモデルとは対照的である。Morrison (1984) は読みにおける眼球運動のコントロールに関するモデルを提案したが，このモデルは，その後に発表されたいくつかのモデルの基礎となっている。これらのモデルは，語彙アクセスのプロセスを眼のコントロールの発展とみなしている。語彙アクセスは注意のポインターをコントロールしているとされる。このポインターはテキスト内に並んだ単語に対して順番に向けられていく。眼はそのポインターと同じ場所に向けられるかもしれない。しかし，眼球運動の実行は，ポインターの動きよりも長い時間を要するので，眼はしばしば遅れをとる。眼がサッカードによってn番目の単語に到達したとき，ポインターも始めはその単語の位置にある。n番目の単語の語彙アクセスが完了すると，ポインターは次の$n+1$番目の単語に向かって動き，その単語の語彙アクセスを開始する。少し時間が経ってから，眼はポインターを追いかける。しかし，眼が動き始める前に，$n+1$番目の単語の語彙アクセスが完了していることもあり得る。このとき，ポインターは$n+2$番目の単語に向かって動く。このような状況においては，眼は$n+1$番目の単語を読み飛ばして，直接$n+2$番目の単語に向かって動くかもしれない。あるいは妥協的な動きをして（4章4節2.），$n+1$番目と$n+2$番目の単語の中間に着地するかもしれない。この場合には非常に短い注視で終わり，すぐに$n+2$番目の単語へサッカードが生じることもあるとされる。

Morrisonのモデルは単語の読み飛ばしを説明できる。また，読み飛ばしの確率は単語の語彙アクセスの容易さとともに増加すると予測する。しかし，単語が再注視される場合を説明できない。そのような知見を説明するために，やや場当たり的な修正を加えた説明が提案されている。HendersonとFerreira(1990)は，「動眼系の限界線」なるものを追加した。一方RaynerとPollatsekは，語彙アクセスがうまくいったかどうかを知らせるなんらかの信号を利用できるのだと主張している。

Reichleら (1998, 1999) は，注意のポインター・モデルの最新版を作る際に，後者の考えを改良して取り入れている。彼らのE‐Z Readerモデルでは，注意の動きと眼の動きが二重のリンクを形成している (ee-zee readerという用語はあるテレビ番組の登場人物に由来する)。連続的な注意の動きが生じることにかわりはないが，眼を動かすための信号は注意の動きから来るのではなく，「親近性評価」のプロセスから来る。このプロセスは，語彙アクセスとリンクはしているが，部分的に分離している。E‐Zモデルの別のバージョンでは，単語の予測性や傍中心窩でのプレビューが組み込まれている。このモデルは多数のパラメータをもっているが（バージョンに

よって 5 〜 7 個), 注視時間や読み飛ばしの生起率に関するデータと見事なまでに定量的一致を示す。Morrison のモデルとは対照的に, 傍中心窩でのプレヴューもうまく説明できる。ただし, 傍中心窩にある単語の特性によって注視時間が影響を受けるとする最近の知見 (たとえば Kennedy, 2000) は, Reichle らのモデル, および実際には注意の継時的な進行を仮定するいかなるモデルによっても説明が難しい。

3. 評　価

　異なるモデルを評価することは簡単でない。これらのモデルはたびたび両立しがたい対案として示されるが, 最初に感じられる以上に共通点もある。競合するものではなく, 相補的なものとみなしたほうが有益である。自動化された人間の行為はそれが何であれ, その特徴はそれが他のプロセスによって中断されることである。たとえばテキストを読んでいるときに大きなあと戻りがみられれば, この種の「中断」が生じたと一般に認められる。また, そのシステムは階層性をなしていると考えるのが有益であり, 低次レベルと高次レベルの要因が関わっているとみられる。高次レベルの変数が影響していることが示されたからといって, 必ずしも低次レベルの要因は重要でないことを意味しているわけはない。その逆もしかりである．

　「処理能力の少ないプロセス」を想定したモデルは, もっぱら眼の正確な着地位置を説明することに関心がある。これに対して言語学的な基礎づけをもつモデルの関心は, どの単語をいつ注視するかというレベルでの, 連続的なプロセスを記述することにある。実際, 読書時の眼球運動のコントロールに関する理論でしばしば取り上げられるテーマは, 注視時間とサッカードの着地位置という 2 つの主要な変数のプログラミングが別々にコントロールされることである。Rayner と McConkie (1976) は初期の研究において, 注視時間とサッカードの着地位置に関わる WHEN の決定と WHERE の決定は, 異なるメカニズムでコントロールされていると述べている (4 章 6 節を参照比較のこと)。O'Regan の方略−方策モデルはさらに注視時間についての説明を提示しているが, 5 節で論じた Rayner ら (1996) の実験結果は, どうみてもこの説明が不完全であることを示している。

　アクティヴ・ビジョンの観点から, 最後に次のことを指摘しておく。実際のところ 7 節 2. で述べた高次レベルの理論は, 初期の視覚処理に関して, いくつかの明確で堅固な仮定をもっている。これらの理論では潜在的な注意のポインターが引き合いに出されており, それが眼の着地位置の選択に部分的に関わっているとされる。この提案は注意のスポットライト・モデルに基づいているが (3 章 2 節 1.), スポットライトは単語単位での選択が可能で, それゆえオブジェクト・ベースの形で機能していると一般には仮定されている (3 章 6 節 1.)。3 章で示したように, 潜在的注意がどのような特性をもっているかについては, いまだに不確かな点が多い。潜在的な注意を, 随意的に, 眼自体の運動よりも速く動かすことは不可能かもしれない。2 つの場所に対して並列的に注意を分割する能力が重要なのかもしれない。Starr と Rayner (2001)

は最近のレヴューの中で，現在の理論をさらに発展させる必要があることを認めている。

8節　読みにおける眼のコントロールの実際的な側面

1. 読みとテキストの物理的特性

　Tinkerはテキストにさまざまな操作を加えたとき読みやすさがどのように影響されるかについて，大規模な研究を行なった（Paterson & Tinker, 1940; Tinker, 1965が要約）。彼は，書体，大文字と小文字，活字の大きさ，行間といった多様な要因について調べている。読みの速さおよびそれに対応する眼球運動の速度が，さまざまな大きさのテキストを用いて比較された。その差異は有意ではあったが，小さかった（一般に5％以下）。たとえば活字の大きさを変数とした場合，最適な大きさは9〜12ポイントであり，幅があった。小さな活字面では，サッカードの数が増し，注視時間が長くなり，あと戻りが増えた。これは知覚が困難になったためである。行間を変数とした場合も最適値には幅があった。最適な行間よりも短い間隔では，注視時間が長くなり，サッカードの長さは短くなった。最適な行間よりも長い間隔にすると，眼を戻して次の行の最初に眼を運ぶのが難しくなった。読みやすさが大幅に低下したのは，明らかに不鮮明な書体の場合だった。

2. 読みの障害

　失読症とは読む能力の障害を指す用語である。この障害は成人になってからの脳への損傷の結果生じることもあるし（**獲得性の読みの障害：acuired dyslexia**），読みの学習の障害として生じることもある（**発達性の読みの障害：developmental dyslexia**）。これら2つの症状が密接に結びついていることを示す証拠はほとんどない。実生活で大きな問題になるにもかかわらず，発達性の読みの障害はその正確な原因をつきとめるのが困難で，しかも実際のところ，明確な症状として存在することさえ疑問視されている（Stanovich, 1994）。研究の初期においては，眼球運動の研究方法がこの障害を特定し，理解するための手助けになると熱心に考えられていたが，それには根拠がないことがわかった（Tinker, 1958）。

　読みの障害をもつとされた子どもは異常な眼球運動のパターンを示すが，それは問題の原因ではなく，結果にすぎない。その例外があるとすれば，動眼系のコントロールが著しく異常になり，正常な視覚サンプリングがまったく不可能といったまれなケースである（Stein & Fowle, 1982; Zangwill & Blakemore, 1972）。読みの障害がある人は非言語的な材料を処理しているときに異常な眼球運動のパターンを示すという主張もある。追試の結果は否定的だが（Brown et al., 1983; Pollatsek et al., 1999），読みの障害者の中には動眼系に問題がある人も少数含まれている可能性はある（Pollatsek et al., 1999）。読みの遅れがある子どもにおいては，マグノ系（2章）の異常が共通して認められるようだとする意見が多数ある。マグノ系は眼球運動のコン

トロールに関わっているので，少なくとも間接的なリンクは考えられる（Eden et al., 1994; Stein & Walsh, 1997）。読みが困雑な人ではエクスプレス・サッカード（4章2節4.）の頻度が異常に高いとする報告があり，そのため，読みの障害者は注視システムに異常があるとする別の考えが示されている（Fischer et al., 1993）。最近 Everatt (1999) は，これらの証拠について徹底した議論を行なっている。この種の研究は，少なくともある特定の個人に関わる問題の理解を促進することにはなる。しかし現時点での控えめな結論は，読字の障害は素材の視覚的なサンプリングをうまく調整できないことによって生じるのではないということである。この点に関連して注目すべきことは，生まれつき眼筋が動かない患者が，頭の動きをコントロールすることによって，テキストをかなり上手に読むことができることである（Gilchrist et al., 1997—8章5節2.）。

9節 まとめ

　ここで紹介したさまざまな研究から，読み手が視覚的なテキストをサンプリングすることができるのは，驚くほど複雑なコントロール・プロセスによることがわかる。一般に眼は，テキストを理解する必要がある限り，その場所に静止してとどまっている。そして，さらにサンプリングが必要であれば最適な位置に向かって動く。この際，予測可能な短い単語はしばしば読み飛ばされる。このようなサンプリングを生み出す手続きの多くは，本書の他の章で説明した眼球運動コントロールのための常套的な手続きにほかならない。しかしテキスト理解のための心的プロセスもまた，それとほぼ同時に，眼の運動コントロールに影響を及ぼす。低次レベルと高次レベルのプロセス間の正確なバランスについて，その詳細はまだ意見の一致をみていない。しかし，読みにおける眼のコントロール・プロセスについての一般的な理解は，著しく進展している。

6章 視覚探索

　視覚探索とは，ある視覚的場面において特定のアイテムやオブジェクトを探すことであり，視覚行動の一部として普遍的に生じる。私たちが，散らかった机上で1本のペンを，人混みの中である人の顔を，あるいは駐車場で自分の車を探しているときに生じるプロセスである。これらの例において，私たちが探索プロセスの一部として自分の眼を動かしていることは明白である。しかしながら，視覚探索に関する非常に多くの研究や理論は，眼球運動をまったく無視してきた。実際，探索理論においてこれまで影響力のあった説明手段は，潜在的注意であった。この章で私たちは，これらの探索モデルを概観し，視覚探索におけるサッカードに関わる最近の研究を論じる。

　このトピックに関する研究は，いくつかの系列に分けられる。その第一は，視覚の初期プロセスを研究するためのツールとして視覚探索を用いようというものであり，特に，ある広がりをもった視覚ディスプレイ全体にわたり並列的に抽出され得る刺激特徴を特定しようというものである。視覚探索はまた，探索課題で作用する注意プロセスを理解するためにも研究されている。以下に詳述する理由により，これら両アプローチは，探索行動の決定における眼球運動の重要性にほとんど注目することなく発展してきた。この章ではこのことが，特に視覚的注意の理解に関連して，深刻な見落としであることを論じよう。最後に第三の伝統的研究は，より折衷的な方法で，視覚探索を伴う現実世界の課題に関わってきた（たとえば，Brogan et al., 1993）。

1節　視覚探索課題

　典型的な研究室的な視覚探索の実験では，ディスプレイは数多くの明確に区分できる離散的なアイテムからなっている。被験者は，あらかじめ決められた**ターゲット**（target）を，さまざまな数のターゲット以外の**ディストラクタ**（distractor）の中から探し出すように求められる。典型的には，ターゲットの有無を答えるまでの反応時間が測定される。ディスプレイ上のアイテム数に対して反応時間をプロットしたものは**探索関数**（search function）とよばれる（図6.1参照）。2つの異なるタイプの関数が見いだされている。1つは探索関数が平坦な場合である。つまり，ディストラクタが付加されても全体的な判断時間が増加しない。このような関係は**並列探索**（parallel search）を反映するものと考えられる。対照的に，探索の傾きがディスプレイ・サイズに応じて増大する場合がある。このような関係は通常，**系列探索**（serial

6章 視覚探索

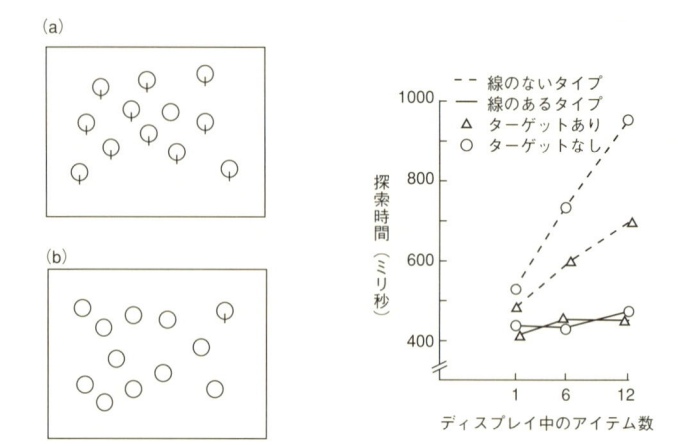

● 図6.1 系列および並列探索を示す探索関数。探索課題は難易度を上げることが可能であり、アイテム数の増加に伴い探索関数の線形的増加をもたらす—たとえば、直線のない円がターゲットであるディスプレイ (a)。あるいは、容易にすることも可能で、探索関数は比較的アイテム数とは独立である—たとえば、直線のある円がターゲットのディスプレイ (b)。これら2つの課題に対する探索関数が右側に描かれている。[Treisman, 1988 の図3より]

search) といわれる。

　この区別は最初，Treisman と Gelade (1980) によってなされ，その後，膨大な数の視覚探索実験が行なわれ，系列的，あるいは並列的な探索関数をもたらすディスプレイのタイプを特徴づける試みがなされた。それらの研究は探索に関するいくつかの影響力のある理論を導いた。これらについては次節で述べる。これらの理論をレヴューしたうえで，私たちはそのどれもがアクティヴ・ビジョンという観点からは適切な説明でないことを示す（2節4.）。そのあとで，アクティヴ・ビジョンの見地から，視覚探索へのアプローチを展開する。

2節　視覚探索の諸理論

　ここでは視覚探索行動に関する3つの理論について概観する。それらの理論は，すべて探索に関わる反応時間の研究結果に基づいているが，視覚システムの神経生理学や，潜在的注意の性質に関する基本的仮定からの示唆に負う程度はそれぞれ異なる。

1. 特徴統合理論

　Treisman と Gelade (1980) は，基本的な視覚特徴（たとえば色，方位など）が，最初に視覚場面全体から並列的に抽出されると提案した。並列探索関数は，ターゲットが背景に対して固有の基本的特徴によって定義される場合に生じる。そのため，このタイプの探索はしばしば**特徴探索**（feature search）とよばれている。

　対照的に，もし視覚探索課題におけるターゲットがいくつかの特徴の組み合わせで

定義されており，さらにそれらの特徴がディスプレイ内のディストラクタ中にも個々に含まれている場合（すなわち，ターゲットが特徴の結合によって定義される場合）には，系列探索関数が導かれる。このタイプの探索はしばしば**結合探索（conjunction search）**とよばれる。TreismanとGelade（1980）は，もしターゲットの検出が視覚特徴を結びつけたあとでのみ可能であるならば，その場合には注意が必要とされると論じた。注意は，彼女らによればスポットライトのように作用するとされているが，同時にアイテムを空間に位置づけるように作用する。結合探索においては，ターゲット検出のために，注意のスポットライトが場所から場所へ系列的に動くことが求められる。この系列的なスキャンは余分な時間がかかるプロセスと仮定されており，そのために系列的な探索関数がもたらされる。

　これらは，**特徴統合理論（FIT：Feature Integration Theory）**とその初期視覚処理についての枠組みを，TreismanとGelade（1980）に従って要約したものである。このアイデアは視覚系の解剖学と生理学に関わる諸研究を補完した。それらの研究では，さまざまな視覚入力特性に対して選択的なニューロンをもつさまざまな皮質部位が存在すること，すなわち視覚的処理は，少なくともある程度までは，モジュール化されていることが示されている（2章参照；Zeki, 1976; Maunsell & Newsome, 1987）。たとえば，MT野のニューロンは運動刺激に選好的に反応するが，一方，V4野のニューロンは（特に）波長情報の検出に合わせて調整されている（DeYoe & Van Essen, 1988参照）。こうした情報処理の分離は，視覚世界に存在するオブジェクトには色，運動，方位などがすべて束ねられているという私たちの経験とは一致しないように思われる。この見かけ上の矛盾は結合問題として知られている（訳注：1章2節参照）。FITは，そのような特徴の結合がどのように生起し得るかについて1つの説明を用意している（Treisman, 1996を参照）。FITでは，潜在的注意のプロセスによって基本的視覚特徴が結合され，多元的な知覚与件が形成される。

　FITはきわだった影響をもち，またおびただしい実験的研究を生み出した。その多くは支持的なものであった。実際，このアプローチは初期視覚の特徴を調べるための，さらに進んだ精神物理学的手段として熱烈に支持された。しかしながら，FITに組み込まれたいくつかの仮定を揺るがす多くの問題が現われた。第一は，系列探索関数が系列的な内部メカニズムの作用を反映するという仮定である。第二は，結合探索が常に系列探索関数をもたらすという仮定，そして第三は，固有な特徴をもつターゲットは並列探索をもたらすという仮定である。この3つの仮定はすべて，モデルの提唱時から批判的議論の対象となってきた。これら多くの批判の核心には，一方で系列探索と特徴結合との間に，他方で並列探索と刺激特徴との間に，単純な連結はないとする考えがある。

　ある場合には，非常に複雑な情報が，視覚ディスプレイ全体にわたり並列的に抽出され得るように思われた（Enns & Rensink, 1991; Gilchrist et al., 1997）。Nakayama

と Silverman（1986）は，両眼視奥行を特徴にもつ特徴結合は平坦な探索関数をもたらすことを見いだした。ただし，これらの探索は単純な特徴探索よりも長い時間がかかることがしばしば見すごされた（McSorley & Findlay, 2001 参照）。探索の傾きは，並列処理から急勾配の系列処理へと連続的に変化することが明らかとなった(Duncan & Humphreys, 1989; Wolfe, 1998)。理論家はまた，系列探索関数は原則として，並列システムによって生成できることを指摘した（Eckstein, 1998; Humphreys & Müller, 1993; Townsend, 1972）。

FIT はその後，新しい実験データに対応できるように多様な方法で発展した（Treisman & Souther, 1985; Treisman, 1988; 1993）。しかしながら，空間表象上を移動する内的スポットライトという構想は，そのモデルを性格づける特徴として保持された。

2. 誘導探索

FIT は，注意のスキャン・プロセスがディスプレイ上を1つ1つのアイテムごとに作動するときに，系列探索関数が生起すると提唱した。仮説的なスキャン・プロセスの速さは，探索関数の傾きから推定することが可能であった。ターゲットが提示された場合のより小さな傾きは，**自己打ち切り型**（**self-terminating**）探索の特性によるものとされた。つまり，平均してディスプレイ中のアイテムの半数がスキャンされたあとに，ターゲットが発見されるのである。一方，ターゲットが提示されない場合は，反応の前にディスプレイ全体をスキャンする必要があるとされた。このように注意のポインターは，アイテム全体に対して組織的にはたらくが，ただしあらかじめ決められた順序に従うわけではないと仮定された。典型的なデータ（図 6.1 における系列探索のデータのような）は，注意のポインターが1アイテムあたり約 50 ミリ秒の割合でスキャンしたものと説明することが可能であった。そのような速度は，眼球によるいかなる顕在的なスキャンよりも速いが，潜在的注意のスキャン速度のような他の推定値とは一致していた（3 章 4 節）。

誘導探索（Wolfe, 1994; Wolfe et al., 1989）は FIT と多くの特性を共有している。両モデルとも 2 段階説である。すなわち，両者は，位置マップを介してのみ潜在的注意を利用できる並列特徴マップのセットを仮定し，さらに両者とも注意配分については，系列的なスポットライト・メカニズムに依存している。しかしながら Wolfe ら（1989）は，もし特徴の相違が十分に大きいなら，単純な色－形態結合探索でも並列に起こり得ることを示した。これらのデータを説明するために Wolfe らは，注意のポインターが組織的な方法で誘導されると主張した。すなわち，特徴マップからの情報が位置マップに供給され，候補となるターゲットの位置へ注意のスポットライトを誘導するために利用される。これは活性化が特徴マップから位置マップへ送られるために生じる。誘導探索は，FIT と同様，内部的な注意のスポットライトに依存しており，これによってディスプレイをスキャンし，ターゲットの検出が可能になる。

3. 視覚探索の後期選択モデル

DuncanとHumphreys (1989) は，対立仮説としての視覚探索理論を展開した。彼らが提示した大枠は，Duncan (1980, 1984) において展開された枠組みに類似している。探索はまず，多重空間スケールで構造化された表現を生成する並列的な処理段階によって，そして次に，視野内のアイテムの意識的な処理を可能にする系列的段階によって生起する。視覚探索におけるこの第2段階では，内的に貯蔵されたターゲットの鋳型と入力記述の照合が行なわれる。

DuncanとHumphreys (1989) は，探索効率が2つの相互作用因によって決定されることを示した。その第一は，ターゲットと非ターゲット間の類似性である。すなわち，探索はターゲットと非ターゲットが類似するにつれて効率が悪くなる。第二の要因は，非ターゲット間の類似性である。すなわち，ディストラクタがより異質的になるほど（つまり，お互いに異なるほど），探索の効率は低くなる。

DuncanとHumphreys (1989) は，探索は系列的か並列的かのどちらかであるというFITによる区別を棄却した。それに代わって，探索効率は，効率的でディスプレイ・サイズから独立なものから，非効率的で提示されているアイテム数に依存するものへと，連続的に変化すると主張した（Humphreys & Müller, 1993; Townsend, 1972も参照）。処理の並列段階では，入力記述が多数のスケールで生成され，視覚入力は群化の原理によって**構造的ユニット**（**structural units**）に組織化される。多数の構造的ユニットを含むディスプレイでは，これらの項目が，ターゲット鋳型との照合のために視覚的短期記憶へアクセスする際に，競合する。この視覚探索モデルは，FITあるいは誘導探索ほど明確には注意のスポットライトと関連づけられていない。むしろ系列探索関数は，ときに非効率となる並列システムから生じるのである。

4. 諸モデルの概観

これらの諸理論はいくつかの重要な点で異なるが，いずれも適切なアクティヴ・ビジョンの理論としては認められない。眼球運動が考慮されていないばかりか，視覚投射の非均質性（2章1節）についても考えられていない。眼球運動に関する欠落は，理論の多くで潜在的注意プロセスがその代用とされていることが原因かもしれない。しかしながら，初期視覚処理は網膜偏心度に伴う視力の変化により左右される，という事実を考慮している説明がほとんどないことは非常に驚くべきことである。もっとも，3節2.で論じられるMarisa Carrascoの研究は例外ではある。次節からは，アクティヴ・ビジョンという見地から視覚探索を扱うことについての利点を示そう。私たちの考えはここ数年来発展しており（Findlay & Gilchrist, 1998, 2001），視覚探索理論において潜在的注意を強調することは見当違いで誤解を招くものであるとの結論に至った。このアプローチに乗り出す前に，次節では，眼球運動が探索に必要かどうかという問題について考察してみる。

3節　視覚探索における眼球運動の必要性

　ある状況下では，視覚探索は眼を動かすことによってのみ達成されるということはきわめて明白である。2章で述べたように，視覚能力は中心窩の中央から離れるにつれて，組織的かつ連続的に低下する。その結果，探索によっては，ターゲットは中心窩を中心とする限られた視野領域にある場合においてのみ弁別される（本節2.）。もしターゲットがこの領域外にあると，この「ヴィジュアル・ローブ（visual lobe）」の中にターゲットが入るように眼球運動が要請され，それゆえターゲットの発見に要する時間と探索時のサッカード数との間に密接な関係がみられる（4節1.）。しかしながら，2節で論じられた視覚探索課題は，一般にヴィジュアル・ローブのほうが探索ディスプレイより大きく，そのために眼球運動を必要としない刺激を用いている。次節では，そのような状況下では眼によるスキャニングを考慮することは不適切であるという主張について検討する。

1. 眼球運動を伴わない探索

　KleinとFarrell（1989）は，視覚探索におけるサッカードの重要性を調べるために一連の実験を行なった。彼らのデータは，視覚探索行動はサッカード眼球運動に依存しているのではないこと，また特に，得られた系列探索の傾きは顕在的な眼球のスキャンよりも潜在的なスキャン様式の産物であることを示唆するものとして，たびたび引用されている。この理由により私たちは，今からこの論文を詳細に検討しよう。

　KleinとFarrell（1989）は，視覚探索におけるサッカードの重要性を評価するための2つの方法を採用した。彼らは，最大でも10アイテム以内というディスプレイ・サイズによる小さな探索画面と，全体的に比較的簡単な系列探索課題を用いた。実験1において彼らは，ディスプレイの持続時間を制限し，探索ディスプレイを180ミリ秒間提示した。つまり，サッカードがプログラムされ実行されるためには，あまりにも短いとみなされる時間であった。KleinとFarrell（1989）は，この条件下で系列探索の傾きを見いだしたが，それは系列探索関数が眼球運動だけの結果ではないことを示唆していた。KleinとFarrellは，このような短時間の提示条件下でより大きなディスプレイ・サイズを使うと，ディスプレイの知覚的表象が減衰するため，被験者はいくつかの試行で，推測というもう1つの方略をとったのだと考えた。実験2で彼らは，反応がなされるまでディスプレイを提示したが，被験者には目を動かさないよう教示した。並列探索ディスプレイについては，眼球運動を制限することはまったく効果がなかった。しかし探索が系列的である場合には，眼球運動の制限は成績に有意な効果を及ぼし，エラー率の増加を招いた。このエラー率における増加は有意ではあったが，大きいものではなかった。すなわち，サッカードの制限により生じた最大のエラー増加は，9.3％から18.8％だった。

　これらの結果は，視覚探索において眼球運動を制限することが，たとえ小さなディ

スプレイ・サイズであっても，正確度に対して有意な効果をもつことを示唆している。眼球運動なしでの探索関数は，眼球運動が制限されなかったときの関数に類似していた。しかしながら，KleinとFarrellが彼ら自身，実験1の結果に関連して論じているように，このことは，同一のメカニズムが2つの事態で使われていることを意味するわけではない。小さいディスプレイ・サイズを検討したもう1つの研究はPashler (1987)によるものである。Pashlerは，小さいアイテム数（およそ6以下）では，系列探索関数が観察されるかもしれないが，探索は並列的に実行されると論じた。私たちは，KleinとFarrellの実験によるデータは，眼球運動が視覚探索において重要でないことを納得できる形で示しているわけではないことを主張したい。並列探索の場合の結果は，眼球運動は必ずしも必要ではないことを示唆している。しかし，系列探索の場合は，たとえアイテム数の少ないディスプレイでかつ比較的容易であっても，眼球運動の制限は成績に影響を与える。系列探索課題がより要求度の高いその他の研究（たとえば，Scialfa & Joffe, 1998）では，眼球運動の制限に伴う明らかな成績の低下を認めている。

2. 視覚探索と検出野ないしはヴィジュアル・ローブ

2章1節2.で論じたように，特定の弁別がなされ得る領域は**検出野（conspicuity area）**（Engel, 1971）あるいは**ヴィジュアル・ローブ（visual lobe）**（Courtney & Chan, 1986）として知られている。それは読み（5章1節）における視覚の範囲という概念と類似した概念である。すべての視覚的機能が周辺部にいくにつれて同じ割合で低下するわけではなく，それゆえヴィジュアル・ローブの大きさは課題の特性に応じて顕著に変化する。5章において，視覚の範囲—すなわち視力に限界はあるが弁別は可能な領域と，知覚の範囲—すなわち読みの課題において情報が抽出されるより狭い領域，を区別した。組織的な研究はそれほどなされていないが，同様の区別は視覚探索の場合にも当てはまると考えられる。RaynerとFisher (1987)は，水平に提示された1組の文字列からターゲットの1文字を探索するよう，被験者に教示した。彼らは，5章で論じられたような移動ウィンドウ法を用いて，周辺部情報が探索中に抽出される程度を調べた。彼らは2つの空間領域を認めた。それらは，決定領域—すなわちターゲットあり反応をするためにはターゲットがそこにあるべき領域と，プレビュー領域—すなわち部分的情報が利用可能な領域である。彼らはまた，ターゲットとディストラクタの類似性がこれらの領域の大きさに効果を及ぼすことも報告した。より最近，Pomplunら（2001b）は，視覚探索における視覚の範囲が，多くの注意が要求される条件でどのように低下するかを示した。

中心視から離れた視覚能力の低下は緩やかであり，結果としてヴィジュアル・ローブは，視覚弁別が可能な領域と不可能な領域との間で急激な移行を示さないだろう。実際，図2.7の文字弁別に対するヴィジュアル・ローブについてのデータでは，移行領域が数度に広がっているのを示している。にもかかわらず，視覚探索におけるほと

んどすべての研究が，2節で論じられた諸理論がそうであるように，暗黙のうちにすべてのディスプレイ配置を等価に扱っている。この仮定の不適切さは，Carrascoら（1995）およびScialfaとJoffe（1998）によって明確に示された。Carrascoらは，色／方位による結合探索を用いて，アイテムを2個から36個まで変動させた。実験によって，自由観察または短時間提示が使用された。ターゲットの偏心度はいずれの条件でも大きく影響した。自由観察では，ターゲットを見つけだすための時間が増加したが，短時間提示では決定の正確度が影響を受けた。彼女らは，これらの効果は構造的要因（空間解像度と側抑制）から生じたと結論し，データは探索過程の標準的説明に疑問を呈するものだと指摘している。その後の研究（Carrasco & Frieder, 1997）で彼女らは，もし皮質の賦活を等しくするために個々のディスプレイ要素の大きさを皮質拡大因子に沿って調整したディスプレイが用いられると，偏心度による効果は著しく低減されることを示している。

これらの結果のもう1つの説明としては，視軸への**近接性**（**proximity**）はターゲットの検出しやすさに対する非常に重要な決定因であるということがある。私たちは次節で，探索が眼球運動を伴って遂行される場合にもこの要因が重要であることを示す。

4節　視覚探索における眼球運動

長年にわたる多くの研究で，視覚探索中の眼球運動が記録されてきた。Viviani（1990）がレビューを行なっている。もっとも，探索についての彼の解釈はこの章での扱いよりもやや広範囲ではある。特に有意義な研究はL.G.Williams（1966）のものであったが，それは2節において述べた最近の多くのタイプの研究を先どりするものであった。Williamsは，さまざまな形，大きさおよび色からなる幾何学的図形を，互いに重複しないように散りばめたディスプレイを使った。彼のディスプレイでは，被験者があらかじめ指定された色のアイテムを探索するほうが，大きさや形をあらかじめ指定された場合よりも容易であった。彼はまた，このような探索能力の違いが，指定された特徴をもつアイテムに対する眼球運動のパターンとも一致していることを示した。

1. 並列および系列探索におけるサッカード

空間的に並列な探索と系列的な探索との区別は2節で論じた。もし課題が眼球でターゲットの位置を探し出すことであるならば，空間的に並列な探索については，ターゲットは1回のサッカードで発見できるが，その一方で探索が系列的な場合は，ディスプレイ・サイズが大きいと1回以上のサッカードが必要になると考えるのがおおよそ適当であろう。最初の点については，多くの研究が，反応時間の観点から空間的に並列とされる探索（Williams et al., 1997; Zelinsky & Sheinberg, 1997），あるいはターゲットが単一の特徴により定義されている探索（Findlay, 1997; Scialfa & Joffe,

1998）に関して主張してきた。いくつかの研究では系列探索における眼球運動パターンも調べられ，多数のサッカードが生起することが示された（Binello et al., 1995; Williams et al., 1997; Zelinsky & Sheinberg, 1997 も参照）。さらに，生起したサッカード数は探索時間と高い相関があり，Zelinsky と Sheinberg の研究においては反応時間（RT）の変動性の 67 %までを説明している。これらの結果は，視覚探索におけるサッカードと，全般的な反応時間成績との密接なつながりを示唆している。注視の持続時間は本節 4. でより詳細に考察する予定である。ここでは，スキャン・プロセスは他の視覚課題で見いだされたものと同様であり，一般に注視は 200 〜 300 ミリ秒持続することを記しておく。

図 6.2 は Williams ら（1997）による研究結果の一部を示す。課題は一連のディストラクタ刺激 L の中から文字 T を探し出すことであった。ディスプレイ・サイズが 1 から 24 まで増加するにつれ，平均注視数は 2 から 9 まで増加している。このような知見についての 1 つの解釈は，各注視において，限られた数のアイテムがモニターされるというものである。この場合は，アイテムの数は 3 個から 4 個になるだろう。もっとも他の研究では，これよりいくぶん大きい数が見いだされている場合もある。このことは次のような知見（Findlay, 1997; Scialfa & Joffe, 1998）とも一致する。すなわち，特徴結合探索において，ターゲットをまさに最初のサッカードで定位する確率は，1 回の注視でおおよそ 6 個から 8 個のアイテムが処理できることを示唆しており，したがって，もしターゲットがこのセット内で発見されれば，そのターゲットに向けてサッカードを行なうことができる，とする知見である。

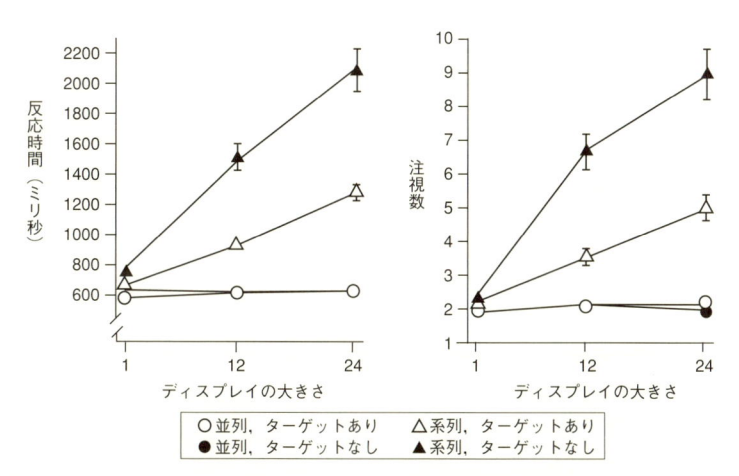

● 図 6.2　Williams ら（1997）の研究によるデータ。眼球運動が視覚探索課題中にモニターされていた。左側の図は伝統的な探索関数を示す（図 6.1 と比較せよ）。右側の図は探索中の注視数を示している。2 つの図の緊密な対応関係は明らかである。

2. 視覚探索における注視時の処理

　前節で論じた証拠から次のように結論できる。眼球運動が制限されることなく探索課題が遂行される場合，各々の注視において多数のディスプレイ要素が効率的にモニターされる。もし探索ターゲットがこのセット内にあれば，続くサッカードはそのターゲットに向けられる。ターゲットがポップアウトする場合には（並列探索），要素の数は非常に多い。一般に，系列探索として想定される場合には要素の数は少なく，特徴結合探索では3から10であることが多く，ターゲットがより複雑であるときには，おそらくもっと少ない（Brown et al., 1997; Findlay, 1995）。

　この課題での眼球運動は顕在的注意メカニズムをなしている。2節で私たちが論じたように，視覚探索についての多くの考察は，むしろ潜在的注意プロセスに集中している。どのように2つのタイプの注意が統合化されるべきか？　これはアクティヴ・ビジョンにとって根本的問題であり，さまざまな人々によって検討されてきた（Findlay, 1997; Findlay & Gilchrist, 1998; Motter & Belky, 1998a,b）。MotterとBelkyの研究は，探索課題を行なうようにサルを訓練した点において注目に値する。単純な特徴探索および色／方位の結合探索におけるサルの成績は，あらゆる点においてヒトと非常に類似しているようである。

　潜在的注意が個々の注視中にどのような作用をするかについては，さまざまな可能性が提案されよう。2節で論じられたようにいくつかの探索理論は，潜在的注意のポインターは単一注視中に数アイテムをスキャンするのに十分なほど，すばやくディスプレイ・アイテムをスキャンするだろうということを示唆している。もっとも，そのような速いスキャン率は，他のアプローチ（3章4節）による推定では一般に支持されていない。しかしながら，さしあたりこのような高速で潜在的なスキャン率が可能であると仮定すると，このプロセスはどのように顕在的眼球運動の生成と関連づけられるだろうか？　最も可能性があるのは，潜在的注意のスキャンはターゲットが定位されるまで継続し，そのあとに眼球がターゲットに向けられるということであろう。しかしながら，この場合にターゲットは，常に最初のサッカードによって定位されるだろうが，これには著しく時間がかかるだろう。このようなパターンは見いだされていない。サッカードは，ターゲットが定位される前に，しばしばディストラクタのアイテムへと向かう。第二の可能性——それは読みの研究（5章7節2.）からの示唆を反映しているが——系列的な潜在的注意のスキャンは各々の注視中に作用するが，時間的限界により打ち切られるというものである。もしターゲットがその限界前に見つかれば，眼球はターゲットに対して向けられるが，もし見つからなければ，限界に達した時点で眼球運動が生起する。このモデルからは2つの予測が可能である。第一に，ターゲットに向けられたサッカードに先行する注視は，そうでない注視よりも持続時間が短いだろう。第二に，ターゲットに向けられないサッカードは時間的限界の結果として生起するのであり，それゆえディスプレイの特徴によっては誘導されないだろ

う。実験結果はいずれの予測も間違っていることを示している。MotterとBelky (1998b) は，ターゲットに向けられたサッカード直前の注視時間が，ディストラクタに向けられたサッカードの潜時とまったく同じであることを見いだした。またFindlay (1997) は，ターゲットへの最初のサッカードの潜時はディストラクタへの潜時よりも短いわけではなく，むしろ長いことを発見した。いずれの研究でも，ディストラクタへのサッカードは，ターゲットにより類似したアイテム（この場合は，共通する視覚的特徴をもつもの）に向かいやすい傾向があるということが見いだされている。

系列処理が潜在的注意によってなされるという仮定に対する対立仮説は，いくつかのディスプレイ・アイテムは各々の注視中に並列的に処理されるというものである。これは3節1.でPashler (1987) が示唆したことと一致し，また次節でさらに論じる予定のものである。私たちが2節4.であらかじめ注意したように，この仮説は，探索プロセスにおいて通常は潜在的注意に割り当てる役割を排除するものであり，アクティヴ・ビジョンによる説明を支持する。この重要な結論を再度述べる意味でも，私たちは，潜在的注意のスポットライトが探索ディスプレイ上のアイテム全体にわたってすばやくスキャンすることを示す証拠は**何もない**ことを指摘しておきたい。

私たちは対立仮説として，潜在的注意は眼球運動に代わるものではなく，むしろ顕在的眼球運動を補足しているとみなすべきであると提案する。私たちは，潜在的注意の適切な役割は，読みの研究で述べられたことと同様なものかもしれないと考えている。プレヴューによるベネフィットは，顕在的眼球運動が生じる前のある時点での，サッカード・ターゲットに対する潜在的注意の移動を反映しているといえると，私たちは指摘した（5章3節3.）。プレヴューによるベネフィットについての直接的研究は，視覚探索ではなされてこなかった。しかし，同様なプロセスが生起していることを示す兆候は，ディストラクタへの注視がしばしば異常に短い場合があることを示す実験結果にみられる（Findlay et al., 2001; McPeek et al., 2000）。私たちはそれゆえ，潜在的注意の移動は眼球運動から切り離されるのではなく，むしろアクティヴ・ビジョンのプロセスの1つの構成部分として作用する，ということを提案する（3章7節）。

3. 視覚探索におけるサッカードの誘導

以上の証拠は，視覚探索において各々の注視中に起こる眼球の誘導は，2つの要因から影響を受けるとする見解を支持している。**類似性**（similarity）効果によって，サッカードはターゲットに類似したアイテムに向けられ，**近接性**（proximity）効果によって，サッカードは視軸に近いアイテムに向けられることになる。多数の要素を含むディスプレイでの探索では，サッカードは現在の注視位置の近くにあるアイテムに向けられやすい（たとえば，Motter & Belky, 1998a, b）。この近接性効果の強さは，厳密にはディスプレイ上のアイテムの密度と顕著性の両者に依存するだろう。並列探索課題が一般には1回のサッカードで足りるという結果は，ターゲットとなるア

イテムがめだつものであるときには、近接性効果はほぼ完全に無効になることを示唆する。これ以外の場合においては、ターゲットが中心窩の近くにあるときのみ、サッカードはターゲットに向けられる (Findlay, 1997; Motter & Belky, 1998b; Viviani & Swensson, 1982)。

それゆえ私たちは、ディスプレイは並列にモニターされるが、同時に中心窩に近いほど重みづけが大きくなると提案する。このことは**サリエンシー・マップ（salience map）**の概念を導入することを意味する。サリエンシー・マップとは Koch と Ullman (1985) によってヒトの視覚に関する研究に導入されたアイデアであり、網膜像から形成された表現である。この2次元的な空間で表現された情報は、顕著性という単一の特性である。そのマップは、ニューラル・ネットワークにおける神経活動のパターンを視覚化することによって具体的に表現できる。そのネットワークは2次元的であり、視野は網膜対応的な空間にマップ化されている。ネットワーク上のそれぞれのポイントにおける神経活動のレベルは、顕著性をコード化している。情報はサリエンシー・マップに送られ、その活動レベルは、探索ターゲットがどこかの場所にあることを示す徴候の程度に対応すると仮定されている。その結果、ターゲットと特徴を共有しているアイテムは、ターゲットの特徴を共有していないアイテムよりも高いレベルの活性化を喚起するだろう。注視位置への近接性もまたアイテムの顕著性を増す。この枠組みの中では、サッカードはサリエンシー・マップ上の最も高い活動点に向けられる。最後の仮定は、そのシステムは視覚特性を完璧にコード化できるわけではなく、ランダムなノイズ変動を被るということである (Eckstein, 1998 と比較せよ)。誤ったサッカードのパターンは、それゆえ容易に説明することができる。

サリエンシー・マップは、眼球誘導を伴う視覚探索への有用なアプローチを提示するように思われ、また、探索に関する神経生理学研究からも支持されている (7節)。しかしながら、探索ターゲットとの類似性による眼球運動の誘導は、視覚探索においてサッカードを制御している数多くの要因の1つにすぎない。加えて、特に大きい探索ディスプレイにおいては、サッカードがすでに探索済みのディスプレイ部分に繰り返し眼を向けることをできるだけ避けつつ、すべてのディスプレイ領域が探索されることを保証しなければならないことはたしかである。同様に、サッカードはディスプレイ領域外に視線を移してはいけない。私たちは、こういった制約をもたらす方略的な要因について、若干ながら理解し始めている。これについては6節で論じる。類似性による眼球誘導を示す多くの事例が報告されてきたが、そのような誘導の程度はさまざまであることも事実である。たとえば Zelinsky (1996) は、色／形の結合探索を扱った研究において、形ないしは色に基づいた誘導を示す証拠を見いだせなかった。誘導はあるディスプレイ条件下では生起し、別の条件下では起きないようである。1つの可能な説明は、誘導の程度は、中心窩における弁別の困難性と、周辺部情報が抽出される容易さとの関係に依存するかもしれないというものである (Hooge &

Erkelens, 1999参照)。もう1つの説明は，近接性効果が類似性効果に優先するかもしれないというものである (Findlay & Gilchrist, 1998)。いずれにせよ誘導は，すべてではないにしても，ある探索状況では存在していると思われる。視線－随伴性のディスプレイを用いた最近の証拠 (Pomplun et al., 2001a) は，そのような誘導メカニズムは柔軟であり，ディスプレイ上で並列的に作用することを示唆している。

4. 視覚探索におけるサッカード——潜時と注視時間

Hooge と Erkelens (1996, 1998, 1999) は，探索課題で何が注視時間に影響を与えるかを調べる一連の研究を行なった。2つの要因が重要であることを認めた。第一は，注視されたアイテムを分析するために使われる時間である——つまり**弁別課題 (discrimination task)** である。第二は，次のサッカードが向けられるはずの位置を，周辺視によって分析するのに費やす時間である——つまり**選別課題 (selection task)** である (Hooge & Erkelens, 1999参照)。Hooge と Erkelens (1999) は，注視時間が主に弁別課題に依存していることを示している。彼らは，弁別課題の難易度が注視時間を決めることから，周辺情報を抽出することができるほど注視時間が十分に長く，それによって誘導が生じるのは，より困難な弁別条件においてのみであろうと述べている。このことは，読みの研究 (5章5節) において出された結論と一致しており，また最大注視時間は時間的限界により決定されるという Henderson (1992) の意見とも一貫している。探索では，周辺部の分析が時間的限界に達する前にターゲットのありそうな位置について有効な情報を抽出できた場合にのみ，誘導が生起するであろう。

Hooge と Erkelens (1998) は，被験者が複数の **C** の中から1つの **O** を探しださなければならない視覚探索課題を行なった。**C** は多くの方位で提示される可能性があった。ある条件では，ターゲットがある方向を **C** が指し示すように配置された。被験者はこの中心視情報を，次のサッカードを方向づけるために利用することができた。しかし，これらの手がかりによるベネフィットは認められたものの，それほど大きいものではなかった。それゆえ中心視情報は，探索において次のサッカードを方向づけるために利用することはできるものの，最適に利用されることがないのは明白である。

5. 視覚探索におけるサッカード——着地位置

ここまでの議論は，眼球がターゲット・アイテムに着地するかどうか，あるいは，もしそうでないとすればどのようなタイプのディストラクタに着地するのか，ということに関わってきた。眼球誘導のこの比較的おおまかな測度は，サッカードの**選択正確度 (selection accuracy)** とよばれる。より詳細には，眼球が実際に1つのアイテムに正確に着地するかどうかが問題になる。なぜなら，当然ながら，サッカードが2つのアイテムの間に着地することは十分あり得るからである。この問題はサッカードの**ターゲット正確度 (targeting accuracy)** とよび得るものであり，本節で論じる。

Ottes ら (1985) は，非常に単純な探索課題において，ディストラクタとは異なる

色のターゲットへサッカードするよう被験者に教示した。この条件で，サッカードの一部は 2 つのアイテム間の位置へ向けられた。これがいわゆるグローバル効果である（4 章 4 節 3.）。Findlay（1997）は，緑色のディストラクタ中にある赤色のターゲットへ，あるいはその逆の組み合わせのターゲットへサッカードするよう被験者に求める単純な探索課題を行なった。時折，2 つのターゲット・アイテムは，互いに隣接して提示されたり，あるいは 1 つのディストラクタ・アイテムによって分け隔てられて提示された。いずれの場合も，いくつかのサッカードは 2 つのターゲットの中間位置に向けられた（図 6.3 参照）。これは，たとえ 2 つのターゲット・アイテムが提示されようとも，どちらか一方のアイテムにサッカードするように被験者が教示を受けていた場合でも生じた。ディスプレイ要素の上ではなく，要素間のスペースにサッカードが着地することを示した最後の例としては，Zelinsky ら（1997）による研究がある。これについては，6 節でより詳細に論じる。彼らは，そのようなサッカードがスキャンパスの開始時に規則的に生ずること，そして注視はスキャンパスが進行すればするほど，より小さいアイテム群の上へと集中していくことを示した。ゆえに彼らの説明

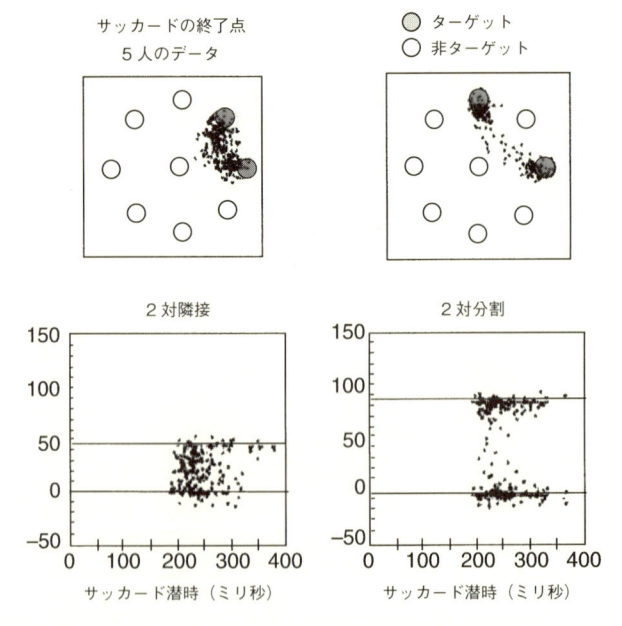

● 図 6.3　視覚探索課題におけるグローバル効果。この課題では，被験者は緑のディストラクタ中の赤いターゲット（より暗い灰色で示されている）にサッカードするように要求された。上図には，2 つのターゲットが同時に提示された試行における，最初のサッカードの終点がディスプレイに重ね書きされて示されている。2 つのターゲットが隣接しているとき，サッカードの多くは 2 つのターゲット間に着地した（左上図）。この効果はサッカード潜時によって決められているようである（左下図）。2 つのアイテムが 1 つのディストラクタで分離されている場合，この効果は依然生じてはいたが低減した（右下図）。[Findlay, 1997 の図 3, 4 および 5 による]

によれば，中間位置が着地場所として選択されるのは，ディスプレイ側の要因による自動的な結果であるというよりも，むしろ方略上の理由による。

これら2つの可能性を検討するには，さらなる研究が必要である。というのも，いくつかの条件下では，サッカードのターゲット正確度が高いからである。Motter と Belky（1998b）によるサルの視覚探索研究では，注視の 80 ％がディスプレイ・アイテムの1度以内に着地し，刺激間の空白領域に着地したのはわずか 20 ％だった。ただし空白領域の比率はかなり高かった（さまざまなサイズのディスプレイで 65 〜 98 ％）。Gilchrist ら（1999a）は，8つのアイテムが注視点の周りにリング状に等間隔で配置された探索課題について研究した。サッカードの多くはターゲットあるいはディストラクタに着地し，それらの2つの間に着地することはきわめて少なかった。さらにサッカードは，ターゲットから遠くにあるディストラクタよりも，ターゲットの近くにあるディストラクタに対して向けられる傾向があった。この効果はディスプレイの広範囲に及んでいた。この効果は，グローバル効果と次の点で対照的である。すなわち，この効果はアイテム間の中間位置に注視を導くというよりも，ある単一のアイテムが注視される可能性を上昇させるからである。空間周波数を限定したディスプレイ・アイテムを使用することによって，彼らは，この効果は同じ空間周波数を共有するアイテムによって生じることを示した。

Gilchrist ら（1999b）は，探索におけるサッカードはアイテムのグループに向かうことがあり，さらに，探索時のサッカード選択に関わるユニットを形成する群化の原則は，反応時間によって示される探索成績を決定する原則に類似していることを示した（Gilchrist et al., 1997）。このように，アイテム間の相互作用が，探索におけるサッカードの着地位置の決定にさまざまな形で重要な役割を果たしている。たとえば，ターゲットにサッカードを誘導する（Gilchrist et al., 1999a），アイテムやアイテム群の中心へのサッカードを引き起こす（Findlay, 1997; Ottes et al., 1985; Zelinsky et al., 1997），あるいは，多要素からなる部分で構成されたディスプレイへ，サッカードが効率的に誘導されるよううながす（Gilchrist et al., 1999a）などである。

5節　視覚探索における眼球性捕捉

現実世界の状況では，視覚探索課題は環境内の最も知覚的に顕著なアイテムを見つけ出すこと（たとえば，派手なジャンパーを着ている友人を人混みの中で探すなど），あるいは環境内の最も顕著でないアイテムを探し出すこと（たとえば，コンタクトレンズを探すなど）として生じる。しかし，これらの現実世界での探索課題には，もっと長い時間をかけることもできるので，これとは別に環境を監視する必要も出てくる。これらの状況において監視を必要とするアイテムの多くは，（補食動物のような）突然現われる目新しい対象である。実験室的設定では，それは探索中に出現する新しいオブジェクトが潜在的および顕在的注意を捕捉する力に相当する。たとえば

6章 視覚探索

Theeuwes ら（1998）は，色によってターゲットが定義された探索課題を被験者に行なわせた。ある試行では，新規ではあるが課題に関連のないオブジェクトも提示された。このような状況下では，被験者はしばしば新規なアイテムにサッカードを向けており（図 6.4 参照），新規なアイテムの出現によってサッカードが捕捉されることを示唆していた（Egeth & Yantis, 1997；反応時間の測度を用いた Theeuwes, 1993 の同様の結果などを参照）。新規に出現したオブジェクトへの注視時間は非常に短く（25〜150 ミリ秒），そのあとでターゲットが注視された。これらの非常に短い注視は，2つのサッカードの並列プログラミングを示唆している。その1つはターゲットへの，もう1つは新規に出現したディストラクタへのものである（4章4節4.）。最初は，そのような効果は，突然の出現や輝度の増大に限って生じ，一時的な色の変化では生じないであろうと思われた（Irwin et al., 2000）。しかしながら，Ludwig と Gilchrist（2002）による最近の研究では，出現が突然でなくても探索中の眼球を捕捉できること，ただしその程度は突然出現した場合と比較して小さいことを示唆している。彼らの研究では，捕捉の程度がトップダウン要因によって調整されることも示された。突然出現したアイテムがターゲットと同色であった場合は，それがディストラクタと同色であった場合よりも，たとえターゲットとディストラクタの知覚的顕著性が等しくされていたとしても，より多くの捕捉が生じた。したがって探索中の捕捉は，単に低次で自動的な知覚的モニタリング・プロセスの結果ではなく，課題要求に関連したより高

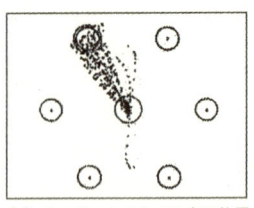

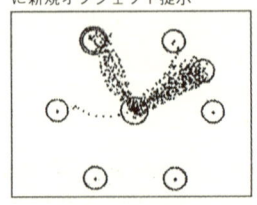

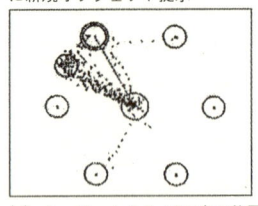

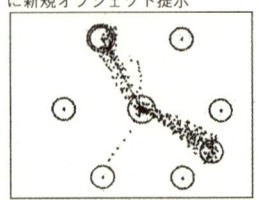

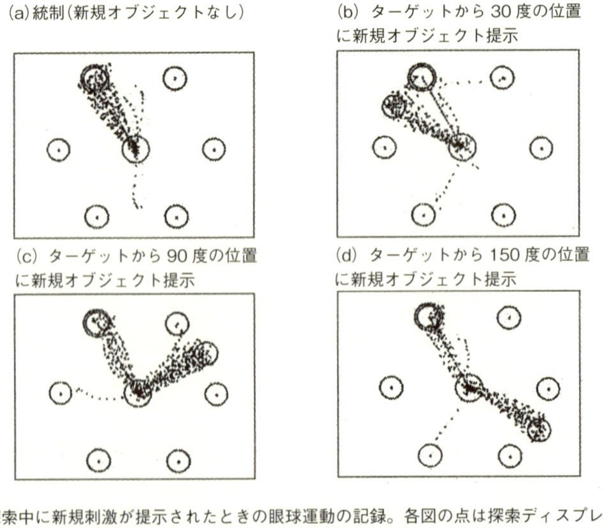

● 図 6.4 探索中に新規刺激が提示されたときの眼球運動の記録。各図の点は探索ディスプレイの開始後，4 ミリ秒ごとに抽出された眼球位置を示す。(a) の図は新規刺激提示のない条件を示している。(b) 〜 (d) の図は，新規刺激がターゲットからさまざまに離れた位置で提示される条件での眼球運動を表わしている。急激な新規刺激の開始は眼球を捕捉するようである。[Theeuwes et al., 1988 の図 2 より再録]

次のプロセスを反映しているように思われる。

6節　視覚探索におけるサッカード——スキャンパス

　私たちは4節において，視覚探索中の個々のサッカードをボトムアップ的，刺激駆動的な方法で誘導するためにディスプレイからの情報が，どのように利用されるかを論じた。この節では，探索の制御を可能にするより長期の，トップダウン的影響について考察する。大きなディスプレイでの難しい探索課題の場合を考慮すると，完全に探索するには多くのサッカードが必要だろう。理想的には，こういったサッカードは，ディスプレイのすべての領域をカバーしつつ無駄な反復がないよう，探索が効率的になされるように制御されなければならない。この効率を達成する方略は，直前にスキャンされたアイテムを繰り返しスキャンしないような自動的プロセスから，よく考えぬかれた眼球の方略的制御にまで及ぶ。

　Engel (1977) の初期の研究から見てみよう。Engel は最適に効率化されたスキャン方略と，純粋にランダムなスキャン方略との両極を対比させた。前者においては，以前にサンプリングされた領域が避けられ，それゆえサンプリングの反復が起こらないように，配列の領域が選択される。そのような方略は，もちろん，どの領域がスキャンされてきたかという正確な記憶を必要とする。ランダムな方略は対照的に，記憶は必要とされず完全にランダムな基準で次のサンプルを選択する。それぞれの方略について，ターゲットが発見される確率 (p) が，サンプル数（あるいは，もし固定的な割合でサンプリングがなされると考えられる場合には所要時間 t）にどのように依存するかを示す関数を計算することが可能である。効率的方略の場合，関数はほぼ直線的に増加し，すべてのディスプレイが抽出されると100％に到達することが容易にわかる。ランダム方略では，次のような曲線的関数になる。

$$p = 1 - \exp^{(-at)}$$

ここでの a は定数である。Engel は，一定サイズの円をディストラクタとしてランダムに配置したディスプレイの中に，それらよりわずかに大きさの異なる円をターゲットとして配置した単純な探索課題から得られたデータを分析した。データは，最初のおよそ1.2秒間は線形関数を示したが，その後はランダムなプロセスへと戻ることが見いだされた（その探索に許された最大時間は4秒であり，これは被験者が意識的な効率的方略を展開させるにはあまりにも短すぎたかもしれない）。Gilchrist と Harvey (2000) のより最近の研究では，視覚探索課題における再注視率が調べられた。彼らは，すでに注視されたディストラクタへの注視がスキャンパス内で生じることを見いだしたが，これらの再注視の頻度は，ランダム・サンプリングから予測された頻度より少なかった。

　効率的探索を促進するメカニズムに関する1つの提案は，復帰抑制（3章2節）で

ある。これは，直前に定位が生じた位置への注意的定位反応は遅延するというバイアスのことである。Klein（1988）は，復帰抑制の役割は，探索を促進するものとしてはたらくことであると提案した。より最近（Klein & MacInnes, 1999; Klein, 2000），彼はその主張を発展させ，実験的検討によりその説を補強した。彼は，入り乱れた場面を用いた探索課題を使用した（アメリカの漫画キャラクター，「ワルドー（Waldo）」の探索であった）。探索中のある時点で，探索ディスプレイの眼球スキャンに随伴して制御されたある場所に，検出が容易な黒いプローブ円盤が加えられた。被験者は円盤が現われたとき，すみやかにその円盤へサッカードするように教示された。円盤がまだ注視されない位置に出現した場合の潜時は 190 ミリ秒であり，これに比較してその位置がすでに注視された場合には 250 ミリ秒であった（直前に注視された位置の場合は，その差はより小さかった）。この実験計画では，空間的な復帰抑制と運動系の変更による効果を区別していなかったが，Klein の主張を支持するものである。さらに，

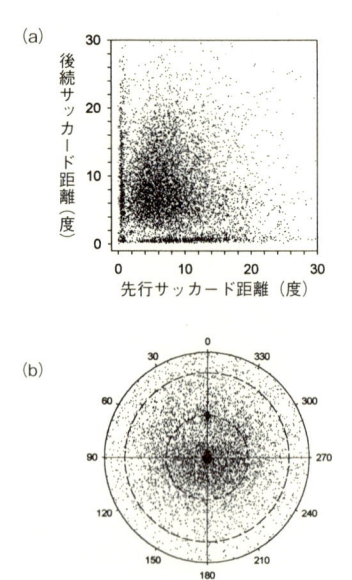

● 図 6.5 視覚探索課題中の連続したサッカードの特性。(a) は，先行サッカード距離と後続のサッカード距離との関係を示している。大きなサッカードのあとに，しばしば小さい修正サッカードが続いたが，サッカードの大きさ間にはその他に強い組織的関係はなかった。(b) は，先行するサッカードの方向に対する後続サッカードの相対的な方向を示している。放射軸上，0 度は先行サッカードの方向からあと戻りするサッカードを示しており，180 度は先行サッカードと同じ方向ベクトルのサッカードを示している。同心円状の内側破線円は，先行サッカードとまったく同じ振幅をもったサッカードを，外側破線円は先行サッカードの 2 倍の振幅をもったサッカードを示している。すでに注視した領域から離れてサッカードする傾向がみられる。中心の上側にあるクラスターはすでに注視された位置へと戻るサッカードを示している。
[Motter & Belky, 1998b の図 7 より再録]

6節　視覚探索におけるサッカード——スキャンパス

復帰抑制の時間推移（数秒間）は，上記で論じられた Engel のデータとも，また多くの現実場面における探索の時間推移ともよく一致する。

直前に注視された位置については効果が低減したという知見は，サルで視覚探索中のスキャンパスを分析した Motter と Belky（1998b）の知見と一致している。彼らは連続したサッカードの特性を調べた。その結果，サッカード振幅は双峰性の分布を示し，1度から2度の眼球運動が相対的に少なかった。連続したサッカードの振幅の間にはほとんど関係がなかった（図6.5(a)）。サッカードが先に注視した方向から離れる方向へ向けられる傾向がいくぶん示された。しかし，こうした傾向とは反対に，先に注視した位置に正確に戻っていくサッカード群もみられた（図6.5(b)）。

探索におけるスキャンパスは，より熟考された方略的な要因によっても形成され得る。Hooge と Erkelens（1996）は円形のディスプレイを用いて，被験者がディスプ

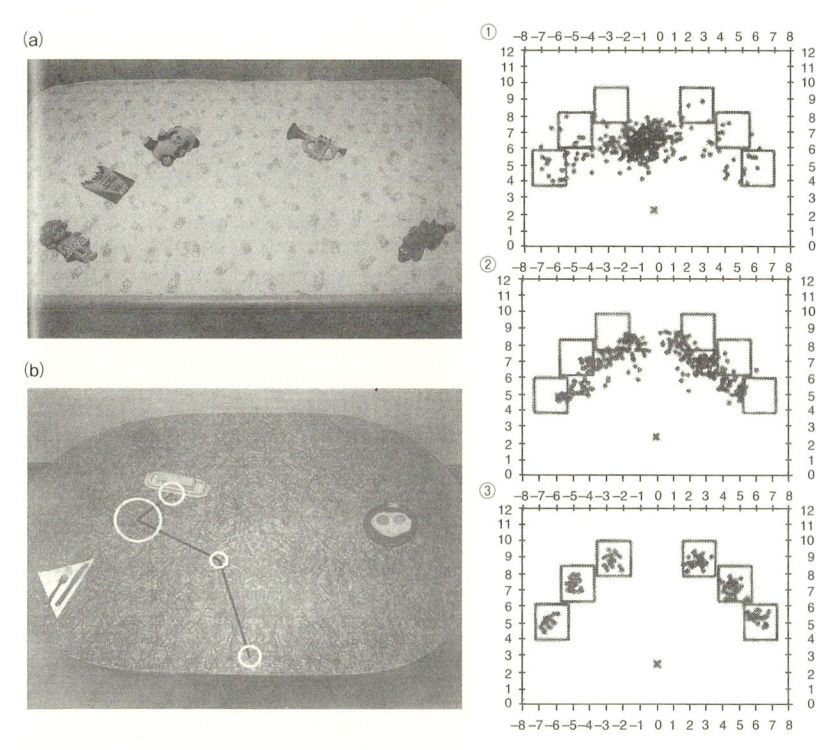

● 図6.6　Zelinsky ら（1997）によって観察された，実物のオブジェクト（おもちゃ）を見る課題における探索スキャンパス。(a) は典型的な探索ディスプレイを，(b) は，常に中心下部に置かれた注視開始位置から始まる3つのサッカードからなる典型的スキャンパスを示している。右の①〜③は，第1，第2，および第3番目の注視の累積位置を示している。被験者は自動追尾的な方略を利用しているようであり，3番目の注視においてようやくターゲットを正確に捕捉する。

レイの周りを時計回り，ないしは反時計回りの方向でスキャンする傾向があることを報告した。これらのスキャンパスの条件では，被験者がアイテムを飛ばしたり方向を変えることはまれであった。ある場合には，スキャンパスの中にターゲットへの注視が含まれていたが，再認されることはなかった。もう1つおもしろいパターンが Zelinsky ら（1997）によって観察されている。彼らは，たとえ少数のアイテムでも，被験者はターゲットを定位するために数回のサッカードをすることを発見した（図6.6）。スキャンパスに含まれるサッカードの着地位置の分析では，サッカードは初期にはアイテム群の中心へと向けられ，そして徐々により小さい群へと焦点化されることが示されている。こうした特性は潜在的注意のズームレンズ説によく似ている（3章2節2.）。Zelinsky らは，グローバル効果においてみられた視覚的平均化（4章4節3.）がこの現象の一因であろうと述べている。

7節　視覚探索の生理学

視覚探索はターゲット識別情報に始まる機能協応を必要とする。つまり，ディスプレイ上に提示された多数の要素からなる文脈の中でのターゲットの位置情報と，それに基づく反応の生成である。この節では，単純な眼球運動の生理学的制御（4章3節と4章5節）について引き続き考察する。ここでは，特に視覚探索に的をしぼる。

視覚探索におけるサッカード生成の神経的基礎に関する研究では，多くの神経構造に焦点が当てられてきた。上記，および2章で示されたように，脳の後頭部での視覚情報処理は，少なくとも部分的には，異なる視覚的属性が別々の神経構造において処理されるように分離している。中脳の背側面にある上丘は，サッカード制御における重要な構造の1つであり，視覚情報をサッカード制御のための運動信号へと変換しているようである。上丘の表層部ニューロンは視覚刺激に反応するが，脳の後頭部細胞でなされているような刺激タイプの区別は行なわない。そこで重要な問題は，探索課題においてサッカードをターゲットへ向けて駆動するために，一次視覚領野における情報はどのように処理されるかということである。サリエンシー・マップ（4節3.）は，視覚探索の生理学的研究ではきわだって重要な概念であり，サッカード制御に関わる領野のいくつかは，そのような方法によって機能しているように思われる。

探索におけるサッカードの制御，さらにはサリエンシー・マップの神経基盤をなす領野の候補の1つは前頭眼野（FEF）である。前頭眼野は，頭頂皮質および前頭前野皮質からの入力を受けている（Schall & Hanes, 1998 参照）。この領野の半数以上の細胞が視覚性の応答を示すが，上丘（SC）の皮質と同様，これらの細胞は特定の刺激特性に応答することはない。細胞の応答性は空間的にマップされており，もしその場所がサッカードのターゲットであるなら増強される。これらの細胞のこうした応答特性と，それらが上丘（Goldberg & Segraves, 1987; Segraves & Goldberg, 1987）および脳幹のサッカード生成回路（Segraves, 1992）と直結的に結合していることは，

この領野がサリエンシー・マップとして機能している可能性を示唆している。Schallら (Schall et al., 1995) による前頭眼野での単一細胞記録は，これらの細胞の反応はディストラクタが受容野にあるときには抑制され，ターゲットが受容野にあるときには増強されることを示した。その細胞は，特定の刺激属性に対して選択的であるというよりも，むしろ，ある課題特異的，ないしはターゲットに特異的な選択性をもっているようである。この活性化の選択性は，より後頭部の視覚野に発する信号による結果であるように思われる。視覚刺激によって喚起された神経活動の時間的な順序関係を測定した研究によれば，前頭眼野における活動は，たとえばV2やV4 (Schmolesky et al., 1998) のような後頭部領野の活動より先に増大するようであり，その結果，これらの領野からの信号がターゲット検出に関与する以前に，サッカードの選択が起きるかもしれないことが示唆されている。

視覚探索におけるサッカード制御のためのサリエンシー・マップの場所としてのもう1つの候補が，頭頂間溝外側部 (LIP) である。Kusunokiら (2000) は，頭頂間溝外側部の単一ユニット活動を記録した一連の実験を報告し，それらが多数の要素を含むディスプレイの中の，数多くのアイテムの特徴に反応したことを示している。これらの細胞は，刺激の突然の提示，運動，そして重要なことに，課題に関連して反応した。しかしながら，その細胞の反応はサッカード生成に特異的なのではなく，むしろ多目的な視覚性のサリエンシー・マップとして機能しているようであった。

探索における細胞応答性の注意による調整は，背側経路のみに限定されない。側頭経路における受容野は特に大きく，側頭葉へ向かうにつれてさらに大きくなる。たとえば，下側頭皮質 (IT) の細胞は全視野をカバーする受容野をもち得るのである。このような状況では，1つ以上のアイテムが単一細胞の受容野に入る可能性がある。探索事態では，受容野内のこれら多数のアイテムとはターゲットとディストラクタである。多くの研究が，側頭経路の細胞がターゲットに反応することを示している。下側頭皮質の細胞には，最大の応答をもたらす刺激セットがあるようである。このような好みは視覚的に決定されるようであるが，それは色といった単純な視覚的特徴の所産ではない。Chelazziら (1998) は，サッカードで反応することが要求される視覚探索課題を用いて，その課題を遂行しているマカクザルの下側頭皮質の細胞活動を記録した。彼らの実験では，探索ディスプレイが提示される前に，各試行でのターゲットが中央に提示された。この手がかりの提示と探索ディスプレイの提示との間にみられた神経活動はトップダウン的なバイアスを示し，細胞が好む刺激がターゲットとして提示されたときに，その細胞の活動が高められた。探索ディスプレイの提示後の短い期間内に，細胞の応答はターゲット刺激によって決まった。探索ディスプレイに対する細胞の応答は，ターゲットがその細胞にとって好まれる刺激か否かにかかわらず，単独で提示されたターゲットに対する応答と等しかった (図6.7参照)。この結果は，ワーキングメモリによって媒介される課題関連アイテムに対して有利にはたらくトッ

プダウン・バイアスと，探索ディスプレイが提示されたときにアイテム間で資源の奪い合いが生じるとするモデルを反映するものと説明された。

　Chelazziら（1998）はまた，この課題を手による反応に変えて実験を行なった。彼らは，ディスプレイが提示されたときの注意の効果は，サッカードによる反応を要求した場合のほうがはるかに大きいことを見いだした。この差異の理由はいまだ不明確である。はっきりしているのは，これらの細胞はサッカードの選択だけに関与しているわけではないということである。しかしながら，このような異なったタイプの反応（サッカードあるいは手による反応）間での差異は，ターゲットが空間的に定位される正確さの程度の違いを反映しているのかもしれない。

　Luckら（1997）は，V2とV4のニューロン応答が，同様に，2つの刺激のどちらに注意を集中するかによって影響されることを示した。この効果は，刺激が同時に提示されるときにみられ，しかも両刺激が細胞の受容野内に提示された場合にだけ認められた（Moran & Desimone, 1985も参照）。

　4節ですでに述べたように，視覚探索は全体としてスキャンパスを形成する一連のサッカードによって支えられている。サリエンシー・マップを形成する脳領域のネットワークが，勝者総取り（winner-take-all）方式で次のサッカードのターゲットを選

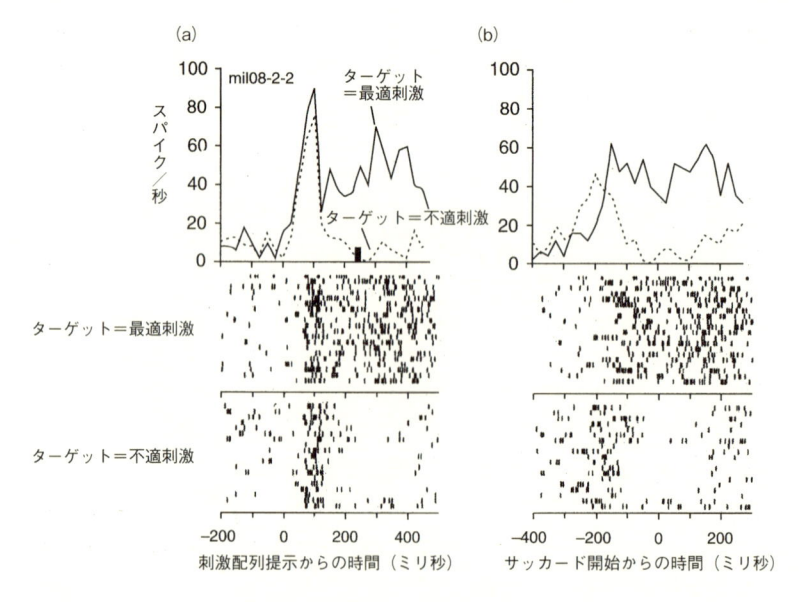

● 図6.7　サッカードのターゲット選択時の単一IT細胞の応答。(a)には，刺激配列の開始に対する反応時間が，ターゲットに対する平均サッカード潜時を示す縦線とともに示されている。(b)は同じデータを，サッカードの開始に対する反応時間として示している。下の図は個々のラスターを示す。[Chelazzi et al., 1998より再録]

択するようである。しかしながら，2つのサッカードが，非常に短い注視時間（＜125ミリ秒）を挟んで，同時にプログラムされることを多くの研究が示唆している（たとえば Findlay et al., 2001; Hooge & Erkelens, 1996; McPeek & Keller 2001; McPeek et al., 2000; Theeuwes et al., 1999）。最近 McPeek と Keller（2002）は，視覚探索課題を遂行しているサルの上丘深部層の記録を行なった。彼らは，2つのサッカードがすばやく連続して生じると，最初の位置へサッカードが生成される前に，次にサッカードが向かう位置の神経発火が増大することを示す証拠を見つけた。これらの結果は，上丘が常に厳密な勝者総取り方式で機能するわけではないことを示唆している。むしろ，2つの視覚目標の顕著性が同時に維持され得るようである。これは，神経レベルでサッカードを順序づけてスキャンパスを形成するための，最初の基本的構成要素を提供する。

この節で私たちは，多くの脳領域が視覚探索におけるサッカード生成プロセスに関係していることを示してきた。このことは，首尾よいターゲットの発見とその定位には多数の処理プロセスが関わっていることを反映している。

8節 要 約

視覚探索研究は，最近の30年間，視覚と視覚認知における研究の主要な部分を占めてきた。このような発展には2つの根本的な理由がある。第一は，視覚探索が，ディスプレイ上で並列的に抽出される刺激特徴を特定するための，診断的ツールを提供するということである。そして第二に，探索は視覚行動の一部として普遍的であり，特に視覚的注意プロセスの研究に非常によく適合するということである。最初の理由については，RT データ（訳注：反応時間のデータ）における探索の傾きをどう解釈するかはあいまいであり（たとえば Wolfe, 1998），また視覚系では提示刺激の特性は前注意的に分析されることも可能なので，そのような提示刺激の特性を区分する診断ツールとして，探索がどのように利用できるかは，ますます不明確である。

次に第二の点についてその正当性の根拠を考えてみる。私たちは，探索は注意深い研究を必要とする重要な人間行動の1つであるとも信じている。しかしながら視覚探索の諸モデルは，説明的なプロセスとして，もっぱら潜在的注意を利用してきた。探索がより困難な場合には，限られた空間内での潜在的なスキャンが生起して，ターゲットが発見できるようにディスプレイを系列的にサンプリングすると仮定されてきた。他のモデルでは系列探索における並列的プロセスの重要性が強調され，潜在的注意によってアイテムごとに系列的にスキャンされるとする本来の提案が支持を失いつつあっても，この領域においては潜在的プロセスが排他的に強調され，優勢を占めている。

ここで私たちは，このような潜在的プロセスの強調は誤っていることを論じた。探索がより難しくなるとき，多くの研究が，系列的な注意スキャンが視覚探索において生起することを示してきた。すなわち，このメカニズムは顕在的であり，ターゲット

検出以前の一連のサッカード眼球運動から構成されるのである。私たちは4節2.において，このような場合，個々の注視中に潜在的注意がいくつかのアイテムをスキャンする可能性について詳しく考察した。そして実験的証拠に基づいて，私たちはこうした立場を棄却し，顕在的スキャンと同時に個々の注視中にも並列処理が生じるとするモデルを支持した。そのようなモデルは，提示されたアイテムが互いに競合し，時間経過により分離されるという神経生理学的データとより一致する。

7章 自然な場面と行為

1節 イントロダクション

　前の3つの章において，私たちはアクティヴ・ビジョンが集中的に調べられてきた3つの状況について検討してきた。定位，読み，および視覚探索はかなり異なる行為であるが，これらにおいて要求される視覚活動には制約があるために，研究の発展が可能であった。定位の場合，視覚素材と課題は両者とも極端に単純である。読みの場合は，テキストが整列しているので，サッカード方向に選択の余地はない。視覚探索の場合，課題はきわめて特殊化されている。本章では，より制約の少ない状況におけるアクティヴ・ビジョンについて考察する。

　1章で私たちは，アクティヴ・ビジョンの研究における疑問点をいくつか提示した。たとえば，アクティヴ・ビジョンについて完全な理解を得るためには，視線が移動するたびに，眼はいつ，どこに動くかを予測できなければならない。私たちは，このレベルの眼の動きについては，その詳細をほとんど理解していない。また実際そのようなことは，自由な観察状況に関しては，非現実的な目標であるかもしれない。しかし，画像や場面を見ているときに生ずる視線移動は，長い間，魅力的な研究領域であった。この章で私たちは，これまで行なわれてきた研究をレヴューし，これらの領域においても，より単純な領域の研究で明らかにされた諸原理が当てはまることを示していく。ここでは，歴史的ないしは理論的に重要な研究を選択した。紙幅の都合上，応用領域における多くの重要な研究については，その詳細な考察を削除しなければならなかった。すなわちそれらは，放射線医学（Krupinski, 1996; Kundel et al., 1978），運転行動（Chapman & Underwood, 1998; Land & Lee, 1994; Mourant & Rockwell, 1972），およびスポーツ（Williams & Davids, 1998; Williams et al.1999）である。

　現代生活においては動画が幅広く行きわっている。それにもかかわらず，人々がそのような動画をどのようにスキャンするかについて，ほとんど研究の進歩がなかったことは驚くべきことである。Gubaら（1964）による初期の研究によれば，観察者は語り手の顔を見る傾向が強く，この傾向はアニメ化された強力なディストラクタが提示されているときでさえ認められた。より最近ではTosiら（1997）が，急速な運動が連続して現われる動画などを見せると，画面中央を注視する傾向が強くみられることを示している。いずれにせよ，このトピックについては今後の研究の機が熟している。

1. 画像のスキャンに関する初期の研究

　画像のスキャンに関する古典的研究としては，1つはアメリカでの研究，もう1つはロシアで行なわれた研究がある。これらの研究では画像素材を見ているときの眼の動きを分析するのに，多くの時間をさいている。Buswellは読み（Buswell, 1922, 1937）および画像（Buswell, 1935）を見ているときの眼の動きを写真撮影によって記録した。画像についての研究では，北斎による古典的版画「波（神奈川沖浪裏）」のような，さまざまな芸術的素材を使用した（図7.1）。彼は，用いられたすべての測定値において個人差が大きいことを指摘したが，さらに眼の注視位置は一般に画像の特定の領域に集中することを示した。たとえば，人物像を含んでいる画像では，とりわけこれらの人物像が注視されやすかった。彼は自分の研究結果についてはそれほど詳しい説明をしておらず，このような問題は心理学者よりもむしろ芸術家のほうが関心をもつだろうと述べている。

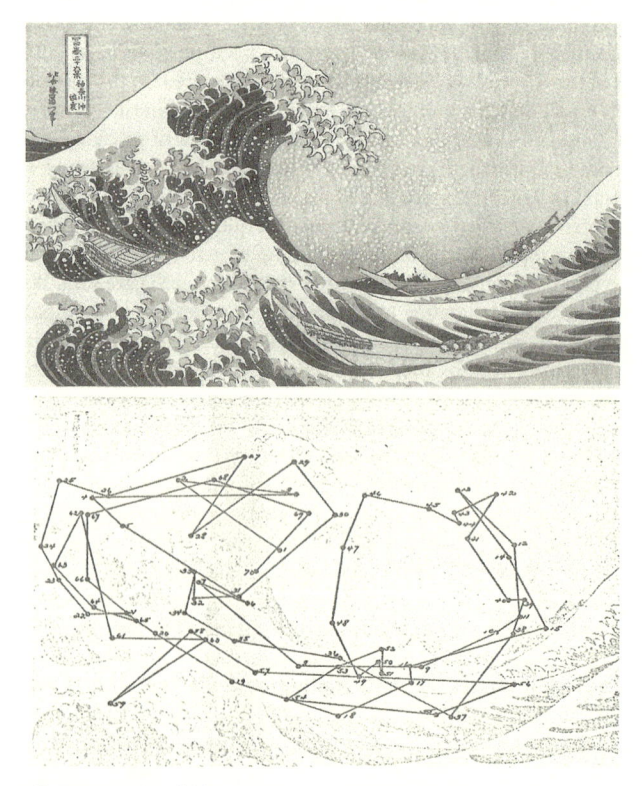

● 図7.1　北斎の「波」と，Buswellによる初期の眼のスキャニングに関する研究において報告された視線の動き。

1節　イントロダクション

とはいえ，いくつかの興味深い一般的事実が明らかにされている。Buswellは画像をスキャン中の注視時間を詳しく測定し，注視時間が観察時間とともに増加するという傾向を指摘した。また，観察者はまず画像の主要な領域を広汎に概観し，そのあとで細部を詳しく見調べるとも述べている。Buswellは同じ写真のカラー版とモノクロ版の視線スキャンを比較して，色は眼の動きに驚くほどの効果をもたなかったと報告している。最後に彼は，美術専攻の学生と一般学生とを比較して，美術の訓練によって注視時間が短くなる傾向があることを見いだした。

Yarbusは，冷戦という政治的変動が東西の科学的交流をおおいに妨げていた時期に，モスクワで孤独な研究を行なっていた。このため彼の研究は，アメリカの眼球運動研究者Riggsによる優れた翻訳がなされるまで，西洋ではほとんど知られていなか

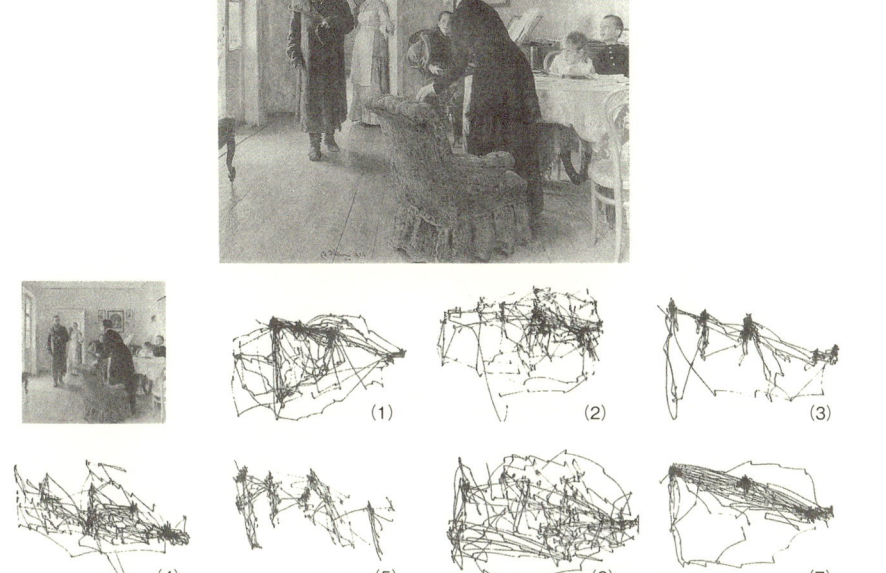

● 図7.2　Yarbus（1967）による眼球スキャニングの例。観察者はイリヤ・レーピン（Ilya Repin）による絵画「思いがけぬ帰宅」を観察する際に，さまざまな教示を与えられた。各トレースは，次のような教示を与えられたときに記録された3分間の眼の動きである。すなわち（1）自由観察，（2）家族の家財状況を推定するように求められた場合，（3）人々の年齢を答えるよう求められた場合，（4）訪問者が来る前に家族は何をしていたかを推測するよう求められた場合，（5）絵画中の人物が着ていた服を覚えるよう言われた場合，（6）部屋にいた人物とものの位置を覚えるよう言われた場合，（7）どれほど長い間「不意の訪問者」が姿を見せなかったか推定するよう言われた場合，である。

った（Yarbus, 1967）。Yarbus は，小さな鏡がついた眼球に密着する「吸引カップ」を用いた。カップに取りつけられた鏡により，眼が動くたびに反射してくる光線は方向が変わる。これを写真撮影することで，眼球運動を記録することができた（類似の技法が同時期，微細眼球運動の研究のためイギリスとアメリカで使用されていた——2章3節2.)。

　眼球運動制御の基礎的側面の研究だけではなく，Yarbus は画像を見ている観察者の眼のスキャン活動も記録した。彼は図7.2 のようなロシアの写実主義の作品などを刺激素材として用いた。彼の見事な眼球運動の記録は，何度も載録されることによって，当然ながらよく知られるようになった。Yarbus は Buswell の知見の多くを確認している。たとえば，色は眼のスキャン・パターンにほとんど影響を及ぼさないことなどである（これは Tosi らによっても 1997 年に報告されている）。Yarbus は，スキャン・パターンが観察者に課された心的課題にきわめて敏感であることに気づいた。このことは，いくつかの異なる質問を観察者に教示したときの眼の動きを比較することによって明瞭に示される（図7.2)。Yarbus の考えはある一点において，Buswell の見解とは明らかに異なる。Yarbus はたびたび，スキャンはまず「一般的な印象」を形成するために使われると述べている。しかし同時に彼は自分のデータから，知覚に費やされる追加的な時間は，副次的な部分を吟味するためではなく，最も重要な要素を再吟味するために使われると述べている（Yarbus, 1967, p. 193)。たしかにそのとおりであり，Yarbus の記録はこのような反復的な特徴を示している。その記録がたびたび異常に長い観察時間（何十秒も）でなされたということからすると，これは非常に驚くべきことである。

2. 画像観察中の眼球運動パターンの平均的な特徴

　Buswell，Yarbus およびその後の多くの研究者たちによって，画像スキャン中の眼球運動の平均的パラメータに関して，大量のデータが蓄積されている。これらの測度については多くのレヴューがなされてきた（Henderson & Hollingworth, 1998; Rayner & Pollatsek, 1992)。画像観察中のサッカードの平均的な振幅として最も一般的に報告されている推定値は，2度～4度の範囲である。サッカードの大きさは一般に，視角で何度といった形で報告されていることに注意すべきである。読みの間のサッカード研究では（5章2節)，サッカードの大きさの絶対値は文字の大きさによって異なる。このため，文字数による測度を使うほうがはるかに適切である。このような配慮は，場面や画像の場合にも当てはまると思われる。というのは，画像表現は大きさがさまざまである可能性があるからである。

　画像や場面を見ているときの注視時間は歪んだ分布を示す。その最頻値は 230 ミリ秒，平均は 330 ミリ秒，最小 50 ミリ秒以下から最大 1000 ミリ秒以上まで及ぶ（Henderson & Hollingworth, 1999a)。観察時間が長くなるほど平均の注視時間も長くなると Buswell（1935）は報告したが，この知見はその後も追認されている（Viviani,

1990)。たとえば Antes（1974）は，最初の平均注視時間は 215 ミリ秒であったが，その後しだいに長くなり，数秒後には 310 ミリ秒まで達したと報告している。

まさに読みの場合（5章）と同様，低レベルおよび高レベルのさまざまな要因が画像観察中の注視時間に影響する。Loftus（1985）は，低コントラストの線画では，普通のコントラストの線画と比較して平均注視時間が増加し，約 300 ミリ秒から約 400 ミリ秒に増えるが，最初の注視においてはその効果はさらに著しいこと（200 ミリ秒から 500 ミリ秒）を示した。ローパス・フィルターにも同様の効果がある（Mannan et al., 1995）。ローパス・フィルターは，視覚イメージに含まれる高い空間周波数成分，すなわちより細かな情報を取り除く。その効果はピンぼけに似ている。より認知的な要因も同じように注視時間に影響する。ある場面の中に状況的に不似合いなものがあれば，それへの注視時間は一般に長くなる（2節 5.）。

3. スキャンパス

大きな関心を引き起こしたのは，「スキャンパス（scanpath）」という考え方であった（Noton & Stark, 1971a, b）。Noton と Stark は，ある特定の視覚パターンに対して眼が特定の順序で動くこと，さらにそのような眼の動きは，そのパターンの視覚記憶にアクセスする際に重要であると主張した。彼らは，非常に大きくかつ非常に薄暗いディスプレイという状況においてではあるが，それを見たときのスキャンパスに再現性があることを示すことによって，彼らの最初の仮定に対するいくつかの実験的支持を得た。しかしながら，2番目の仮定についてはそれを支持する証拠がほとんどないようであり，矛盾する知見もいくつかみられた。Walker-Smith ら（1977）は，観察者が顔の再認課題を遂行中のスキャン・パターンを記録した（そこで用いられた顔は，Noton と Stark が使ったタイプの顔であった）。提示された個々の顔が，記憶した顔と一致するかどうか決定するときに，いくつかの再現可能な連続したスキャンが観察された。しかし，観察者が同時に提示された2つの顔を直接比較するように求められたときには，1つの顔に対して1つのスキャンパスが一度に生じることを示唆するものは何も得られなかった。むしろ，特徴の1つ1つを比較するような，2つの顔の間を反復するスキャンが生起した。Parker（1978）は，6個程度のオブジェクトが常に同じ位置に現われる場面を記憶する課題を実施した。被験者は一般に，その場面の各オブジェクトを好みの順序で注視したが，異なる順で注視しても成績が悪くなるわけではなかった。その他の研究（たとえば Mannan et al., 1997; Hodgson et al., 2000）では，一貫して再現性のある連続したスキャンを示す証拠は見いだせなかった。ときにはスキャンパスの考え方が再燃することもあるが（Stark & Ellis, 1981），今日では，最初の堅固な形でのスキャンパスという考え方は，ほとんど一般性がないと考えられている。

スキャンパスに対する関心もあって，多くの研究者が，眼球によるスキャン・パターンにみられる統計的な規則性をとらえるための技法を開発してきた。ある研究では，

サッカードの方向や注視位置などのパラメータにおける統計的従属関係が調べられた（Ellis & Stark, 1986; Ponsoda et al., 1995）。彼らが用いた方法の一例については，6章で視覚探索に関連して考察した（Gilchrist & Harvey, 2000）。そのような連続的な従属関係の最も単純な形式はマルコフ過程（訳注：ある事象の出現確率が，直前のいくつかの事象によって決定される確率過程）である。マルコフ過程に従えば，直前のサッカードの特徴が現在プログラムされているサッカードの生起確率を制約する。マルコフ分析は人のスキャン・データを分析するのに用いられており（Bozkov et al., 1977），またロボットの視覚スキャナーの制御方法としても提案されてきた（Rimey & Brown, 1991）。スキャニングの統計的特性と画像の統計量との間の関係を探った研究もいくつかある（Krieger et al., 2000; Mannan et al., 1996, 1997）。両者の関連はみられたが，主要な構成要素は次節で述べる単純な一般原理に関連しているように思われる。

4. 視線は情報量の多い場所を選択する

BuswellとYarbusはともに，注視は画像の重要な部分に向けられる傾向があると報告した。MackworthとMorandi（1967）はこのことを，本項のタイトルのようなきちんとした表現に言い換えている。MackworthとMorandiは画像の中のさまざまな部位がもつ情報量（informativeness）の測度を作成した。これは，画像を64の区画に分割することによってなされた。20人の観察者に，これらの区画を1つずつ見せ，その区画がもっている情報量を9件法で評定させた。こうして得られた各区画の情報量の推定値は，別の観察者がその画像を選好課題において観察したときに注視する場所を，高い確率で予測した。

視線は情報量の多い部分を選択するという言い方は，観察結果の一般的な要約としては有用である。しかし，この見解をこれ以上に具体的な方法で利用することには深刻な問題がある。情報量という発想によって，眼のスキャン・パターンから認知的活動を明らかにすることが可能になるのではないかと考えることは，大変魅力的である。しかしながらViviani（1990）が力説したように，眼のスキャン・パターンをこのように用いることは明らかに不可能である。Vivianiは多くの批判点をあげている。場面の情報はさまざまな空間スケールのもとで利用できるのが普通であり，注視位置を測定しても，どの空間スケールが選択されたかは明らかにならない。それゆえ「中心窩に入るものは，（心の）眼が見ているものの一部にすぎない」（Viviani, 1990, p. 360）。実際，視線の方向は注意の方向に対応する必要さえないかもしれない（3章）。さらにより基本的なことは，情報量は遂行される認知課題に依存するという事実である（図7.2を比較）。場面の中の等質な部位あるいは均一な繰り返しの部位が，多くの情報を伝達できないことは間違いないが，一般に，ある場面の視覚的特性とその情報内容との間にはほとんど関係がない。最後に，認知プロセスはたびたび並列的に進行するが，眼によるスキャンは当然ながら系列的に生じる。このためVivianiは，視線スキャンのデータを用いることをあきらめてしまった。しかし彼は，視線スキャン

のデータが，当該課題での認知活動に関するなんらかの精緻な理論と，きちんと対応する場合もあり得るとしてこの点に関しては楽観的な態度を表明している。

2節　場面とオブジェクトの知覚に関する分析的研究

1. 場面とオブジェクト

　歴史的には，1970年代中盤は，アクティヴ・ビジョン研究におけるある意味での分岐点であった。この時期に，視線-随伴的な研究方法が読みの研究に導入され（5章），また視覚定位においては，振幅推移関数といった分析が開発された（4章）。さらに，場面およびオブジェクトの知覚に関する分野では，かなりの理論的発展がみられた。本節ではそうした展開について要約する。

　視覚世界は**場面**（**scene**）を提示する。それは一般に，明瞭に定義され，またたびたびその位置もきちんと決められた多くの**オブジェクト**（**objects**）を含んでいる。一般に場面知覚は単にオブジェクトの寄せ集めではなく，視覚世界のよりグローバルな特性を含んでいる。したがって，たとえば田舎の場面は農家，動物と生け垣のようないくつかのオブジェクトから構成されるが，さらに配置上の整合性が場面の不可欠な特徴であることもまた明らかである。オブジェクト知覚は場面知覚から切り離して研究できる。しかし，その逆も真かどうかは明らかでない。一般に，オブジェクトを欠いた場面を思い浮かべることはできない。このため場面知覚をオブジェクト知覚から解き離すことは実際のところ難しい。場面はオブジェクトに文脈を与える。そこで熱心に研究された問題の1つは，適切な場面の文脈においては，オブジェクトはより容易に知覚されるかどうかであった（2節5.）。

2. オブジェクト知覚および場面知覚の諸理論

　中心窩で観察される個々のオブジェクトは，すばやくかつ，一般に1回の注視で認知される（2節3.）。このプロセスについては，今でも活発にかつ熱心に議論されているが，そこでは中心窩での単一のオブジェクトの認知は，本来パッシヴ・ビジョン・アプローチ，すなわち網膜情報の大規模な並列処理によるものとされている。ここではオブジェクト知覚のさまざまな理論について，ごく短く概略だけを述べる。初期のアプローチの1つにおいては，オブジェクトを**特徴**（**features**）の明確な集合と考え，オブジェクト認知は，それらの特徴の検出と検出された特徴を結合することによってなされると仮定された。この見解の不適切さについては，とりわけMarr（1982）によって論じられた。彼の視覚に関する見解によれば，網膜像は一連の計算論的プロセスを通して，認知の基礎をなす**3次元表現**（**three-dimensional representation**）に変換される。Biederman（1987）はこのMarrの発想を，より完全に精緻化されたオブジェクト知覚の理論へと発展させた。彼の理論では，オブジェクトは**ジオン**（**geon**）とよばれる基本単位の組織的な集合体として表現される。ジオン，すなわち幾何学的アイコンは基本的な3次元立体であり，視点によって変化しない2次元投影をもたら

133

す平行面のような属性に基づいて認知される。

　Biedermanの理論の対立仮説は，3次元表現はオブジェクトの認知には関与していないと主張する（ただし3次元表現は視覚行為を支えるためには必要である —2章2節2.）。この対立仮説によれば，オブジェクトはそれらの2次元的属性に基づいて認知される。それらの2次元的属性にはオブジェクトの2次元的な「見え方」に関する記憶がいくつか含まれており，それらは補完的なプロセスと連携してはたらく（Poggio & Edelman, 1990; Tarr & Bülthoff, 1995）。今日では，認知の生物学的重要性が視覚認知システムの多重性を招いたのであろうと考えられている（Logothetis & Sheinberg, 1996）。さらにやっかいなことには，どのような実験課題においても，オブジェクトはごく少数の単純な特徴に基づいて部分的に認知されるかもしれない。たとえば，被験者にオブジェクトの識別を可能にさせるには，そのような部分的な認知で十分かもしれない。そこに現われる可能性のあるオブジェクトの数が少なく，またそれらが反復して提示されるような場合は特にそうである。

　場面知覚については研究が少なく，オブジェクト知覚の理論に匹敵するような理論はない。Biederman (1981; Biederman et al., 1982) は，「配置上の整合性」という概念には何が含まれているのかを分析しようと試みた。この概念はすでに述べたように，オブジェクトのランダムな寄せ集めと場面を区別するものである。彼は言語分析のアナロジーを用いて，場面はオブジェクトが観察される枠組みを提供する**スキーマ**（schemas）とみなされると主張した。彼は，現実世界の場面に存在しているオブジェクトが通常満足させるであろう，いくつかの属性を提案した。オブジェクトには**支持**（support）があるだろう。つまり一般に，オブジェクトは自由に浮遊しているわけではなく，それゆえ場面の一部がそのオブジェクトの下にあるだろう。オブジェクトは場面の背景を遮蔽するであろう。つまり背景とオブジェクトとの**中間**（interposition）が透けて見えることはまずない。支持と中間は言語分析における統語的制約にたとえられよう。言語の意味論に対応して，オブジェクトはその場面の枠組みの中で高い**確率**（probability）で現われる。たとえば調理器具は道路場面では現われそうにない。オブジェクトはまた，適当な**大きさ**（size）をもち，場面における適切な**位置**（position）に置かれる。Biedermanと彼のグループは多くの実験を遂行し，これらの関係が場面を見せられたときの知覚速度に影響を与えることを示している。支持や中間などの関係が壊された場面を見せられると，認知は遅くなる。

3. 眼球運動は場面とオブジェクトの知覚に必要か

　画像記憶についての研究は，非常に短時間の提示でさえ画像の記憶がよいことを示してきた。たとえばIntraub (1980) は，雑誌から切り取られた250枚の画像を使い，そのサブセットが提示されたあとでの再認記憶を比較した。6秒の観察時間での再認率は94％であった。タキストスコープでの提示時間では，再認率は約80％に低下した（誤再認率は8％から11％に上昇した）。この知見は，眼を動かして画像を見

ることによる利益は大きいが，一目で見た画像の記憶能力もやはり感嘆すべきものであるという初期の知見（Loftus, 1972; Potter & Levy, 1969）を確認するものである。しかし，これらの研究で用いられた画像では，ちょうど中心窩に映る領域にことさらめだったオブジェクトが含まれていた可能性がある。

　オブジェクト知覚は，傍中心窩と周辺視では非常に急激に損なわれる。Nelson と Loftus（1980）は，被験者に画像をある一定時間スキャンさせたあと，その画像の中の1つのオブジェクトを入れ換えた画像を提示して再認テストを行なった。被験者の課題は入れ換えられたオブジェクトを検出することであった。小さいオブジェクト（1度）の検出率は，それが直接注視されていた場合は80％を超えており，それらが2回注視された場合の検出率はさらに高くなっていた。しかしながら，注視位置がオブジェクトから0.5度〜2度離れていると70％まで低下し，さらに周辺部にあった場合はチャンス・レベル（訳注：偶然に当たる確率）（1つのケースではチャンス・レベルよりもわずかに上）まで低下した。このことは，場面の中のオブジェクトが確実に符号化されるためには，少なくともオブジェクトから2度の範囲内に眼が向けられなければならないことを示している（Irwin & Zelinsky, 2002 も参照）。2章と5章で論じたように，刺激の絶対的な偏心度（訳注：刺激面での注視位置からオブジェクトまでの距離）は，オブジェクトの大きさと観察距離の関係を考慮した偏心度に比較するとそれほど重要ではないようである。しかしながら，例外はあるものの（Saida & Ikeda, 1979），この関係についてはオブジェクト知覚の研究ではあまり研究されてこなかったようである。次項で論じる研究は，孤立したオブジェクトの情報は周辺視野でも得られるが，それはオブジェクトが次のサッカードのターゲットである場合に限られることを示唆している。場面で知覚されるオブジェクトについては，他の研究でもほぼ同様な結論が述べられている（Rayner & Pollatsek, 1992）。オブジェクトがかなり周辺の視野でも識別されることを示唆している唯一例外の結果（Loftus & Mackworth, 1978）については，本節5.で詳しく論じる。

　オブジェクトの認知には依存しない重要な場面情報が，一目で獲得されることがある。Schyns と Oliva（1994）は，ハイパス，あるいはローパスの空間周波数フィルターをかけた場面を50ミリ秒だけ被験者に提示した。ローパス・フィルターは場面の中のオブジェクトの認知を阻害したが，それでも場面は「認知された」。といっても，この実験における「認知」とは，単にいくつかの可能性のあるものの中からオブジェクトを識別することを意味していた。Schyns と Oliva は，場面の認知は通常，低周波数の配置情報に依存しているが，そのシステムはハイパス・フィルターをかけられた場面の認知も可能なほど柔軟性があると主張している（Schyns & Oliva, 1997）。最近の研究は，そのようなすばやい認知が，たとえば色の分布に関連するような統計的特性に基づいている可能性について検討している（Oliva & Schyns, 2000）。

　Biederman（1981; Biederman et al., 1982）も同様に，場面情報が一回の瞬間視で

獲得されると主張している。彼のこの主張は，被験者に場面を短時間（150ミリ秒）見せる実験に基づいている。場面に続いてマーカーが提示され，被験者はそのマーカーで示された位置に，あらかじめ教示されていたオブジェクトがあったかどうかを答えた。場面は8～12個のオブジェクトを含む線画であった。普通に構成された場面では，検出の正答率は約70％（フォールス・アラーム率は20％）であった。しかし，指示されたオブジェクトの構造的な配置が，本節2.で述べたような構造的関係に違反している場合には，正答率は明らかに低下した。もし違反がターゲットとなるオブジェクト以外のオブジェクトに関連して生じたときには，何の効果も見いだされなかった（いわば「罪のない傍観者」のようである）。場面の特性が処理されて，オブジェクトの知覚に影響したという彼の結論は正しいように思える。しかしながら視覚探索の場合（6章）と同様，ある限られた数のオブジェクトだけが並列処理されるにすぎない。場面知覚とオブジェクト知覚との関係については，本節5.でさらに考察する。

　瞬間提示から得られる情報量を検討するための，もう1つの生産的なパラダイムは，概念識別パラダイムである。Intraub (1981) は，オブジェクトの画像を高速で（113ミリ秒／画像）連続的に提示した。課題は，特定のカテゴリー（たとえば食物）に属する画像を識別することだった。その成績は高く（60％），また，反対の教示（食物の系列から食物以外のものを識別しなさい）による逆課題でもよい成績が得られた。ごく最近では，より複雑な素材を用いた同様な課題が用いられている（Delorme et al., 2000; Fabre-Thorpe et al., 1998; Thorpe et al., 1996）。これらの実験で実験参加者は，たとえば，瞬間提示された場面の中に動物が含まれていたかどうかを識別することを求められた。20ミリ秒という短い提示時間でも識別は良好だった。さらに，こうした実験パラダイムにおける脳活動（誘発反応）を記録した結果，ターゲット提示試行において誘発された反応は，ターゲットが提示されなかった試行に比較して，刺激場面提示後150ミリ秒という初期の時点において有意に異なることが示された。これらの研究では，眼の向けられた位置に関しての詳細な分析は行なわれていない。しかし，例示された場面ではターゲットとなるオブジェクトは中心，あるいは中心近くにある。

　この項での結論は，中心窩，あるいは傍中心窩で観察されるオブジェクトは，非常にすばやく識別され，分類することができるというものである。しかしながら，2度あるいは3度以内にありながら注視されなかったオブジェクトは認知されず，したがって，場面内のオブジェクトを識別するには眼球運動が一般に必要であることを，実験的証拠は示唆している。場面情報のいくらか（要点）は1回の瞬間視で獲得される。このため，場面のスキーマがほとんど遅延なく喚起される。場面上をカバーする眼球運動は，特定のオブジェクトの情報だけでなく，付加的な情報ももたらすと思われる。しかしながら今のところ，場面測定のための測定基準がない。そのためこうした主張は検証されていない。

4. 周辺視におけるオブジェクト知覚

周辺視で観察されるオブジェクトの情報抽出に関しては，読みの研究で使われたものと同様な**境界線法（boundary technique）**を用いて，組織的な研究が行なわれてきた（5章3節1.）。その技法とは，被験者が周辺視野に提示された素材を見ようとして眼を動かすたびに，その素材が変化するように提示する方法である。素材の変化は，眼球がある仮想の境界線を越えたときに生じる。この方法の目的は，周辺視野でのプレヴューが，認知プロセスにどの程度役立っているのかを調べることにある。

アマーストのマサチューセッツ大学での一連の研究では，周辺視野にサッカードに先行して提示された刺激素材の**プレヴュー・ベネフィット（preview benefit）**を調べるために，境界線法が用いられた（図7.3）。Pollatsekら（1984）はさまざまなタイプのプレヴューが生じたときの，オブジェクトの命名速度を測定した。周辺にあるオブジェクトを十分に見ることができた条件では，確実にプレヴュー効果（120ミリ秒）が認められた。これほどの効果ではないが，プレヴューされた画像がターゲット画像と同じカテゴリーのものである場合もまた，プレヴューによるベネフィットが生じた。プレヴューする画像が，ターゲットの画像と全体的な形において同じ場合も（たとえば，にんじんと野球のバット），わずかなベネフィットが示された。この最後の効果は，刺激の偏心度が10度のときだけみられ，5度のときは認められなかった。

Hendersonら（1989）は，さらなる疑問を検証するためもう1つの視線－随伴性の実験を行なった。その疑問とは，プレヴュー情報は周辺部のどの位置からも自動的に抽出されるのか，それともその情報はサッカードが向けられる位置のみから抽出されるのか，というものであった。仮想的な正方形の各隅に4つのオブジェクトが配置され，被験者は一定の順序でこれらをスキャンするように求められた。もしオブジェクトが，次に注視すべき周辺位置に見えたときには処理速度が上昇したが，他の位置にあるとこうした効果はみられなかった。ただしその後の研究（Pollatsek et al., 1990）では，近接位置にオブジェクトがあればプレヴューによるベネフィットがあったと報告されている。画像素材が孤立した状態で提示されれば，周辺にあっても有益

● 図7.3 Pollatsekら（1984）による画像命名におけるプレヴュー・ベネフィットを示す手続き。黒い三角は眼球位置を示す記号である。画像はオブジェクトへのサッカード運動中に換えられる。

な情報が得られるが,これは次のサッカードの着地先に素材がある場合に限られる。視覚探索の研究 (6 章) はさらに,条件によっては,周辺視であっても素材の処理は可能であることを示している。ただしこの場合も,ディスプレイが明確に区別できる要素から構成されている必要がある。

今まで論じてきた研究は,周辺視プレヴューがその後の中心窩視に役立つことを示してきた。Henderson ら (1997) は,オブジェクトは周辺視で見られただけでも認知されることを示した。彼らは,人工的な中心窩暗点の状態を作るために,視線の変化に関係なく中心窩にマスクがかかる技法を用いた (5 章 3 節 1.)。被験者には,Snodgrass と Vanderwart (1980) による絵のリストから選択された 3 つのオブジェクトの線画を直線上に配置したものが提示され,連続的に読み上げられたオブジェクトの名前が,その線画に含まれていたかどうかを答えるように求められた。オブジェクトの全体的な大きさは 1.5 度〜 2.0 度であり,2.4 度ずつ離されていた。暗点条件では,視線が向けられたオブジェクトが覆い隠された。暗点条件の成績は高く (85 %〜 93 %),正常な観察条件での成績 (95 %) よりわずかに低いだけであった。Henderson らはこの成績を,中心窩暗点の患者の読みにおける悲惨すぎるほどの成績低下と対比させている (4 章 3 節 2.)。

読みの研究で用いられた方法と同様の視線 – 随伴性ウィンドウ法を使用して,画像知覚における有効視野を調べる試みがなされてきた。Saida と Ikeda (1979) は,電気的なマスク技法を用いたウィンドウ状況を作り出した。この方法で被験者が日常的な画像を見ると,中央視野にある矩形領域だけが見える。ウィンドウの大きさが画像の大きさの半分ほどの大きさでないと,観察時間と再認成績の得点は低下した。この割合は,14 度 × 18 度と 10 度 × 10 度の大きさのディスプレイのいずれにも当てはまった。Shiori と Ikeda (1989) によるその後の研究では,ウィンドウの内側では画像が正常に見えるが,ウィンドウの外側では細部が見えない状況で検討された。細部の解像度が非常に低くても (周辺視部における視力の限界よりもはるかに低い解像度でも) 成績がかなりの程度向上した。Shiori と Ikeda は,解像度を低くするために,ピクセルを移動させる方法を用いた。Van Diepen ら (1998) は,移動ウィンドウとフーリエ・フィルター (訳注:フーリエ解析により特定の空間周波数のみ透過させるフィルター) を組み合わせた技法を開発している。いささか驚いたことに,周辺部の素材にローパス・フィルターをかけて見にくくしたときよりも,ハイパス・フィルターをかけたときのほうが成績はよかった。

5. 場面の文脈とオブジェクト知覚

場面の文脈はオブジェクト知覚を促進するのかという問題は,高い関心を引き起こしてきた。場面知覚に関する初期の研究の一部 (Biederman, 1972) は,肯定的な結果を見いだしている。Biederman は,オブジェクトが整合性のある場面に提示された場合と,その同じ場面がばらばらにされてランダムに再配置された中にオブジェク

トが提示された場合とで，オブジェクト検出の認知速度を比較する実験を行なった。ばらばらにされた条件でもオブジェクトの輪郭は保持されていたが，オブジェクトを検出するための時間は有意に長くなった。Biederman はこの結果を，場面文脈がオブジェクト認知の促進において重要であることを示すものと解釈した。しかし，Henderson（1992）は，ばらばらにしてかき混ぜるといった操作によって新たに加わった輪郭がノイズとなり，そのため検出が遅延したとする別の解釈を示している。

　この見解を支持する重要な研究が，その後 Loftus と Mackworth によって1978年に報告された。本書のテーマとして重要であり，その後の考え方や実験的研究の基礎となったこの研究については詳細に説明する。Loftus と Mackworth の実験結果は，オブジェクトが場面文脈に関連して精査され，さらにこの精査は視野のかなりの部分にわたってなされることを示した。それゆえ彼らの結果は，1章でその概略を述べたように，場面知覚についての暗黙の言明とみなされるパッシヴ・ビジョン・アプローチを支持している。パッシヴ・ビジョンの主張によれば，視覚は，オブジェクト認知を支えるのに適した3次元情報が視覚場面の全体にわたり存在するような表現を作り上げる。

　Loftus と Mackworth は，場面上の注視位置のコントロールにおける高レベルと低レベルの特性の相対的な重要性を決定することを試みた（1節4.）。彼らは，場面内の1つの線画のオブジェクトが注意深く別の線画のオブジェクトに置き換わるといった場面を作り，実験を行なった。置き換えられたオブジェクトは，大まかな形では元のオブジェクトとよく似ていたが，その場面に出現する文脈的確率は大きく違ったものであった。たとえば，農園の画像では，トラクターがそれと大きさと形が似たタコに置き換えられ（図7.4），スタジアムの場面では，アメリカンフットボール選手がバレエダンサーに置き換えられた。対照試行では，トラクターの置かれた農園の場面と，タコのいる水中場面が使われた。観察者は再認テストを予告され，場面を見ている間の眼球運動が記録された。この実験での Loftus と Mackworth の関心は，どれほど早く不調和なオブジェクトが発見されるか，またそれらを見つけ出した時点で，そのオブジェクトは注視位置からどれほど離れていたかにあった。後者の測度は，不調和なオブジェクトへの注視直前に生じたサッカードの大きさであった。Loftus と Mackworth は，不調和な対象はより頻繁にかつより長い時間注視されること，場面に対する最初の注視の次に生じる注視は，対照条件での文脈に適したオブジェクトと比較して，不調和なオブジェクトに向けられやすいこと，さらにその問題のオブジェクトに視線を向ける直前のサッカードの大きさの平均は約7度であることを見いだした。

　最後の2つの結果は，場面は周辺視を使って非常に高いレベルまで分析されることを示している。周辺視でとらえられたオブジェクトは，なんらかの方法で，その特定の場面の中には文脈上ありそうにないものとして識別されるようである。このことは，

7章 自然な場面と行為

● 図7.4 Loftus と Mackworth (1978) の研究で使われた画像の例。実験参加者は記憶するようにとの教示のもとで，これらの画像を観察した。不一致な対象（ここではタコ）が眼のスキャン・パターンに影響を与える時間に関心がもたれ，測定された。

オブジェクトは暗々裏に認知され，さらに場面特性と関係づけられるということを示唆している。Loftus と Mackworth の研究で見いだされた周辺視による認知能力は，6章で論じた視覚探索で見いだされた能力よりもかなり優れている。視覚探索実験では，オブジェクトは文脈の中に提示されたのではなく，むしろ孤立して提示された。それゆえ，場面においてはより優れた知覚能力が示されたということが考えられる。しかし，以下で論じるように，また Henderson と Hollingworth (1998, 1999a) が詳しく述べているように，Loftus と Mackworth の実験を追試した研究では，そのような知覚弁別の証拠はほとんど示されておらず，彼らの結果に対する懸念が増大することになった。

Friedman と Liebelt (1981) は，不調和な対象が提示されているかもしれない場

面を観察した被験者のデータを分析した。ひとたびそのオブジェクトが注視されると，不調和なオブジェクトであることによって注視時間は影響を受けたが，オブジェクトが注視される確率にはなんの効果も現われなかった。こうした結果は，現在多くの研究で示されている。De Graef ら（1990）が用いた課題では，被験者はオブジェクトに加えて，さらに 1 つかそれ以上の「非オブジェクト」を含む場面の線画を見せられた。非オブジェクトとは，場面中の実在するオブジェクトと同じサイズの，幾何学的には可能な構成物であった。課題は非オブジェクトについて報告することであったが，研究の関心はオブジェクト判定（これは 5 章 4 節でのよく知られた語彙判定に対応している）が重要となる課題での注視を比較することにあった。De Graef らは，Loftus と Mackworth と同様の操作を用いて，場面文脈にありそうなオブジェクトとありそうもないオブジェクトの両方を提示した。その結果，ありそうもないオブジェクトがありそうなオブジェクトよりも注視されやすいことを示す証拠は，観察中のいずれの段階でも見いだせ**なかった**。また，ありそうもないオブジェクトは一度注視されると，より長く注視されるという，彼らの最初の結果の一部は確認できた。しかしながら，これらのより長い注視時間は，観察における初期の注視（少なくとも最初の 8 つの注視）では生じなかった。

　他の研究は，オブジェクトが最初に注視されたときに場面文脈の直接の効果が，見いだされることを示唆している。Boyce と Pollatsek（1992）は，眼を引きつけるために，一過性の視覚的移動による強制力を利用した（4 章）。それは，被験者に場面が提示された直後（75 ミリ秒）に，ターゲットとなるオブジェクトが「揺り動かされる（瞬間的に小さく位置を変え，元の位置に戻ることによる）」というものであった。課題はそのオブジェクトの名前を答えることであり，揺り動かすことによって，被験者の眼は確実にそのオブジェクトに向けられた。Boyce と Pollatsek は，オブジェクト命名の反応時間は，場面の文脈に合う場合のほうが，そうでない場合よりも確実に短いことを見いだした。

　Henderson と Hollingworth（1998）は，この領域のレヴュー論文の中で，彼ら自身による 2 つの実験を報告している。その中で彼らは，文脈的にありそうもないオブジェクトは注視されやすいという Loftus と Mackworth の知見を追試したが失敗したと報告している。彼らは次のように結論している。すなわち，今や実験的証拠の多くは，場面の観察においては詳細なオブジェクトの分析が視野周辺の広い範囲にわたってなされるとする見解に反するものである。これに代わる見解は，画像の内容を即座に把握できるという私たちの主観的な印象は錯覚にすぎないというものである。この見解は最近の研究で，特に次項で考察する現象に関する研究によって支持を増やしている。

6. 変化の見落とし

　McConkie の研究所で仕事をしていた Grimes（1996）は，画像知覚の研究のため，サッカード随伴パラダイム（5 章 3 節 1.）を用いた実験結果を報告した。その実験では，

画像を見ている観察者がサッカードをしている最中のある時点で，画像の一部が変化するというものである．観察者にはある場面のフルカラーの写真を見たあとで記憶テストがなされると教示された．彼らはまた，時折場面の中の何かが変化するかもしれないこと，そのような変化があったらすべて報告するように，あらかじめ伝えられた．驚くべきことに大きな変化でもしばしば見落とされた．たとえば，帽子をかぶっている2人の男性の画像では，帽子が入れ換わってもけっして気づかれなかった．子どもが運動場で遊んでいる場面では，イメージの大きさが30％変化しても，その検出率は20％以下であった．画像の広さの25％を占めるオウムの色を，鮮やかな緑から鮮やかな赤に変えても，たびたび気づかれなかった（18％）．この実験パラダイムを用いたさらに重要な研究（Currie et al., 2000; McConkie & Currie, 1996）については9章で述べる．

　Grimesの実験で示された変化の検出の失敗は，変化を検出するための関連情報は，期待に反して，場面のどんな視覚的表現からもまったく利用できないことを示している．これがそのとおりなら，サッカードと同時に変化させることが重要なのではない．もちろん，もし変化が注視している場所に生じたならば，一過性の視覚的移動が生じ，これによって注意が変化した領域に向けられる（3章および4章）．ここから生じた問題を扱うために，現在，いくつかのやや異なる方法が用いられている．効果的なアプローチの1つは，場面の中のさまざまな位置で，めだった変化がいくつか同時に生じるようにすることで，場面の変化をマスクすることである．これは，自動車のフロントガラスでよく起こる事象にちなみ「泥しぶき」法とよばれてきた．この方法を用いた研究（O'Regan et al., 1999; Rensink et al., 1997）では，驚くほど大きな変化でも検出できないことが示されている．

　それによれば，一過性の視覚的移動の導入による注意の捕捉の生起がなんらかの方法でマスクされると，観察者はしばしば，かなり大きな場面の変化でも検出できないことが明らかにされている．この顕著な現象は**変化の見落とし**（change blindness）とよばれてきた．たいていの人は，この変化の見落とし現象に初めて遭遇するといささか驚く．これはLevinら（2000）によっておおやけにされたが，彼らの実験では，個々の実験参加者が，あるテストの中で生じる特定の場面変化を，どの程度気づくことができるかを示すよう求められた．実際にそのテストを与えられると，期待された変化と報告された変化との間に大きな不一致が生じた．実験参加者は，視覚についてきちんとした教育を受けてはいなかった．変化の見落としは明らかに，私たちがパッシヴ・ビジョンとよんだ「頭の中の画像」による説明とは一致しない．Levinの知見は，パッシヴ・ビジョンの仮定が広く人々の中で認められること，さらに変化の見落としはパッシヴ・ビジョン的な理論についての特別な経験の有無とは関係がないことを示唆している．

　もちろん変化の見落としは，アクティヴ・ビジョンの観点からすれば，それほど驚

くことではない．場面の中で注視されないオブジェクトは一般に記憶されず（2節3.），したがって，注視と変化の検出能力の間には緊密な相関があると考えられる．このことはすでに知られている．O'Reganら（2000）は，直接注視されたオブジェクトについては変化の検出力が高いことを示した．HendersonとHollingworth（1999b）は，さらに，サッカードの出発点に比較してサッカードが向けられた位置では，変化の検出力が大きいことを示した．しかしながら，注視と変化検出との間の相関は完全ではない．O'Reganらによる研究では，注視位置での変化が検出されないケースが頻繁にみられた．Zelinsky（2001）はさらに，変化が周辺視で検出され得ることを示す結果を報告している．

3節　動的な場面と状況

　これまで論じてきたさまざまな状況では，そのいずれにおいても，観察者は単に視覚環境から情報を取り込んでいるにすぎない．私たちは，これらの状況では，眼によるスキャンが情報を獲得し選択するアクティヴな方法となっていると主張してきた．そのような観察の仕方は日々の生活では頻繁に生じるが，おそらくよりいっそう一般的な事態は，観察者が同時になんらかの行為に携わっているという状況であろう．このような状況下では，眼のスキャン・パターンは全体的な行為の連鎖に統合されているに違いない．この節ではこのような統合について調べた最近の研究をいくつか検討する．

1. 指示的な視覚

　Ballardら（1992, 1997，またHodgson et al., 2000も参照）は，コンピュータ画面上のマウス操作によって遂行される，人工的な操作課題を考案した．この課題では，操作行為とその遂行者の眼球スキャンの両方が詳細に記録された．彼らが使用したブロック組み立て課題を図7.5に示す．Ballardらは以下のようなアクティヴ・ビジョンの理論的根拠を示すためにこの課題を用いた．

　その理論の核心は，眼球が**指示的に**（deictically）用いられるということである．**指示的**（deictic）という用語は，情報を指し示すポインターとしてはたらく特定の行為としての内発的能力を意味する．計算論的な一般的考察から，Ballardらはポインターの利用が認知システムの作動に不可欠であることを論じている．眼球による指示は，認知システムがポインターを使って稼働するいくつかの方法の中の1つである．眼球による指示は，視覚が認知的に制御された行為とのインターフェイスを司るときに特に重要となる（2章で論じたように，非認知的行為の視覚的制御は必ずしも眼球による指示を必要としない）．

　オブジェクトの注視は，「脳内表現が暗々裏に外的ポイントへ依託される」ことを可能にする（Ballard et al., 1997, p. 72）．指示的方略は，行為のためのオブジェクトを選択する際に，「私が見ているところでせよ」という一般的な方略の一部として，

7章 自然な場面と行為

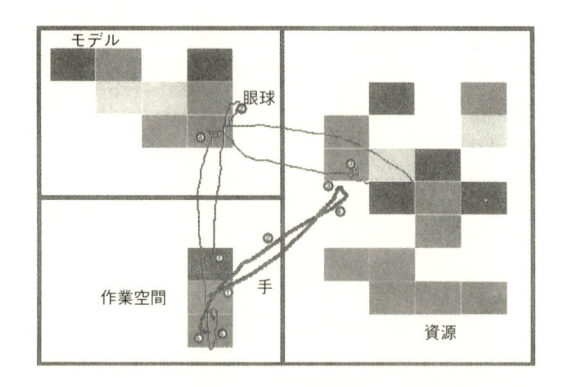

● 図7.5 Ballardらによって研究された「ブロック」課題。被験者は色のついたブロックが提示されたコンピュータ画面（ここでは灰色濃度によって示されている）で作業し，モデル（左上）のコピーを作業空間（左下）に組み立てる課題を行なう。これを行なうには，マウスを操作して資源（右）からブロックをクリック＆ドラッグの手順で運んでくる必要がある。トレースは視覚活動と運動活動の一試行分を示している。太いトレースはマウスの動きを，細いトレースはそれに対応する眼球スキャンの記録を示している。

このポインターを利用する。これが眼球をオブジェクトに向ける決定的な理由であり，さらに当然，中心窩視によってもたらされる高い視覚解像度によって補われる。高い解像度と眼球の容易な可動性によって，視線の移動がもたらされる。これは指示的行為における選択のプロセスである。もっとも，潜在的注意が，これとは別のもう1つのポインターを提供することはある（3章および6章参照）。これ以外の付加的ポインターは，純粋に記憶に依存した活動に関連している。しかしながら，論文中の実験的検討において部分的に示されている一貫した知見によれば，記憶ポインターの利用は，他の選択肢が利用できれば避けられる，ということである。

　ブロック課題から得られたデータは，その背景にある認知作用が，こうした特徴をもつことを支持した。ブロックは操作される前に常に注視された。さらに，被験者によって好んで選択された方略は，どのような内在的記憶に対しても最低限の負担しかかけないものであること示す，明確な証拠があった。ブロック課題では，他の課題でも見いだされているように，論理的に必要と考えられる回数を上回るサッカードが生起していた。ブロック課題において観察された最も一般的な進行過程は，モデルを見る，資源を見る，資源から拾う，モデルを見る，組み立て中の構成を見る，構成へ配置する，というものであった。最初のモデルへの眼球の移動は，組み立てられるべき次のブロックの色情報を獲得するためだと考えられ，その後，適切なブロックが資源スペースで見つけられる。2度目のモデルの観察は，このブロックのパターン内での場所を確定しているか，あるいは少なくとも確認している。こうしてブロックは組み立て中の構成に加えられる。この2度目のモデル観察は，もし最初のモデル観察で場所情報が保持されていれば回避され得る。よってこの2度目のモデル観察は省略され

3節　動的な場面と状況

ることもあったが，このことは，このようにして記憶を利用することも1つのオプションであることを示している。しかしながら，このような進行過程は，もう一度モデルを観察する進行過程よりも，一般的ではなかった。

　Ballard らは，メモリを最小に使用することが，この活動事態における重要な特徴であると結論した。認知的表現（この場合は，モデル内のブロックの位置）は，必要な行為の直前の，できるだけ遅い段階で計算される。この**適時（just-in-time）**方略は，記憶負荷と計算負荷の両方を最小にすると主張されている。これは，徹底した計算によって内的表現を作り出すことを想定する伝統的なパッシヴ・ビジョンによる説明とはまったく対照的である。詳細な表現は，必要とされる場合にだけ計算される。記憶に保持されるのは，視覚情報が与えられるディスプレイ上での位置である。このような形での眼球の注視を伴う系列的手続きを効率的に使用することで，計算上の負荷と記憶負荷の両方を最小にできる。

2. 日常行為を支えている視覚

　重要な一連の草分け的研究が，Land に率いられたグループによって行なわれてきた。Land は，無脊椎動物の視覚に関心をもつ生物学者としてすでに名声を得ていた（たとえば Land, 1995）。そうした背景のもと，彼は人の視覚のダイナミックなパターンに関心をもつようになった。彼は，軽量な頭部装着型の，ビデオ映像を利用した眼球追跡システムを考案・作製した（Land & Lee, 1994）。それは，さまざまな活動的課題を遂行している観察者の注視位置を記録できるものであった（図7.6 参照）。研究で取り上げられた課題は，運転（Land & Lee, 1994），卓球（Land & Furneaux, 1997），ピアノ演奏（Land & Furneaux, 1997），そして給茶（Land et al., 1999）にまでわたっていた。

　アクティヴ・ビジョンによって行為が支えられている最中の被験者から得られた結

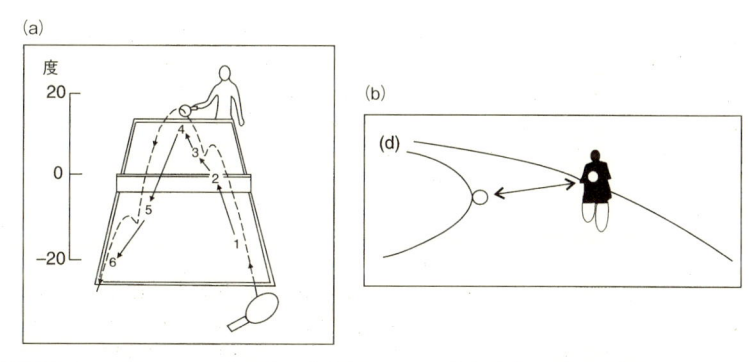

● 図7.6　Land と Furneaux (1997) で研究された2つの課題。(a) は，個人が卓球をしているときの典型的な眼のスキャンを示している。(b) は，自転車に乗った人物がいる道路のカーブをすり抜けようとしている運転手の眼のスキャンの一部を示している。

果は，そのすべてが，視線は情報が抽出されるべき場面内の位置に向けられるという原則を，強く示していた。課題にとって視覚場面のどの領域がまさに重要であるかを決定することは，たとえば観察者がオブジェクトを操作しているような場合は，しばしば容易である。しかし場合によっては，眼球運動を記録することによって，どのように視覚が用いられているかが，意外な形で明らかになった。たとえばカーブした道路のコーナー付近を運転しているとき，眼はコーナーの内側の縁を注視する。また，卓球をしているとき，眼は非常に活動的でり，眼の動きはおおよそボールと同じ経路をとる。しかし，一般に信じられている説とは異なり，眼はボールを**追わない**。むしろ，眼は予測的に動き，相手が返球をするとき，競技者はネットの最上部を注視し，ボールの軌道を判断するためにこの時点でのネットとボールの間隔を利用している。

　Land の給茶についての分析（Land et al., 1999）では，**オブジェクト関連行為**（**object-related action**）ユニット（ORAs）という概念が導入された。彼はこれを行為の進行過程の基本単位（給茶の場合では，「やかんを発見」と「流しに運ぶ」がその単位の例である）とみなした。彼が考えたこれらのユニットは，ほぼ例外なく連続的に遂行され，関連するオブジェクトないしは関連する複数のオブジェクトに対するすべての感覚運動活動が関与する。オブジェクトの操作が始まる**前に**，眼球はオブジェクト，あるいはオブジェクトが動かされる位置へと向けられる。一般に眼は，行為の遅くともおよそ 0.6 秒前に予測的に動く。眼の動きより先に行為が起こることもあるだろう。身体の位置換えが必要である場合は，体躯の動きがまず生じ，次にその 0.6 秒後に眼が動き始める。単一の ORA 中では，サッカードはオブジェクトの近辺に視線を動かすが，1 つの ORA からもう 1 つの ORA への移行時には，非常に大きなサッカードが生じる。多くのサッカードの振幅は 2.5 度から 10 度ほどであるが，これらの大きなサッカードの結果，行為全般にわたる平均サッカードの大きさは 18 度〜 20 度にもなった。これは以前の推定値よりかなり大きい（2 章 4 節）。

　ときに例外もあるが，眼球運動は以下のカテゴリーの 1 つに分類することが可能であった。すなわち，**位置づけ**（**locate**）—利用されるべきオブジェクトの位置づけ，**方向づけ**（**direct**）—操作されるべきオブジェクトを注視する，**ガイド**（**guide**）— 2 つのオブジェクト（たとえば，やかんとふた）を合わせる，オブジェクトの状態（たとえば，水量）を**チェック**（**check**）する，である。進行過程の「位置づけ」の部分はしばしば探索過程を必要とした。Land らは，探索パターンはオブジェクトの位置についての記憶が正確に符号化されないことを示していると示唆している。「ガイド」の過程においては，眼は頻繁に，1 つのオブジェクトから別のオブジェクトへと連続的な注視を示した。「チェック」では，非常に長い注視が生じたが，それはまるで眼が何かが起きるのを待っているかのようであった。このため，サッカード振幅の場合と同様に，注視時間の分布は長いすそ野をもつことになり，その平均注視時間は 0.42 秒になった。これは画像のスキャンで見いだされたものよりも有意に長い（1 節 2.）。

3節　動的な場面と状況

　Landは，アクティヴ・ビジョンに関わる脳活動の計算論的側面にはそれほど関心を寄せていない。しかし，彼の分析と，前項で示したBallardのグループによる分析との間には明白な類似性がある。いずれにおいても，視覚行為は指示的方法に従い，オブジェクトの近辺で構成される。これらの分析のきわめて重要な特徴は，眼のスキャンの研究と連続的な行為に関する新しい理論との，待ちに待った統合を実現させる可能性があることである（Norman & Shallice, 1986; Schwartz et al., 1995）。

　単純な指さしと把握運動に関する最近の研究は，これらの課題がアクティヴ・ビジョンを通じてどのように制御されているかを解明している。NeggersとBekkering (2000, 2001) は強力な**視線係留**（**gaze anchoring**）現象を報告している。彼らは，手による指さし課題中，視線はターゲットの運動に向けられ，また視線は，手がターゲットに達するまでは，強力な定位刺激と一般にみなされている周辺刺激からの妨害を受けないことを示している（6章5節）。Johanssonら（2001）は，手を伸ばしてオブジェクトをつかみ，そのオブジェクトをターゲットとなる制御スイッチの操作に使う課題について研究した。彼らは，「接触事象が生ずる要所は，義務的に視線を向けなければならない標的である」と報告している。視線は行為の途中の障害物にも向けられることがあるが，それほどの強制力はない。

　最近の別の研究でも，眼球運動が視覚行動にどのように関与しているかが調べられている。この研究では，ターゲットとなるオブジェクトを中心窩にもってくることよりも，空間的なルートを発見することに重点がおかれた視覚行動が研究された。Croweら（2000）は，実験参加者が幾何学的な迷路のルートを探す際の行動を，細かく分析した（図7.7参照）。単純な迷路のルートを解く場合，実験参加者は，ルートに沿った連続的なポイントを注視した。しかし，迷路の大きく入り込んだ区画が

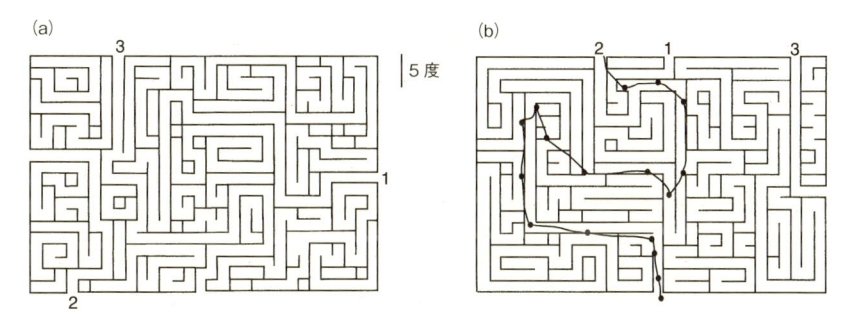

● 図7.7　Croweら（2000）による迷路課題。実験参加者は迷路を提示され (a)，どの出口（1, 2または3）が迷路を通りぬけられる道かを発見するよう求められた。課題遂行中の眼球スキャンの一例が (b) に示されている。

注視されない事例も観察された。Crowe らは，注視が省略されたルート部分は，実際は潜在的注意によってスキャンされたと述べている。このような潜在的注意による説明は，交差し合う線の中から1本の連続線をたどっていく課題を用いた研究（Roelfsema et al., 1998）からも支持されるかもしれない。

4節　要　約

本章では，比較的制約の少ない視覚環境において眼によるスキャンはどのように行なわれるのかを明らかにしようとした研究を，手短かにレヴューした。この領域の研究は非常に活発であり，そのアプローチの多様性は，さまざまな出発点から1つの共通の問題に取り組むこととなった研究者たちの活気を反映している。

8章 ヒトの神経心理学

　認知・知覚システムを探求するためのアプローチの1つに，脳に損傷を受けた患者を調べることがある。患者の脳損傷は解剖学的に限局しており，特定の機能に障害があることが多い。どの行動が共通の機能的基盤を共有しているのか，またどの行動が異なる機能的基盤によるのかを障害のパターンから識別することができる。逆に，これらの機能を脳内の特定の解剖学的部位に位置づけていくことも可能である。この伝統的なアプローチはいくつかの鍵となる仮定に基づいている。第一の仮定は機能の固定性である。脳が傷害されても神経学的な適応や可塑性はほとんどあるいはまったく生じない。第二の仮定は，機能は少なくとも部分的には，モジュール性をもつとされることである。すなわちある機能はいわばカプセルに包まれており，他の機能とは独立して作動する（Fodor, 1983）。運動，コントラスト，奥行きの処理の障害を伴わず色の知覚のみが障害されるようなきわめて特殊な障害をもつ患者の存在は，少なくとも表面上は，相互に関連する上記の仮定を支持する。ヒトの神経心理学の基本原則についてのより詳細な分析は Shallice（1988）に見いだすことができる。

　眼球運動のコントロールに異常をきたした患者の研究には長い歴史がある。Bálint（1909）は「精神性注視麻痺」について記載したが，これは後にバリント症候群として知られることとなる症状の明確な特徴の1つである（Holmes, 1919 も参照のこと）。Yarbus は詳細な眼球運動測定の先駆者の1人であるが，彼はロシアの卓越した神経心理学者である Luria とともに患者の眼球運動を研究した（Luria et al., 1963）。さらに最近では，より正確な脳画像技法を用いて，脳の病変部位の正確な部位とそれにより生じた眼球運動障害のパターンにいちだんと焦点が当てられるようになってきている。機能の解剖学的な局在化に向けたこうした動向は，サッカード・コントロールの生理学に関する比較的洗練された知見によって支持され（4章3節），このことは，視覚探索のような比較的高次の視覚的機能についても同様である（6章7節）。

　眼球運動コントロールの神経心理学に関する豊富な文献について，ここで十分に論ずることは不可能である。具体的にいうと，患者のサッカード以外の眼球運動について調べた，広汎かつ詳細な研究については触れない。さらに精神医学的疾患（たとえば，Hutton & Kennard, 1988; Crawford et al., 1995a, b; Sereno & Holzman, 1993）やパーキンソン病のような変性疾患（たとえば Crawford et al., 1989）において行なわれてきた研究についても言及しない。その代わりに本章では，本書の他所で論じられ

た問題に比較的関連する神経心理学的障害について選択的に概観していくこととする。とりわけ，アクティヴ・ビジョン・アプローチの重要性に主要な論証を与えてくれると思われる障害について述べていく。私たちがここで選んだ症例が，これらの障害を理解するためにアクティヴ・ビジョン・アプローチが有効であることを示してくれるものと期待している。逆に私たちがここに記載する障害も，アクティヴ・ビジョン・アプローチの発展に重要な役割を果たしている。ここでは，盲視，バリント症候群と同時失認，無視と前頭葉損傷といった障害について論じる。また私たち自身が研究した症例についてもやや詳しく述べる。それは眼筋麻痺により，自分の眼を動かすことができなくなった患者である。

1節　盲　視

有線皮質の欠損や破壊は，病巣と反対側半分の視野の盲を引き起こし，これは同名半盲として知られている。Pöppelら (1973) は，「ターゲットが見えない」と言っているにもかかわらず，見えない視野の部分にあるターゲットに向けてサッカードをすることができる同名半盲患者がいることを報告した。さらにこのサッカードの振幅はターゲットの偏心度に応じて変化した (Barbur et al, 1988 も参照のこと)。**盲視 (blindsight)** ——この用語は Weikrantz, 1986 により造られた——という用語は，この明らかに矛盾した行動を適切にとらえている。これらの患者は視野の一部においては機能的に盲であり，意識のうえでは刺激に気づいていないと述べているにもかかわらず，適切なテスト手続きが実施されれば残存する視覚的能力を示すことができるのである。

視覚的アウェアネス（気づき）を伴わないこの残存する視覚的能力は，サッカード反応に限定されるものではない。たとえば，見えないほうの視野に提示されたターゲットを指し示すように求められると，ある患者 DB は，彼には見えないはずのターゲットをきわめて正確に指し示したのである (Weiskrantz et al., 1974)。本章で私たちは，この種の患者における，眼球運動に基づく行為について，より詳細に焦点を当てていく。DB のサッカード反応の振幅を図 8.1 に示す。これはターゲットの位置に対してある程度の感受性を示しているが，実際にはまったく不正確であり（図 8.1 参照），とりわけターゲットの偏心度が大きいときは不正確である (Barbur et al., 1988 も参照のこと)。これは，同じような大きさのターゲットを手で指し示したときの成績がより正確であるのと対照的である。その後の Zihl (1980) による研究では，見えない視野へのサッカードの正確さは訓練によって実質的に改善することが示された。

これまでの章で論じた眼球運動パラダイムのいくつかを用いて，何人かの研究者が盲視患者をテストしている。これらの実験は相互に関連する 2 つの疑問を調べている。第一にサッカード行動のいかなる要素が視覚的アウェアネスに依存しているのか，そして第二にサッカード行動のどの要素が有線皮質に依存しているのかである。たとえば Barbur ら (1988) は，G という患者では見えないほうの視野でサッカードのグロ

1節 盲視

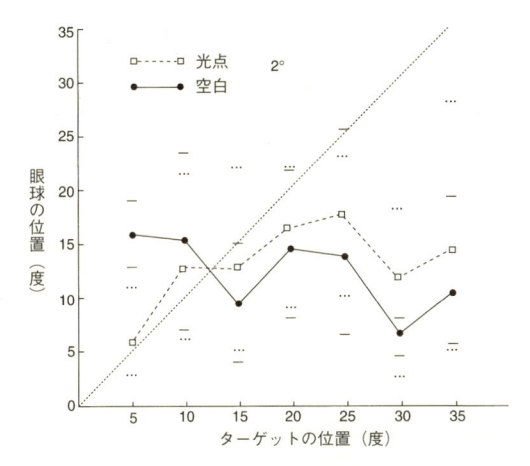

● 図8.1 「見えない」視野内のさまざまな偏心度の位置に提示された単一ターゲットに対して，盲視患者が行なったサッカードの振幅（点線）。サッカードはターゲットの偏心度に対してある程度の感受性を示した。

ーバル効果が起きることを示した。そこでは，同時に2つのターゲットが提示されたとき，サッカードはいずれか一方のターゲットに向かうのではなく，2つのターゲットの中間地点に向かった。興味深いことに，2つのターゲットが健常な視野に提示されたときには，このグローバル効果が必ず生じるというわけではない。おそらくこの効果は，定位に続いて健常視野での見えを維持するために学習された，定位方略を示しているのであろう。

Rafalら（1990）は同名半盲患者で遠隔ディストラクタ効果（4章2節3.）を調べた。患者は健常な視野部位に提示されたターゲットへサッカードをするよう求められ，そのサッカードの潜時が，見えないほうの視野にディストラクタが提示された場合と提示されない場合で比較された。その結果，遠隔ディストラクタ効果を示す証拠が見いだされた。すなわち，見えないほうの視野にディストラクタが提示されると，ディストラクタが知覚されていなくともターゲットへのサッカードの潜時は増加した。実験は単眼視条件で行なわれたが，遠隔ディストラクタ効果はディストラクタが耳側視野に提示された条件でのみ生じた。Rafalら（1990）は，この効果は皮質下経路を介して生じており，有線皮質は経由していないと提言した。さらに彼らは，効果の非対称性は上丘への直接的な網膜投射の強度差によるものであると主張した。一方，この結果とは対照的に，Barburら（1988）は患者Gの研究において遠隔ディストラクタ効果を見いだせなかった。この患者においては，見えないほうの視野でも刺激によってサッカードが誘発されること，およびその他のいくつかの盲視現象を示す明らかな証拠があった。さらに最近になってWalkerら（2000）は6名の同名半盲患者をテストしたが，遠隔ディストラクタ効果を示す証拠は何も得られなかった。この違いを説明

し得る可能性の1つがWalkerら（2000）によって提唱された。すなわち，同名半盲における遠隔ディストラクタ効果は盲視が合併するときに生じるというものである。同名半盲における盲視の発生率は20％程度と考えられるので（Blythe et al., 1987），この効果が認められるかどうかは，研究の対象となった同名半盲患者の中に盲視を示す者がいるかどうかにかかっている。しかしながらこの説明もすべての患者のデータに共通するパターンを説明することはできない。たとえば患者Gははっきりと盲視を示したが，遠隔ディストラクタ効果はみられなかった（Barbur et al., 1988）。盲視の評価を遠隔ディストラクタ効果のテストとともに同じ患者で実施するようなさらなる検証が必要であるようにみえる。

　盲視行動については3つの主要な説明が存在する。第一は，見えないほうの視野であっても視覚は部分的に保たれており，この残存する視覚がなんらかの視覚行動を支えてはいるが視覚的アウェアネスを支えるには十分ではない，というものである。盲視への第二の説明は（たとえばWeiskrantz, 1986を参照），残存する視覚機能は上丘のような運動コントロール中枢へ直接視覚情報を伝える皮質下経路によって維持されているというものである。これと関連性はあるが異なる第三の説明は，視覚情報は損傷された有線皮質を経由しない有線外領域への直接経路によって支えられているというものである。

　第一の立場を支持するものとしてFendrichら（Fendrich et al., 1992; Wessinger et al., 1997）は，精密な眼球運動モニター装置を用いて，盲視を示す患者の中には同名半盲視野内に視覚が保たれた孤立した島をもつ者がいることを示した。これらのデータには説得力があるが，これがすべての患者の盲視の説明となるわけではないことを示す多くの理由がある。第一に，Kentridgeら（1997）はこのような視覚が保たれた島をもたないようにみえる1人の盲視患者からのデータを報告した。さらにもし盲視が単純に残存した視覚の結果であるのならば，見えない視野に提示された刺激に対する視覚行動は，健常な視野に提示された微弱な視覚刺激に対する行動と質的に類似しているはずである。AzzopardiとCowey（1997）は，健常視野における閾値周辺での視覚の成績と，盲視患者の見えない視野での成績を比較した。これらの結果は，減損した視覚という考え方では，すべての患者の盲視を説明することはできないことを示唆した。同じ研究において彼らは信号検出理論を用いて，刺激が存在したかどうかを患者が推測しなくてはならない強制二択法と，刺激の存在を意識していたかどうかを報告しなくてはならないイエス・ノー手続きから，視野の見えない部分での感度が正真正銘シフトしているのであり，反応バイアスのシフトによるのではないことを示した。

　第二の説明は，残存視覚機能は上丘のような運動コントロール中枢へ直接，視覚的情報を運ぶような皮質下視覚経路によって支えられているというものである（たとえば，Weiskrantz, 1986を参照）。すでに述べたようにRafalら（1990）は，同名半盲において遠隔ディストラクタ効果がみられることについて，このような説明を唱えた。

これとは別の，だが関連する説明は，損傷を受けた有線野を通らない，有線外野への直接神経経路が視覚機能を支えているというものである。この機能は LGN（訳注：外側膝状体核）からの直接連絡路か，視床枕経由の上丘からの上行路のどちらかにより支えられている。たとえば，Holliday ら（1997）は脳磁図（MEG）画像を用いて，ある盲視患者の見えない視野内での動きの処理は，有線野外の運動領域への非膝状体 − 有線野入力により行なわれていることを示した。

盲視についてのこれらの説明を，矛盾していると単純に考えることは適切ではないだろう。盲視についての単一の解釈では，すべての患者の行動を説明するには役立たないだろう。むしろ，盲視の根底にある原因は，患者によって異なるのかもしれない。しかしながら盲視患者から得られた情報は，サッカードにおけるターゲットの選択，すなわち顕在的注意は，ターゲットのアウェアネスに依存しないということを示唆している。近年，Kentridge ら（1999a, b）は見えない視野内のアイテムの検出に対して潜在的注意の手がかりが有益であるという証拠を報告した。これは，潜在的注意は顕在的注意やサッカードのようにはアウェアネスに依存しないことを示唆している。注意とアウェアネスの関係は重要な理論上の問題（たとえば，James, 1890）であり，これらの結果は注意とアウェアネスの間の驚くべき解離を示唆している。さらに顕在的注意と潜在的注意のどちらも同じようにアウェアネスと分離しているという点で，これらの結果は潜在的注意と顕在的注意の結びつきをさらに支持するものである。

2節 無 視

視覚的無視を示す患者は，視空間の一方の側にある対象に対して反応できない。**無視される**空間は一般に病巣と反対側で，一般的には頭頂葉皮質の損傷により生ずる。無視患者の中には同名半盲を有する者もいるが，そうではない者もおり（Walker et al., 1991），単独で提示されれば障害された側に置かれたアイテムにも反応することができる。さらに無視の重症度は，損傷の正確な解剖学的局在や，提示の仕方，求められている反応の性質など，患者に求められた課題の性質によって影響される（たとえば Husain & Kennard, 1997）。この豊かで複雑な研究分野についてのレヴューとしては Robertson と Halligan（1999）を参照してほしい。

無視患者は無視された領域にあるアイテムへたびたび反応しそこなうだけでなく，障害された領域へサッカードを起こすのに失敗することも多い（図8.2参照）。さらに完全な暗中でテストを受けたときでさえも，無視患者の一部は病巣と反対側の空間への注視時間が少なかった（Hornak, 1992）。Heide と Kompf（1998）は無視患者のサッカード課題の成績を調べた。病巣の局在に基づいて，彼らはさまざまな患者のタイプを区別した。後頭葉に損傷のある患者では，刺激誘発性のサッカードの障害がみられた。対照的に前頭眼野の損傷ではこれらのサッカードは障害されなかったが，代わりに空間の意図的探索が冒された。また補足運動野の損傷では，サッカード系列の

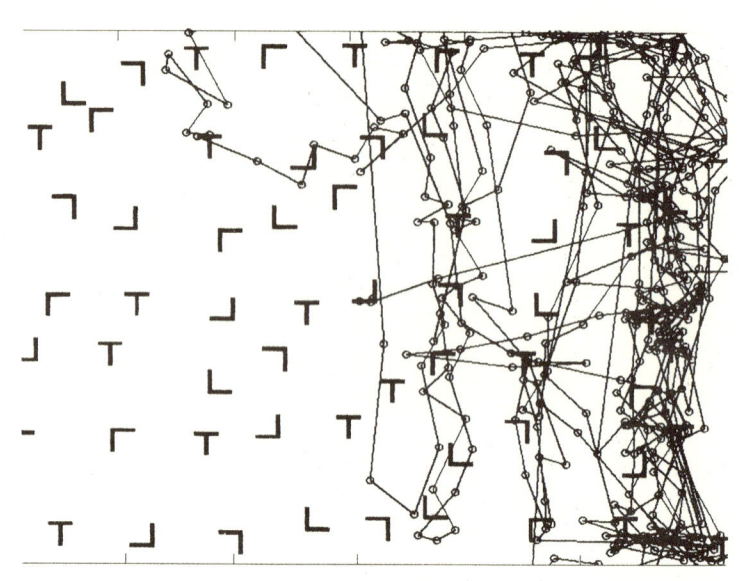

● 図8.2 無視患者が視覚的探索課題を行なっているときの注視（円）とサッカード（黒線）。
[Husain et al., 2001]

タイミングが障害された。この機能の細分化は，これまでの章で展開してきた，サッカードは複数の要素からなるシステムによりコントロールされているという考えを支持する。このアイデアへのさらなる支持は Brown ら（1999）によるリハビリテーションの研究から与えられた。Brown らはいくつかの課題を用いて，手足の賦活が無視患者の成績に及ぼす効果を調べた。手足の賦活は読み課題の成績を改善したが，左側へのサッカードや数字報告課題の成績には信頼し得る効果はなかった。これらの患者では，無視は刺激誘発性の定位と自発的な定位の双方に影響したが，自発的定位システムだけが手足賦活の処置に鋭敏であった。この乖離は，刺激誘発性の定位と随意的な定位の処理プロセスは機能的に独立しているという見解を，いっそう支持するものである。Harvey ら（2002）による最近の研究は，無視におけるサッカード障害をさらに細分化することを支持している。この研究の結果は図8.3に示してある。この視覚探索研究ではターゲット・アイテムは単独で提示されるか，あるいはディストラクタのアイテムと同時に提示された。ある患者（AF）は付加的なディストラクタが提示されたときディストラクタの性質にかかわらず強い無視症状を示した。対照的にもう1人の患者（ER）は，ディストラクタがターゲットに類似している場合にのみ無視様の症状を示した。

Walker と Findlay（1996）は無視患者のギャップ効果と遠隔ディストラクタ効果（4章2節3.）を調べた。ギャップ条件では，4人の患者の中の3人で，障害された領域

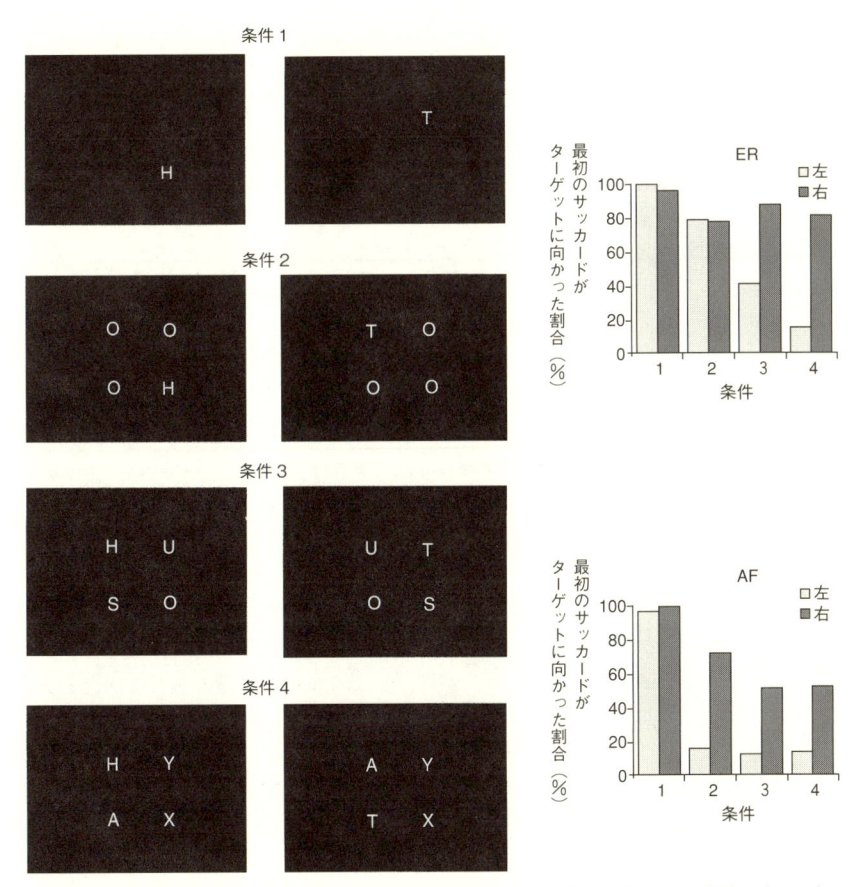

● 図8.3 4つの単純な探索課題における2人の無視患者（ERとDF）の成績。4つの課題のディスプレイの例が左側に再現してある。実験参加者への課題はディスプレイ上にHかTのいずれが提示されたかを判断するものである。右側は2人において，最初のサッカードがターゲットに向かった割合である。左側のターゲットと右側のターゲットのそれぞれについて図示してある。AFはディストラクタが提示されたとき著しい左右非対称を示したが，対照的にERは探索の困難さが増すにつれて（条件2-4），非対称性が増加する傾向を示した。[Harvey et al., 2002 より引用]

へのサッカード数においてなんら改善を認めなかったが，潜時は減少した。健常な視野に提示されたターゲットへのサッカードの潜時は，無視された視野にアイテムが提示されても変わらなかった。言い換えれば無視患者においては，障害のある視野にディストラクタが提示された場合には，遠隔ディストラクタ効果は認められなかった。

Behrmannら（1997）は左無視患者に視覚探索課題を行なわせた。患者は病巣と反対側の左側はほとんど注視せず，探索にもほとんど時間を費やさなかった。注視の数は病巣と反対側へ向かうにつれてしだいに減少していき，この意味で効果は連続的

といえる。Husainら（2001）は，このタイプの行動（図8.2に示してあるような）は病巣の反対側に定位する際の種々の失敗の組み合わせの結果であり，それと同時に，ワーキングメモリーに欠陥があるために，健常な視野内にあるアイテムをすでに注視したものとしてマークしておくことができないことによって生じると主張した。これにより，なぜ無視患者がしばしばよいほうの視野で非常に多くの注視を繰り返すのかが説明されるだろう。

無視患者はまたさまざまな程度の読みの障害を経験する。これらの無視性失読（Ellis & Young, 1988 を参照のこと）は多様な形態をとり，複合的な特徴が1人の患者で生ずることがある。ある患者は単純にページの片側だけをすべて読むが，一方，他の患者は個々の単語の端を読み誤る。KarnathとHuber（1992）はページの片側にある単語を読むことができない患者の読字中の眼球運動を研究した。彼らは，文の次の行を読むための左方への大きなサッカードの範囲が狭い（5章参照）という障害を見いだした。この，次の行の始まりに目を向けることができないという症状は，基本的に眼球運動障害の結果ではなく意図的なスキャニングの困難さを反映している。

無視はいくつかの定位プロセスに影響を及ぼす。全体として，これらの患者から得られた結果は，意図的な定位システムと刺激誘発性の定位システムとの差異を支持する。無視はまたオブジェクト・ベースでもある（訳注：3章6節1.を参照）。複数のオブジェクトを含むような課題が提示されたとき，これらの無視患者は提示されているオブジェクトそれぞれに反応するが，各オブジェクトの片側を一貫して無視するであろう。Walkerら（Walker et al., 1996; Walker & Young, 1996）は，そのような患者の1人である患者RRの眼球運動について詳細な研究を行なった。RRは左側無視を示し，場面の線画を模写するように求められると1つ1つのオブジェクトの右半分を描いた。この描画行為を忠実に反映するように，RRは場面の中心線から左側にあるオブジェクトへ左方向のサッカードを行なったものの，オブジェクトへの注視位置は，個々のオブジェクトの右側に限られていた。この傾向はRRが人の顔を見たときにも現われた。しかし，顔の左半分だけが提示されたときには，RRはその顔をスキャンし，正しく認識した。患者は，オブジェクトとオブジェクトの間での左方へのサッカードには障害がなかったが，オブジェクト内で同様のサッカードを行なうことはうまくできなかった。

視覚的無視は複合的な要素からなる障害であり，空間探索に一貫した形で悪影響を及ぼす。この障害は空間の片側にあるオブジェクトの定位，読みの能力，個々のオブジェクトの片側を定位するときに影響を与える。研究された限りでは，障害の性質と検出された眼球運動障害のタイプとの間に密接な関連があることは明らかである。さらに，患者の病巣の部位によって，サッカード障害の正確な性質が変わってくるようにみえる（既述のHeide & Kompf, 1988を参照のこと）。これは2つの重要な点を示唆する。第一にこのような患者のサッカード眼球運動障害の研究はサッカード生成の

神経学的基盤をより明らかにしてくれる。第二に無視患者のサッカード眼球運動障害の研究により，私たちは障害の正確な性質と，いかにそれらが区分されるかについてより詳しく理解することができる。

3節　バリント症候群と背側同時失認

バリント症候群（Bálint, 1909）とは，主に両側頭頂葉損傷の結果として生ずる関連症状の集まりを指す。これらは以下のような症状を含む。(1) 注視失行，または精神性注視麻痺あるいは強制注視とよばれる症状であり，周辺にあるターゲットを随意的に注視するために眼を動かすことができない，あるいは重篤に障害されている。(2) 注意の顕在的なシフトに加えて，潜在的な注意にも限界がある。(3) 視覚的ターゲットを手でとらえることの障害，これはしばしば視覚失調とよばれる。これらの患者は聴覚的ターゲットに対してはこうした問題を示さない。このため，一次的な運動障害では説明できない。バリント症候群は正常な発達の過程で生ずる「強制注視」（4章7節参照）を模倣して，注意性「強制注視」もしくは麻痺として特徴づけられることが多い。背側同時失認は単一のアイテムへの反応は障害を受けないが，複数の要素が示されると反応の障害が生じるという関連症状である（たとえばWarrington & Shallice, 1980を参照）。これは単にバリント症候群の諸症状の一部がより軽い形で現われたものかもしれない。

Robertsonらは，両側頭頂葉損傷後にバリント症候群を呈した患者RMについて詳しく検討した（Friedman-Hill et al., 1995; Robertson et al., 1997）。ある色のついた形と，それとは異なる色の別の形を提示されると，RMはしばしば間違ったオブジェクトと結びついた色を報告した。特徴統合理論（6章2節1.）によれば，同一対象と結びついた種々の特徴は注意がそのオブジェクトに配分されたときにだけ結びつけられる。患者が示したこれらの間違った結合は，この患者においては特徴を正しく結合するために注意を利用することができないことを示唆している。この結果とも一致するが，RMはターゲットの検出に注意が必要とされる系列的な視覚探索（6章1節）において特に問題を示した。

このような患者は比較的まれなので，バリント症候群の眼球運動障害の詳細に関する研究はごくわずかしかない。Girottiら（1982）は文献上報告された患者の眼球運動の特徴についてのレヴューを行なった。このレヴューはBalintの最初の報告から1980年に至るまでの患者を含んでいる。彼らは，関連するデータが報告されている症例の，わずか1例を除くすべての症例において，ターゲット以外によって誘発された「逸脱サッカード」が示されたと記している。この逸脱サッカードは多くの場合，ターゲットを随意的に注視しようとしたときには，非常に小さな振幅であった。しかし一般に，その同じ患者が言語指示に従ってサッカードを起こすことは可能だった。注視の痙攣もまたこのグループの明確な特徴であるようであった。ついでGirottiら

157

(1982) は，サッカードのパラメータを注意深く記録した詳細な単一症例研究を報告した。刺激誘導性サッカードの潜時は非常に長く，しばしば対照群の潜時の4倍を超え，単独に提示されたターゲットをとらえるために5つものサッカードを要した。生成されたサッカードは不安定で，ターゲットを最終的にとらえたのは全試行中のわずか半数のみであった。対照的にこの患者は言語指示でサッカードを起こすことができた。しかし注意すべきは，患者は両側後頭葉に損傷があり，その結果一側性さらには両側性の同名半盲を呈していたかもしれないということである。これらの障害だけでは，この患者で生じたサッカードの極端な遅さや失行的な性質を説明することはできない。しかし，サッカード・コントロールの障害には関与していたと考えられる。

4節　前頭葉損傷

ヒトの前頭葉皮質損傷は，方略の体制化の欠落，構成力の低下，複雑な課題における運動プログラミングと系列化の問題を引き起こす（たとえば Stuss & Knight, 2002）。この部位の損傷はまた保続を起こすことも多い。これは不適切な状況下で同じ運動行為を何回か繰り返す傾向である。これらの問題の多くはワーキングメモリーの障害とも関連する（Goldman-Rakic, 1992 参照）。これら一連の障害が眼球運動にもたらす影響については，特にアンチサッカード・パラダイム（4章4節5.）を患者に用いることにより研究されてきた。

アンチサッカード課題では被験者はターゲットと反対の方向へサッカードをするよう求められる（Hallett, 1978）。これはターゲットが注視点の左側に出たら，正しい反応としては右側へサッカードをするということである。ここでは，この行動の2つの主要な特徴が重要である。第一に，アンチサッカードの潜時はターゲットに対してサッカードするときよりも長い。そして第二に，健常被験者であっても誤りを冒す傾向があり，平均の誤反応率は10％から20％と報告されている（Guitton et al., 1985；Everling & Fischer, 1998）。この大きなばらつきは，おそらく誤反応率や年齢に関連する諸効果にみられる大きな個人差，および一部の被験者におけるスピードと正確さの方略的なトレードオフの結果であろう。

Guitton ら（1985）は前頭葉損傷患者10名にアンチサッカード課題を課し，9名の健常者対照群および7名の側頭葉患者と比較した。この研究の結果を図8.4に示す。対照群や側頭葉患者（誤反応率20％）と比較すると前頭葉損傷患者は高い誤反応率（50％）を示した。前頭葉患者は明らかにアンチサッカードを行なうことが困難であった。

アンチサッカード課題は前頭葉損傷の鋭敏なマーカーとなるが，課題の複合要素的な性質からすると，他の神経系領域の損傷がこの課題の遂行成績に影響を与えたとしても驚くべきことではない。たとえば Pierrot-Deseillingny ら（1991）はアンチサッカード生成の一時的な障害が上丘の損傷後にみられたと報告している。

4節　前頭葉損傷

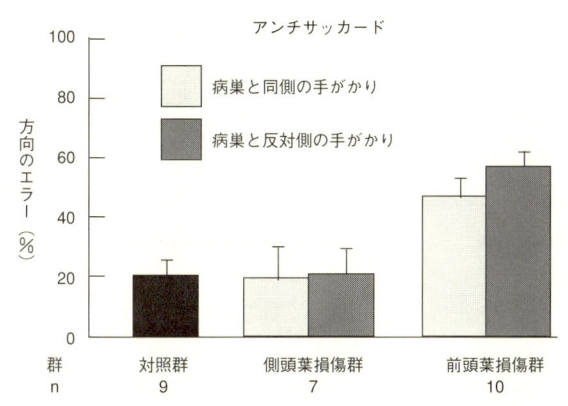

● 図 8.4　対照群，側頭葉損傷患者群，前頭葉損傷患者群のアンチサッカード課題の成績。[Guitton et al., 1985 より引用]

　前頭葉とワーキングメモリーとの強い関連性を考えれば，これらの患者のアンチサッカード課題における失敗の理由の1つとして考えられるのは，課題の指示の一部を記憶にとどめておくことができないということであろう。しかし，このような説明はありそうにない。誤試行において Guitton ら（1985）の患者は，しばしばターゲットと反対方向に正しく第2の修正サッカードを行なった。さらに，これらの第2サッカードの速い潜時は，アンチサッカードのプログラミングの一部が，誤反応のプロサッカード（訳注：ターゲット方向へのサッカード）と同時に生じたことを示唆している。Walker ら（1998）は空間的ワーキングメモリーや遂行機能のテストで障害が認められ，またアンチサッカード課題でも成績が悪かった前頭葉損傷患者を調べた。この患者は，プロサッカードを要求された課題では反応は遅いものの，その成績は良好だった。患者はまた，提示されたターゲットが消され，そのあとで記憶されたターゲットの位置へサッカードが要求されるような課題においてもよい成績を示した。さらに，ターゲットが提示されても注視を維持しなくてはならない場合も，よい成績を示した。これらのいずれの条件でも，誤反応は病巣の同側ではなく反対側の刺激に向かう傾向があった。これらのデータは，単にワーキングメモリーに障害があるのではないことを示唆している。この結論は，患者はアンチポインティング運動が可能であったという証拠によって支持される。
　Walker ら（1998）が患者に行なったさまざまな課題は，アンチサッカードの障害は単に周辺視野にターゲットが現われても注視を維持することを求められた結果によるものではなかったことを示している。さらに記憶誘導性のサッカード実験から，患者は何も刺激が提示されていないディスプレイ部分に向けてサッカードを行なうことができたことは明らかである。また，少なくともこの患者における成績の悪さは，さ

まざまな課題要求が相互作用的に結合した結果であるようだ。

EverlingとFischer（1998）はアンチサッカード課題を用いた臨床研究についてさらに詳細なレヴューを行なっている。彼らはアンチサッカード課題での成績不良は注視の維持の失敗もしくはアンチサッカード生成の失敗の結果であることを示した。しかし，Walkerら（1998）が研究した患者の障害を，これらのプロセスの1つだけが冒されたものとして分類することは困難である。患者でのアンチサッカードの成績に関する研究から明らかになったことは，見かけ上は単純な課題でも複合的な要素から成り立っているということである。

ここで私たちは，前頭葉は自動的反応を抑制する役割をもっているとする主張が，アンチサッカード課題で測定されるような随意的サッカードの研究により実証されることを強調したい。前頭葉の役割の1つは行動反応を制御することである。前頭葉損傷はアクティヴ・ビジョンに影響する。この重要な制御システムがないと，より極端な場合，サッカード・システムは課題目的に対してよりも，環境世界に生じる諸事象に隷属してしまうことになるだろう。

5節　眼球運動を伴わない定位

1995年に私たちは眼球外線維症（先天性と推定される）により眼を動かすことができなくなったAIという被験者を研究する機会を得た（Gilchrist et al., 1997, 1998; Land et al., 2002）。この被験者は学生向け新聞に掲載された斜視の被験者の募集に応じて，偶然私たちのところを訪れたのだった。AIは募集広告に応えて，自分は斜視ではあるが眼を動かすことができないのであまり役に立たないと思うとつけ加えた。今となっては，彼女の視覚的行為や経験について私たちがあらかじめ予測していたことを，もう一度正確に述べることは難しい。はっきりしているのは，彼女は非常に顕著な障害を有しているに違いないと私たちは考えていたことである。結局のところ，どのようにして彼女の視覚システムは，健常者に備わっている特化した眼球運動装置を用いずに，うまく環境に対処していたのだろうか。私たちの考えでは，眼球運動装置は，アクティヴ・ビジョンを可能にするために，脳の視覚系とともに進化してきたものなのだ。この人物はアクティヴ・ビジョン仮説を検証するための非常に強力なテストを提供するように思われた。もし彼女にそれほどの障害がなかったら，サッカードは視覚機能にとってなんら中心的な役割を果たしていない，末梢機構の部類の1つに考えられるだろう。これがまさにそのとおりで，AIは眼が動かないことによる障害をほとんど受けていなかった。彼女は通常の学生生活を送り，特別の援助を受けずとも学年相応の英語を読み，まったく手助けなしに歩くことができた。彼女は車の運転を学ばず，スポーツにも熱心でなかった。しかし，それ以外の面ではほとんど障害がなかった。

しかし，AIが眼球運動なしでどのようにしてこれらを成し遂げたかを詳細に調べ

たとき，私たちは彼女の眼球運動システムには欠損があるが，彼女のサッカード・システムはまったく健常であることを見いだした。そこで明らかになったことは，アクティヴ・ビジョン・アプローチに対して強力かつ最も驚くべき支持を与えるものであった。つまり AI は彼女の頭部をサッカード状に動かしていたのである。AI の頭部運動はさまざまな重要な面で眼球運動と酷似していた。私たちは今すぐこれらの類似性について詳細に述べるつもりだが，その前にこれが意味することについて少しだけ考えてみよう。AI が何かを見るために中心窩を動かしたいと欲するとき，あるいはその必要があるとき，それが群衆の中の顔であれページ上の単語であれ，彼女は特化した眼筋群を用いて小さく比較的軽量な眼球を動かすというのではなく，頭部全体を動かすのである。

1. 末梢の神経心理学

この章の初めに見たように，ヒトの神経心理学はいくつかの核となる仮定に基づいている。AI は神経心理学上どちらかといえば特殊な例であるので，ここでこれらの仮定を明確にしておくことはとりわけ重要である。本来の典型的な神経心理学の単一事例研究では，局限された脳損傷を被った成人がその対象である。損傷によって特定の機能あるいは機能のセットの損失もしくは障害が生じる。このような患者の研究により，共通の機能ベースを有する行動が確定される。しかし，単一事例研究がそのように明快であることはまれである。単一の脳損傷によって，その基礎的機能は明確に異なるものの，たまたま解剖学的に隣接する領域で処理される2つの障害が起きることもある。たとえば，オブジェクトの認知障害である視覚失認は，しばしば色覚障害を合併する。

機能を理解するために機能障害を研究するこうしたアプローチは，発達障害の研究でも行なわれている。そのようなアプローチは成功しているものの，とりわけ障害が原因で発達に差異が生じる可能性があるために，問題がなかったわけではない（Bishop, 1997 参照）。AI が生まれたときから眼を動かすことができなかったことは明らかである。また彼女は中枢神経系には障害がなかった。代わりに AI は末梢系に障害を有していたので，私たちが**末梢神経心理学（peripheral neuropsychology）**とよび得るようなものの一例なのである。中枢神経系障害を理解するためにこのような末梢系障害の患者を研究することは一般的とはいえないけれども，文献上ではいくつか例がある。

Nicholas ら（1996）は，さまざまな年齢のときに一方の眼球を失ったために，1つの眼の機能しか持っていない患者の視覚行動を調べた。そこで検討された中心的な疑問は，残された眼の視覚能力はどのようなものかであった。Nicholas らは，残された眼がコントラスト感度のテストにおいて，健常者の単眼での感度よりも格段に優れた能力を有することを示した。さらに彼らは残された眼の成績の向上と眼球摘出年齢との関係を明らかにした。ここで重要な点は，この研究は，眼球摘出という末梢系の障

害，およびそれによって中枢神経系の機能である視覚行為にどのような結果が生じるかについての研究であるということである。

Ramachandran（1995）は上下肢を切断した成人被験者について，いくつかの研究を報告している。記載された患者は**幻肢（phantom limbs）**を呈していた。彼らはもはや存在しない手足に生ずる感覚事象を経験していた。これらの患者の中には身体の他の部分への幻肢の体系的な再マッピングを示した者もいた。そのため，たとえば1人の被験者は切断上肢の残された部分に触れられたとき親指に触れられたように感じたと報告し，上肢の近接部位に触れられると幻の指の近くを触れられたと報告した。

これらの事例研究と私たち自身の事例研究は，伝統的な神経心理学と私たちが末梢神経心理学とよんでいるものとの中核的な持ち味の違いを示している。これら3つの例はすべてが中枢過程の適応を示しているという点が興味深い。AIは彼女の頭をサッカードとして用い，Nicholasらの被験者たちは残された1つの眼で通常以上の視力を示し，Ramachandranの患者らは体性感覚マップのきわめて徹底した再編成を経験した。この意味で末梢神経心理学は伝統的神経心理学と異なっている。つまり末梢神経心理学では，脳はいったん損傷を受けると神経学的な適応や機能の可塑性を示さない，とは考えないのである。実際，末梢神経心理学の研究はこのような適応について調べているのである。

2. 眼球運動を伴わない読み

AIに対する最初の研究で，私たちは彼女の読みの能力を調べた。私たちがこれを研究テーマにしたのは，彼女の読みの能力があまりに見事なことに驚かされたからである。5章で述べたように，読みの際の眼球運動のパターンは非常にうまく記録できる。読みの際の眼球サッカードは2つのパラメータによってうまく特徴づけられる。その分布は図5.1に示されている。第一のパラメータは注視時間であり，サッカード眼球運動の間の，眼球が静止している時間を示す。注視時間の分布は200〜250ミリ秒の間にピークがあり，プラスの方向に偏った分布を示す。サッカードを特徴づけるのに有益なもう1つのパラメータは動きの大きさである。動きの大きさは文字の大きさに左右され，文字単位で測定された場合は，テキスト・サイズの広い範囲にわたって，比較的一貫している。動きの大きさの分布は注視時間の分布に比べてより複雑である。テキストに沿った前方向へのサッカードでは，サッカードの大きさは7〜8文字でピークを示し，さらにテキストに沿ってあと戻りするサッカードも少しみられる。

私たちはAIが読書中の頭部の動きを記録し，注視期（眼球が比較的静止しているとき）の時間と眼球が動いているときの時間に分類した（訳注：実際は頭部の動き）。この分析に際し，私たちは簡単な速度基準を用いた。これは眼球運動をサッカードと注視に分けるためにたびたび用いられる方法である。AIの注視時間の分布を図8.5に示す。図5.1に示した分布との類似は注視時間と動きの大きさの双方で顕著に認められる。読みの際のAIの定位運動は，対照群の被験者が読みの際に示すサッカード眼球運動と

5節　眼球運動を伴わない定位

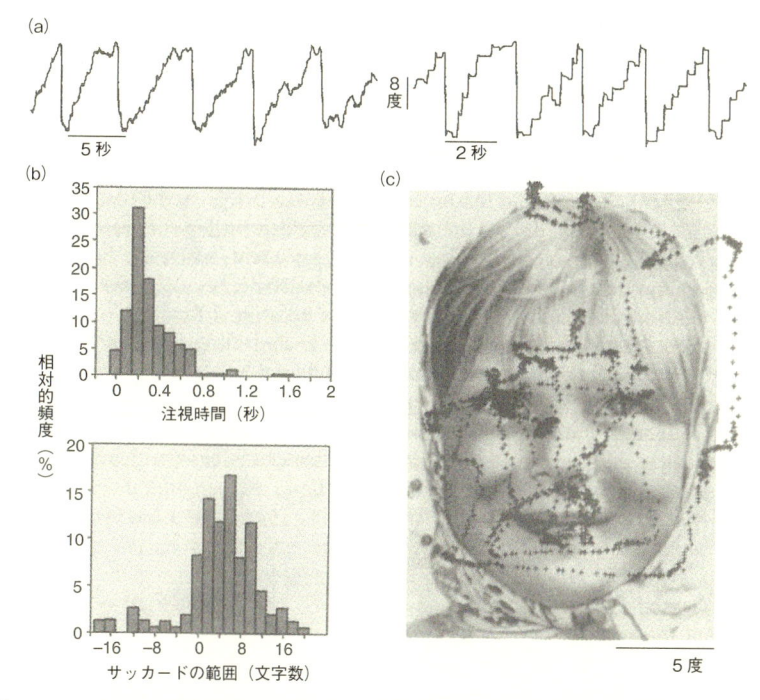

● 図 8.5　AI の頭部の動きの記録。上方の図 (a) は文章を読んでいるときの AI の頭部の動き（左側）を，対照群の実験参加者の眼球運動（右側）と比較して示す。AI の頭部の動きを静止しているときと動いているときに分けると，注視時間と動きの大きさの分布は，対照群実験参加者の眼球運動と非常によく似た分布を示した（b，および図 5.1 も参照）。このような注視とサッカードのパターンは写真をスキャンする際 (c) にも生じた（Gilchrist et al., 1997）。

定量的に類似していた。この結果は印象的ではあるが，ある意味ではおそらく驚くべきことではない。読みは最も**視覚的に**困難な日常課題の1つなのである。これらのデータに対する1つの可能な解釈は，課題がある程度難しいと，視覚システムはこのようなステレオタイプな方法で視覚入力をサンプリングするしか選択肢はないということである。しかし，私たちはまたサッカード様の運動が写真をスキャンするような他の課題でも生じたことを示した。図 8.5 (c) のような顔の情報を取り入れるためには，広汎なスキャニングは必要とされないようである。なおこのことは健常観察者の眼によるスキャンと AI の頭部によるスキャンのいずれでも示されている。結論として，サッカードによるサンプリングは視覚系にとって優先的なオプションであるといえる。

3. サッカード的な頭部運動

　もし AI の頭部の運動が本当にサッカード的であるとして，私たちがいだいた次の疑問は，この頭部運動はどの程度まで眼球サッカードと同じ実験的現象（Gilchrist et al., 1998 により報告された）を示すのかということであった。私たちは4つの古典的なサッカード・パラダイムを選んだ（4章参照）。それはギャップ効果，遠隔ディストラクタ効果，アンチサッカード課題，サッカード抑制である。いずれの場合も，AIの頭部の動きは眼球運動の文献から予測されるような効果を示した。この点ではAIの頭部の動きは実にサッカード的であるようだ。

さらに私たちは，自由に移動可能な眼球追跡装置を用いて，お茶を入れるという日常的な仕事を行なっている間のAIの頭部の動きを調べた（Land et al., 2002）。この研究の結果を図8.6に示す。もちろんAIはこの作業を行なうことができた。しかし私たちは彼女の行動と対照群実験参加者の行動でいくつかの違いに気づいた。第一に，彼女はこの作業の間定位運動をあまり見せなかった。これは図8.6で明らかである。第二に，私たちはAIがゆっくりと漂うような動きをすることを観察した。頭部が1秒間に30度以下というスピードで場面を横切るようにゆっくり動く場合である。私

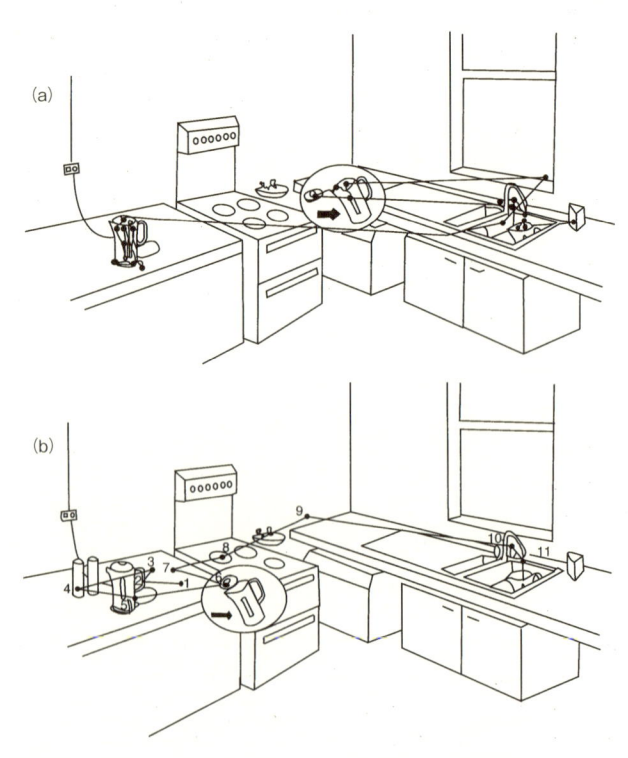

● 図8.6 （a）統制群実験参加者が台所でお茶を入れているときの注視と視線移動。（b）AI（定位のためには頭部を動かすことしかできない）の注視と視線移動。[Land et al., 2002 より]

たちはこの付加的な定位行動は，頭部によるサッカードに代わって大きな定位行動をするために用いられると論じた。このようなドリフト運動にはコストがある。つまり，このような運動をしている間は，微細な空間スケールの視覚情報を利用できない。しかし，サッカード眼球運動に比べてサッカード的な頭部運動の持続時間は長いことを考えると，これらのドリフト運動にもベネフィットがある。AI の定位システムは，視覚解像度を犠牲にして，なんらかの視覚情報が利用できる時間の長さを増やしているのであろう。

一見破局的と思われる障害にもかかわらず，AI の日常生活は比較的正常である。この障害は視覚におけるサッカードの役割をどこに託したのだろうか。サッカードは日常的定位のいたるところでみられるものである。眼球がサッカードを行なうことができなくなると，代わりに頭部が利用できるようになるのであろう。おそらくこれにより情報は視覚系へ伝えられ，その後の処理がなされるのであろう。ここで根本的ともいえる疑問が生じる。それではなぜ眼球運動は進化してきたのか？ そもそも他の動物種は，眼球運動が非常に制限されているかあるいはまったく欠如した形で進化し，AI は頭部を使ってかなり上手に定位を行なうことができる。Walls (1962) は，眼球運動は元々知覚世界に対する網膜像の安定を維持するために進化したのであり，それにより世界の安定的な表象が可能になったと論じた。これは，1 章で説明した視覚に対するパッシヴな見解を思い出させる。この見解によれば，視覚は静的で空間的に均質な入力の分析から成り立っており，それによって外的世界の内的表現を形成するとされる。しかし，そのような進化論的な疑問に対して AI の結果をどのように位置づけるかは明確でない。ここで 2 つの説明が可能である。第一に，視覚系は，サッカード眼球運動が進化論的に有利となるような，より多くの視覚的な困難さを伴う環境において進化してきたのであり，そうした進化上のアドバンテージは，よりゆっくりした視覚的生態環境においては明確にならないのかもしれない。第二の可能性は，サッカード眼球運動は，実際には私たちが行なったテストの範囲を超えたところで，アドバンテージを付加するというものである。それゆえ，定位のための頭部運動だけを用いてバーゲンス反応を生成することは明らかに不可能である。さらに，前庭動眼反射（VOR）は，観察者が移動している間も視覚が有効となるように，安定した視覚的な台座をもたらしてくれるが，それは眼球が動くことによって可能となる。AI の VOR の欠損が，彼女が語った球技や運転での障害の原因となっているのかどうかはまだ不明だが，それはありそうなことではある。

6節 要 約

この章では神経心理学的障害のうち眼球運動がモニターされているものに限って概説した。これらの例から明らかなのは，視覚障害について十分に理解するためには，眼球運動行動の詳細な説明と，その行動を実際に臨床症状の説明に結びつけることの

8章　ヒトの神経心理学

双方が不可欠であるということである。

　視覚行動のアクティヴ・ビジョン的説明は，神経心理学に非常に多くの貢献をなし，また逆に神経心理学はこのアプローチの発展をうながしている。たとえば，盲視の研究はアウェアネスとサッカードによる目標捕捉の間の明らかな乖離を示す。無視の研究は定位をさまざまな種類に分類することを可能とし，AIのような患者の研究は，私たちはなぜサッカードを行なうのか，それは視覚のモデルのどこに位置するのかといった根本的な疑問をいだかせる。

9章 空間の恒常性とサッカード前後の視野統合

　これまでの章では，アクティヴ・ビジョンのアプローチが視知覚のさまざまな領域の中でどのように展開されるかを示してきた．最後に，長年にわたって視覚研究者を悩ませてきた問題を検討して，私たちの議論を締めくくることにする．最近の研究の進展は，この問題の解決方法がアクティヴ・ビジョンの枠組みの中でどのように可能になるかを示している．

　ここではサッカード前後の視野統合に関する問題を扱う．私たちの眼球が不規則な一連のサンプリング処理に断続的に携わっているとき，整合性のある安定した視覚世界の認識はどうやって生じるのであろうか？　概念的に単純な解決策を提供するように思われた伝統的なアプローチを，まず手短に論じる．そしてこの伝統的なアプローチが不適当であることを論じたあと，最近の研究について論じる．これらの研究は，サッカード前後の視野統合の問題に取り組むことの重要性を示すと同時に，新奇かつ意外な方法でこの問題の解明をめざしている．

1節　伝統的なアプローチ——「補正による説明」

　眼球が動くと，網膜と網膜像の間で相対的な動きが生じる．網膜信号はかなり変化するが，この変化は知覚されない．ところが残像のような，網膜上で固定された像は，眼球が動くと動いているように見える．どうしてそのようなことが起こるのであろうか．私たちの知覚経験は，完全に網膜から生じる「生の」信号に基づいているのではなく，網膜信号と，眼球がどれくらい動いたかを伝達する信号とを結合することで生じていることは明らかである．後者の信号は，**網膜外信号**（extra-retinal signal）とよばれている．ここから2つの疑問が生じる．1つは，網膜外信号の発生源は何かということであり，もう1つは，知覚的安定を達成するために，網膜外信号はどのように作用するのかということである．

　最初の疑問は，古くから主要な焦点となっている疑問である．多くの説明が，眼球が動いたことを示す信号の発生源に関する**インフロー**（inflow）説と**アウトフロー**（outflow）説の区別を強調してきた．インフロー説では，信号は眼筋中のセンサーから発生すると考え，アウトフロー説では，信号は眼球運動を計画する中枢から発生すると考える．この論争では，アウトフロー説が勝利を得たと一般的には考えられている．Helmholtz（1866）は，網膜外信号の発生源に関する問題を考察し，眼球の受動

的な動き（たとえば，指で眼球を優しく突く）によって世界が不安定に動いて**見える**という発見に影響を受けた。さらに，Kornmüller (1931 — Carpenter, 1988 の中で引用)は，自分の眼腔に大量の麻酔を注入して外眼筋を部分的に麻痺させ（球後ブロック），その状態で眼球運動を試みようとすると，錯覚に基づく動きを知覚することを報告した。その後の研究（たとえば，Stevens et al., 1976）により，この発見は再現された。しかし，眼球が**全体的に**麻痺したときにはこの動きの錯視は現われなかった。むしろ，観察者は眼球を動かそうとする試みがうまくいかないことに気づくようになった。アウトフロー説を支持する別の有力な証拠が，von Holst と Mittelstaedt が行なった無脊椎動物の視覚に関する簡潔な実験により示された（von Holst, 1954 参照）。彼らは，ハエの頭を外科的に回転させると，ハエが否応なしに回転運動することを発見した。彼らは，それをハエの運動系から生じるアウトフローのような信号によって説明した。彼らはその信号に**エフェレンス・コピー**（efference copy: Efferenzkopie）という用語をつけた。頭部の動きに対する通常の補正を行なうというよりもむしろ，エフェレンス・コピー信号が結果を強めるように作用する正のフィードバック・ループを頭部の回転が作り出したと彼らは提案した。

　網膜外信号はどのように使われているのだろうか。1つの可能性は，変化に関する視覚情報が抑制され，意識にのぼらないことである。サッカード抑制は，広く研究され，よく確立された現象（2章4節3.）であり，サッカード時の知覚の欠如に関わるある側面（たとえば，動き — Bridgeman et al., 1994）を十分説明しているのかもしれない。しかしながら，重大な問題は，眼球運動から生じる変位に気づかないことである。サッカードは物体の網膜位置の変化を生み出すが，抑制による説明ではそのような変化をうまく調整できないように思える。別のより一般的な提案として，眼球運動によって引き起こされる位置の変化をどうにかして**相殺**（cancel out）するように，網膜外信号が**補正的**（compensatory）に作動するという提案がある。上記の von Holst の結果は，少なくとも無脊椎動物が網膜位置の変化に備える際には，網膜外信号が抑制のために作動するというよりもむしろ，能動的な補正を行なうために作動することを示唆している。1章で述べた知覚のパッシヴ・ビジョン・アプローチは，知覚経験を，網膜像とその像の網膜対応的な投射から生じる脳内表現に関連づける。時折，サッカード前後の視野統合は図像的な（iconic）信号のレベルで起こっているかもしれないことが示唆されてきた。すなわち，脳内のどこかにある図像的な網膜対応の表現は，眼球が動くたびに適当な補正変化と結びつけられ，頭部もしくは身体中心の空間座標系の中で安定した表現となる。「補正」というアプローチのもう1つの明白な魅力は，空間対応表現，すなわち眼球が動いても安定している視覚世界の表現がもたらされることである。そのような表現は視覚経験と一致していると同時に，眼球を動かしても視覚的に制御される行動は妨害されないという明白な事実を説明するためにもきわめて重要であるように思える。

次節では，そのような補正信号の証拠を得ようとしたさまざまな実験アプローチを考察する。一見したところでは，それらのデータは混乱しており，矛盾している。補正の明白な証拠を見いだしているアプローチもあれば，ほとんど，あるいはまったくそのような証拠を見いださないアプローチもある。この見かけ上の逆説的な状況を解決できる可能性が最近になって出てきたが，これについては最後の節で論じる。

2節　サッカード前後の視野統合

補正のしくみがサッカードを考慮して機能しているならば，いくつかの結果が予想できる。

1. サッカード時の変位の検出

補正信号ならば，空間におけるターゲットの位置を記録し続けるはずである。したがって，もしターゲットが単独で，もしくは視空間内の他のものと一緒に動けば，そのような動きは記録されるはずである。

サッカード時に生じた視覚ターゲットの変位が検出されるかどうかについては，いくつかの研究で調べられている。変化を検出するための警告システムにより即座に検出できるような変化（3章1節）でも，サッカード時に生じると，サッカード抑制という現象（2章4節3.）によって検出できなくなる。

さらにかなり大きな変位であっても，それがサッカード時に生じると，被験者には気づかれないことが発見されている。Bridgemanら（1975）は，サッカードの大きさの3分の1までの変位であれば検出されないことを報告した。このときの視覚刺激は，単純な線の配列で構成されていた。最近ではMcConkieとCurrie（1996）が，観察中の場面写真の変位検出能力を測定した。彼らの結果はBridgemanらの結果と一致しており，さらに，サッカードの大きさが増大するとともに，小さな変位を検出する能力がかなり系統的に減少することを発見した（図9.1）。サッカードの10％の大きさの変化は試行回数の約4分の1だけで検出され，20％の大きさの変化は試行回数の約半分でしか検出されなかった。サッカードと同じ方向の変位が，サッカードと反対方向の変位よりもやや頻繁に検出された。これらの結果によって示されたかなり貧弱な検出能力は，空間の正確なマップが眼球運動中に保持されているという考えと矛盾しているように思える。

2. サッカード前後の視野融合

サッカードと関連した補正信号がイメージ表現のレベルで作動しているならば，別の予測が考えられる。その予測とは，視空間の中で同じ位置を占めている視覚対象は，サッカードの前とあとで統合されるということである。サッカード前の視覚対象とサッカード後の視覚対象は，網膜上では異なった位置にある。多くの実験がそのようなプロセスの証拠を探ったが，何も見いだされなかった。そのような統合プロセスから予測される1つの帰結は，サッカード前に提示された画像の断片とサッカード後に提

9章　空間の恒常性とサッカード前後の視野統合

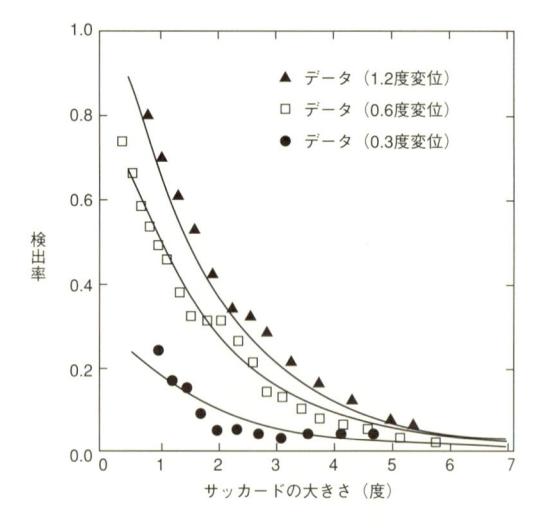

● 図 9.1　McConkie と Currie（1996）の実験結果。被験者は画面上の写真を見た。サッカードが生じると，その写真が時折変位し，被験者はそのような変化を検出したら報告した。グラフは変位が生じたときのサッカードの長さに対する，3 つの異なった量の変位検出確率を示している。実線は最もよく適合した指数関数を示す。

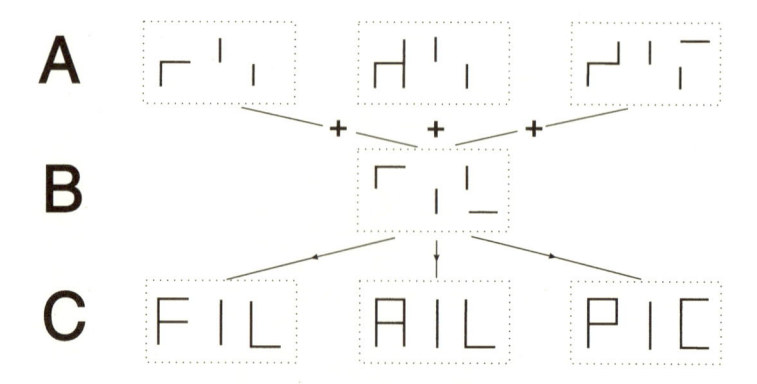

● 図 9.2　サッカード間の図像融合を調べるための O'Regan と Lévy-Schoen（1983）の実験。各試行では，A の並びにある断片のうちの 1 つがサッカード前に瞬間提示され，サッカード後，同じ空間位置に B の並びにある断片が瞬間提示された。図像融合は，C の並びにある文字列を生成するが，観察者はこれらの文字列を報告することができなかった。ただし，眼球運動をせずに，1 つの網膜位置にそれらの断片が同様の手続きで提示されると，そのような統合が生じた。

示された別の断片の統合に成功することである。図9.2は，O'ReganとLévy-Schoen (1983) の実験がいかにしてその仮説を検証しようとしたかを示している。ディスプレイの残光特性を正しく制御しないと，仮説を支持する結果が得られてしまうが (Jonides et al., 1982, 1983)，彼らの実験でも，またその後の注意深く制御された実験 (Irwin, 1991) でも，統合に関する証拠は得られなかった。単語の知覚と関連した周辺視によるプレヴュー現象については最初のほうで論じたが（5章3節3.），すでに指摘したように，こうした形でのサッカード前後の視野統合に関わる表現は，図像的なレベルの表現よりももっと抽象的な表現である。

3. サッカード時に提示されるプローブの定位

　暗室内で眼球を動かしたときに瞬間提示される視覚的なプローブ信号を観察者に判断させるという，別のアプローチがある。初期の研究では，サッカードの目標のような，参照位置に対するプローブの相対的な位置を知覚的に判断させた。Matin (1972) によって簡潔に述べられているように，判断はかなり変わりやすかったが，系統的な傾向も示した。サッカード眼球運動の開始よりもかなり前，あるいはサッカード終了後のかなりあとに瞬間呈示されたターゲットは正確に定位されたが，サッカードの直前あるいは直後に瞬間呈示されたターゲットは誤って定位された。この定位の誤りは，網膜外補正信号が実際にサッカードが生じている期間よりもかなり長い時間をかけて作動した，と考えたときに予想される定位の誤りと一致するものであった。定位の誤りのパターンは複雑であるが，サッカード運動時に「視空間が圧縮される」という提案とも一致する (Ross et al., 1997)。

　2章2節2.では，知覚経験と行動のための知覚は，脳内の異なった処理経路を使うという重要な仮説を紹介した。視覚的に制御される行動が要求されるならば，より正確な空間的信号が存在するはずである。何人かの研究者がその証拠を求めてこの問題に取り組んだ。特に，HallettとLightstone (1976) の報告はかなり興味深いものであった。彼らは，サッカード時にプローブを瞬間提示し，サッカード終了後に眼球を動かすことでプローブの定位を行なうよう観察者に指示した。その結果，かなり正確に定位されることが示された。しかしながら，Honda (1989, 1990) によって注意深く行なわれた分析からは，この結果に関しては別の解釈が可能であることが指摘されている。

　他の研究結果も，行動を制御するために自己中心的な視覚表現が絶えず利用されていることを示していると解釈されてきた。SkavenskiとHansen (1978) は，最大15度のサッカード時に瞬間呈示されたターゲットの位置を，とがった丸頭ハンマーを使ってすばやく叩くよう被験者に求めた。その結果，視角15分の正確さで実際のターゲットの位置を叩くことが示された。SkavenskiとHansenは，自己中心的な信号は行動制御のために利用できるが，意識的な知覚のためには利用できないと主張した。またBridgemanら (1979) も，見えないポインターを使って類似した実験を行ない，

知覚判断は低下するが直接的な指さし反応は正確であることを見いだした。より最近の研究も，この知覚と行動の違いを支持している（Burr et al., 2001）。しかし，知覚と行動で違いがないと主張する研究もある（Dassonville et al., 1995）。

4. 記憶によるサッカードの誘導

　記憶した物体や事象の位置に立ち返ることは日常よくあることだが，このような観察に基づいて，サッカード前後の視野統合へのかなり違ったアプローチがなされている。実際，多くの記憶において，空間的な位置は顕著な役割を果たしているといえる。記憶された位置へのサッカードに関する研究は，やや異なる2つの研究グループにとって大きな関心事となっている。1つのグループは生理学者らであり，彼らの興味は，記憶したターゲットに対する正確なサッカードを可能にする視覚系の記憶メカニズムをつきとめることにある。もう1つのグループは認知科学者らであり，彼らは認知に関する直接証明的なアプローチの一部として，この現象を研究している（7章3節1.）。

　記憶したターゲットへのサッカードは，特に垂直方向に関して，かなり正確さに欠けることが示されている（Gnadt et al., 1991; White et al., 1994）。系統的な誤差と不規則な誤差の両方が増大し，その増大の大部分が記銘プロセスの最初のうちに生じる。脳損傷患者の研究では，Plonerら（1999）が興味深い結果を報告している。彼らの報告によれば，前頭眼野の損傷が系統的な誤差の増大と関連し，前頭前野の損傷が不規則な誤差の増大と関連していた。少なくとも短期においては，記憶位置へサッカードするために必要な空間表現は前頭眼野（Umeno & Goldberg, 2001），背外側前頭前野（Funahashi et al., 1989），あるいは頭頂葉のLIP野（Gnadt & Andersen, 1988）のような領域にある細胞の連続的な活動によりコード化されていると考えられる。LIP野に関しては，この部位の神経活動が実際の空間に対応する参照枠に沿った記憶を形成できることを，XingとAndersen（2000）が最近になって提案している。また，上丘から背内側視床を通る経路が，介在眼球運動が生じても空間表現を更新し続けるために必要な動眼情報をもたらす場所であることも確認されている（Sommer & Wurtz, 2002）。

　より認知的な観点からは，読書時に生じる正確な後退サッカードの存在が（5章2節），位置を記憶する能力を示している。KennedyとMurray（1989）は，後退サッカードを正確に行なうことができることを示したが，より最近の研究（Fischer, 1999）により，記憶に保持されているのはほんの少数の位置にすぎないことが示唆されている。本文が画面から消えても，読者は同じように以前に注視していた位置に目を向けることができる（Kennedy, 1983）。この現象は，絵画でも観察されている（Richardson & Spivey, 2000）。RichardsonとSpiveyの実験では，いくつかの要素を画面上のある位置に提示し，その要素に関する情報を聴覚刺激により与えた。その情報を想起するように求められると，被験者は要素の位置を見る傾向があった。しかし，この要素の位置を見ることによって関連づけられた情報の想起が促進されることはな

かった。RichardsonとSpiveyは，要素と位置の関連づけは潜在記憶の中で行なわれ，それ以外の顕在的にコード化された要素の情報とは分離されていると提案している。

3節　矛盾した結果の解決

即座に知覚的な判断を要する状況では，網膜外信号はそれほど正確ではないことが示唆されているものの，前節の結果は網膜外信号が機能していることを示している。しかし，サッカード前とあとの位置情報が正確に一致することを示す証拠は，4章で論じた2つの現象に基づいている。この2つの現象は，眼球運動指令信号とターゲット変位を比較する能力に依存し，両者ともサッカード時のターゲット変位の影響を受ける。4章4節1.で指摘したように，サッカードによる定位はしばしば最初のサッカードのあとに生じる修正サッカードによって達成される。そのような修正運動は，一般にサッカードの目標地と中心窩の位置のずれに基づいている。したがって，サッカード時にターゲットが動けば，修正サッカードの変化が生じる。これらの変化が観察者によって検出されることはない。実際，観察者は修正サッカードを行なったことにまったく気づかない。サッカード眼球運動時にターゲットを変位させることの，さらに重要な意義については4章7節で述べた。系統的にターゲットを変位させながら一連のサッカードを行なうと，補正的な適応プロセスが観察される。このプロセスはすばやく起こり，わずかな試行回数で明確に現われる（図4.14）。これより，適応的な再較正が各々のサッカード運動とともに生じることが示唆される。

1. ある環境下では，サッカード時のターゲット変位を検出できる

これまで論じてきた結果は，網膜外信号はいくつかの目的のために使われているが，意識的には利用できないという見解と一致している。しかし，Deubelら（1996）による発見のあと，この見解に関して大きな修正が始まった。これらの研究者は，前節1.で論じたパラダイムの実験テクニックをわずかに変更するだけで，急激に実験結果が変わることを示した。Deubelらの実験では，観察者はターゲットに向かってサッカードを行なったが，そのターゲットはサッカード時にその位置を変えることがあった。ターゲットがサッカード直後に見えると，ターゲットの大きな変位を検出できなかった。これは以前の結果と同じである。しかし，サッカード中にターゲットを消し，サッカードが終わってから短時間のブランクのあとにターゲットを再び提示すると，観察者の変位検出能力は飛躍的によくなった（図9.3）。サッカードの大きさの数パーセントの変位でも容易に検出できた。

さらに図9.3から明らかなように，これ以外にも2つの差異が生じる。図9.3は，ターゲットが「サッカードと同じ方向に進んだ（forward）」か，「サッカードの反対方向に戻った（backward）」かの強制選択を観察者に行なわせた実験に基づく。2つのグラフは，さまざまな条件での変位に対する'forward'応答の割合を示している。ターゲットが消えている期間がないと，結果にかなりの個人差がみられ，また'forward'

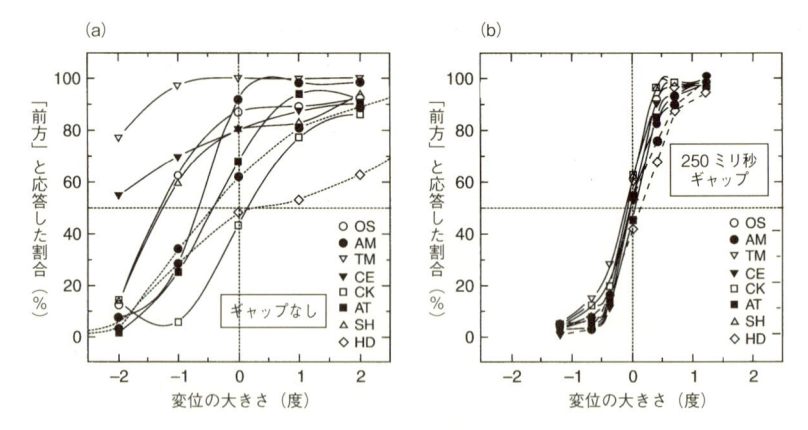

● 図9.3 サッカード時のターゲット変位検出の知覚確率曲線（8人の観察者の結果）。サッカード中にさまざまな大きさと方向の変位が生じた。観察者は，「前方」か「後方」の二肢強制選択により，ターゲットの変位がサッカードと同じ方向であったか，それとも反対方向であったかを答えた。パネルAは，サッカード直後にターゲットが見える通常の観察状況の結果を示す。パネルBは，サッカード終了後に250ミリ秒のターゲット消失期間が入ったときの結果を示す。[Deubel et al., 1996より]

応答への系統的な偏りがみられた。ターゲットが消える期間があるときは，個人差は大きく減少し，'forward'応答への偏りもほとんどなくなった。

その後の研究でDeubelら（1998）は，ディストラクタ（円）が呈示されている中で，ターゲット（十字形）に向かって眼球を動かすという課題を観察者に行なわせた。ディストラクタもしくはターゲットのいずれかの位置の変化がサッカード中に起こり，上に述べたブランク挿入の実験手続きがターゲットとディストラクタのいずれかに用いられた。結果は明白であった。ターゲットにせよディストラクタにせよ，サッカード中に消えずに変位し，サッカードが終わった直後も提示されていた刺激が静止していると知覚された。その一方で，サッカード中に消え，短時間のブランクをおいたあとに，消えたときと同じ位置に再提示された刺激は，変位したと知覚された。

2. 空間の恒常性とサッカード前後の視野統合の修正理論

前項で述べた結果は，サッカード中とサッカード後に生じる現象に関して，革新的な新しい見解を要求する。サッカード中のターゲットの変位検出の失敗は，変位に関する情報が利用できないことを示唆しているわけではない。変位に関する情報はサッカードの順応プロセスを制御するために使われている。すなわち，その情報は修正サッカードを誘導するために用いられる。Deubelらのターゲットを短期間だけ消去するという方法を用いると，変位に関する情報は意識レベルで利用できるようになる。その結果，実験結果が一見矛盾したようになってしまう。ターゲットが短期間だけ消えるというかなり人工的な状況において，観察者は変位があったかどうかを正確に判断することができる。しかし，この能力は，通常の知覚ではほぼ完全に欠けている。

サッカード時のターゲットの変位検出の失敗は，システムの不備を示しているのではなく，アクティヴ・ビジョンのかなりきわだった重要な特性を示しているように思える。アクティヴ・ビジョンは，ターゲットの位置に関するサッカード前の情報とサッカード後の情報を一致させるような精緻なプロセスに基づいて機能する。サッカードの目標地点を定めるシステムは完全な正確さをもたないので，一般的には，サッカード前後の情報に不一致が生じる。サッカードの目標地点とサッカードの着地点の間で規則的に生じる不一致が修正サッカードを誘導し，これがサッカード・システムの適応的な自己較正プロセスの一部となる（4章7節）。しかし，この不一致は意識的な経験を生じさせ**ない**。私たちの意識的な印象では，視覚世界は安定しているのである。したがって，**サッカード前後の変化の検出の失敗は，この「錯覚」を維持するための本質的な部分に違いない**。実際のところ私たちは，いくつかの点で補正メカニズムと類似しているが，それとは非常に異なる一連のプロセスを仮定している。サッカードを行なうたびに，サッカードの目標地点を基準にして，新しい空間マップが作り出される。これにより，サッカードの目標地点とサッカードの着地点の間の不一致に対して，オンラインの修正がなされる。

何人かの理論家が同様の結論に到達している。Bridgeman ら（1994）は，サッカード前後の視野安定問題について洞察に満ちた分析を行なった。彼らは，脳内の網膜対応マップが視覚的な位置を表現しているという仮説（本質的には，パッシヴ・ビジョンの仮説）によって生じる混乱を指摘した。脳は行動を制御するために空間位置を表現する必要がある。Bridgeman らは，これらの表現にとって本質的に必要なことは，注視するごとに網膜対応マップを再較正することだと主張した。また，これらの知覚されない再較正は，動眼系のサッカードを扱う部分をも調整する。しかし，Bridgeman らは，再較正は変位誤差信号の抑制と連動して，不正確な網膜外信号に基づくと提案した。一方，この提案のあとに行なわれた実験では，サッカード前後でかなり正確な空間信号が保持されていることが示されている。McConkieとCurrie（1996）と Currie ら（2000）は，かなり類似した見解を主張している。彼らは，2節1.で論じられたデータの解析に基づいて，サッカード前後のプロセスに関する**サッカード・ターゲット理論（saccade target theory）**を提示している。なんらかの全体的なパターンというよりも，**サッカードの目標地点にある局所的な情報**に基づいて変化が検出されると提案している。

全体的にみればこれらの結果は，脳はサッカード前後の統合の「問題」に対して，単純で簡潔な解決方法を作り出したことを示していると受け取れるかもしれない。しかし，これらの問題の多くは，グローバルな内的視覚表現というパッシヴ・ビジョンの間違った仮説から生じているにすぎないことを再度強調しておきたい。

3. サッカード前後のプロセスの神経生理学

眼球が動くことによって生じる問題を脳はいかにして処理しているのか。この問題

は神経生理学者にとって難解だが興味をそそる問題となっている。ここでは，最近の研究を端的にまとめてみる（たとえば，Snyder, 2000 を参照）。4章5節1.で論じたように，視覚系の細胞の受容野は網膜対応表現に固定されている（この一般的なルールに対する例外は，Duhamel et al., 1997 によって報告されている）。視覚的に誘発されるサッカードに関して Robinson（1975）が提案した，網膜中心座標系から頭部中心座標系および眼球中心座標系への二重の再マッピングを想定した考えは，あまりに手が込んでおり，立証されていないように思える。それにもかかわらず，視覚的に誘導される行動や，記憶に基づくサッカードの系列的な遂行において，座標変換は明らかに必要である。これらのことがどうやって達成されるのかについて，私たちは理解し始めている。

斬新でかなり重要な観察が，Andersen ら（1985）によって行なわれた。彼らは，サルの後頭頂葉皮質の細胞の応答を調べ，細胞の受容野，すわなち，細胞を活動させる視覚刺激の**位置（location）**が，サルがどこに目を向けていても，一定の網膜位置にあることを確認した。しかし，サルの眼球位置は細胞の応答**強度（magnitude）**に系統的な影響を与えた。頭部内の眼球位置が一方の端からもう一方の端まで変化すると，細胞の応答強度は徐々に増大していった。この関係を記述するために，**ゲイン・フィールド（gain field）**という言葉が用いられた。このような眼球位置に伴う発火頻度の変化は，頭頂葉と後頭葉の両方で広範囲にわたって発見されており，頭部位置によって発火頻度を変化させる細胞も発見されている（Snyder, 2000）。ゲイン・フィールド現象は，どうやって網膜外情報が網膜情報と結合するのかを示している。ニューロン集合体上において，この結合は空間内のターゲット位置を抽出するための情報をもたらし，それによって潜在的に空間中心の表現が形成される（Zipser & Andersen, 1988; Xing & Andersen, 2000）。

4節　結論——アクティヴ・ビジョン・サイクル

私たちは，本章および本書の他の箇所で提示したさまざまな結論を要約した図を示すことで，話を締めくくりたい（図9.4）。この図は，サッカード眼球運動を行なうたびに生じる多様なプロセスを描いている。サッカードの目標選択は，アクティヴ・ビジョン・サイクルを開始するために好都合な出発点を形成する。この地点はまさにトップ・ダウンの影響が明らかに選択プロセスに介入してくるはずの場所だからである。選択プロセスについては，本書の中のいくつかの箇所で論じてきた。4章では，明確に定義され，たびたび突然現われることのあるターゲットに対する視覚的定位について論じた。ターゲットの選択がまず行なわれるが，ディストラクタの提示がサッカードの選択プロセスに影響を及ぼすことについても言及した（4章4節3.）。6章では，視覚探索のターゲットが，仮説的なサリエンシー・マップ上で最も高い活動を示す場所であると考えることができることを示した（6章6節）。生理学的な研究（4章3節

4節　結論——アクティヴ・ビジョン・サイクル

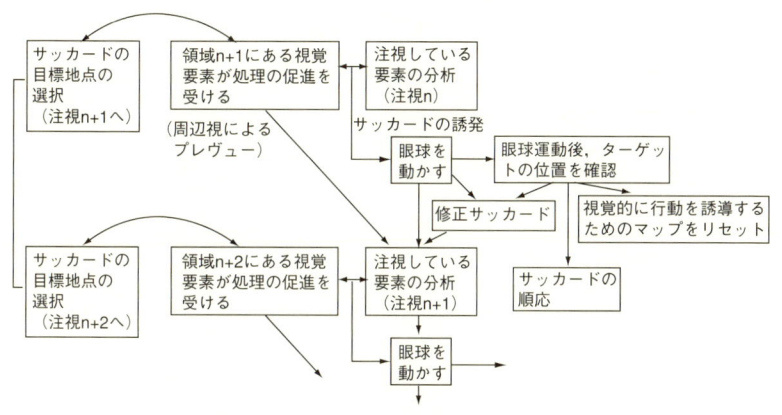

● 図9.4　アクティヴ・ビジョン・サイクル

2.) により，選択プロセスの神経学的対応が，上丘のビルドアップ細胞における活動パターンの発達に見いだされることが示されている。細胞の名前からわかるように，これらは急速というよりもむしろ漸進的な選択プロセスを示す。

　5章では読みに焦点を当てた。読みは，多くの点でアクティヴ・ビジョンの説明が最もよく発展している分野である。読書時のターゲット選択に関する理論は，しばしば注意のメカニズムによる選択に基づいており（5章7節），それに対して処理上の優先権が与えられている。しかし，3章で論じたように，私たちはそのような用語を避けたいと考えている。「サッカードの目的地が注意のポインターによって選ばれる」というような言い方が多くの問題をもたらすことを，私たちは懸念しているのである。1つは，知性的な選択能力をもつ「隠れたホモンクルス」に説明があと戻りしてしまうことである。もう1つは，ここでの選択が時空間的に不連続な事象であるとの考え方に基づくのに対し，私たちは広い領域に対して活性化をゆっくりと増強させることによって選択がなされると考えるほうが，もっともらしいと考えるからである。

　ターゲットの選択はサッカード運動よりも先行するが，ターゲットが選択される際に，選択された位置とその周辺の処理が促進される。これが周辺視によるプレヴュー現象を生じさせる（5章3節3., 7章2節3.)。そのあとに，実際に眼球運動の誘発が起こる。私たちが主張しているように，この誘発が生じる時間は，注視位置における処理と選択された目標位置における処理との間の競合によって決定される時間である（4章6節）。私たちはさらに，複製プロセスが機能している可能性も指摘しておく。その複製プロセスによって，1つ以上のターゲットの選択が並列的に行なわれ（4章4節4.で論じたように），逐次制御的な連続したサッカードの現象が生じる。

　眼球運動それ自体は，この章で述べたプロセスによって生じる。このプロセスは，もし必要ならば修正サッカードを生起させ，それによって視覚的に行動を誘導するた

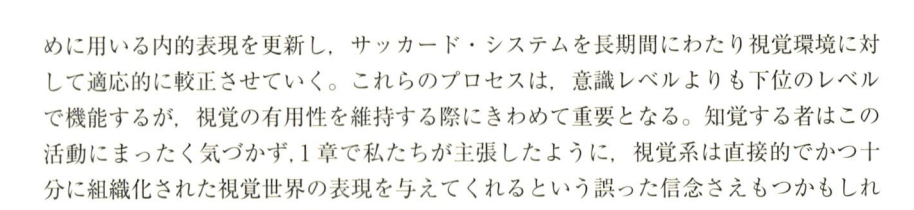

めに用いる内的表現を更新し，サッカード・システムを長期間にわたり視覚環境に対して適応的に較正させていく。これらのプロセスは，意識レベルよりも下位のレベルで機能するが，視覚の有用性を維持する際にきわめて重要となる。知覚する者はこの活動にまったく気づかず，1章で私たちが主張したように，視覚系は直接的でかつ十分に組織化された視覚世界の表現を与えてくれるという誤った信念さえもつかもしれない。

5節　将来の展望

　私たちが本書で提示したアクティヴ・ビジョンという考え方は，眼球運動，特にサッカードを視覚理論の中心においている。読書，探索，そして場面のスキャニングのようなさまざまな領域における視覚の役割について理解する際に，アクティヴ・ビジョンのアプローチが有意義であることを，個々の章で明快に示すことができたと考えたい。このアプローチの土台となるものは，視覚情報が注視とサッカードの繰り返しによって組み立てられることによって，視知覚と認知が形作られるという信念である。これまで発展させてきたアクティヴ・ビジョンの説明は，視覚行動を十分に説明するための最初のステップにすぎない。本書の最後にあたって，ようやく私たちはこのことを指摘していきたい。

　これらの考えを今後発展させるための最初の課題は，ある文脈の中で使われる視覚について研究（7章3節2.）を続けていくことである。私たちは環境の中で動き，環境は私たちに向かって動く。そして，重要なこととして，私たちは環境に基づいて行動する。2章では，視覚入力の基本的な原理に注意を払わずに視覚を研究することの危険性を強調した。また視覚のモデルは，これらの視覚プロセスの出力の性質によって制約を受けるということも重要なことである。このことは Milner と Goodale (1995)によって強く主張された。最後に，視覚に関する高度なモデルを得るためには，私たちはアクティヴ・ビジョンを採用するだけはなく，アクティブ・ヒューマンという考え方も取り入れる必要があるだろう。

　2つ目の課題は，情動的かつ社会的な要因が能動的な視覚行動に影響を与えるという重要な点を認めることである。視覚はおそらく主要な感覚であり，それ自体が物理的な世界の情報だけでなく，社会的な世界についても，生存し繁栄していくための情報を私たちに提供する。視覚による社会的な手がかりは，けっして過小評価すべきでない重要な情報を伝える。誰かの顔の一瞬の表情の変化により，私たちは攻撃による身の危険がさし迫っているのか，それともそれが恋の進展なのかを知ることができる。2人の人の間で生じる視覚的な行動を観察すると，彼らの関係について多くのことをすばやく知ることができる。高度な視覚モデルは，社会的要因や情動的な要因を含む必要があるだろう。そのような試みは始まったばかりである（Eastwood et al., 2001; Fox et al., 2000; Hood et al., 1998; Langton et al., 2000）。

物理的および社会的な世界との相互作用を伴う人間の心理学にアクティヴ・ビジョンを統合させることが容易な課題だとは思っていない。しかしアクティヴ・ビジョンの考え方は，人間とは何かということを理解することにおいて，視覚に関する理論を取り込んでいくことを開始するための足場を提供すると私たちは信じている。

引用文献

Allport, A. (1993). Attention and control: have we been asking the wrong questions. A critical review of the last twenty five years. *Attention and Performance XIV* (ed. D. E. Meyer and S. Kornblum), pp. 183–218, MIT Press, Cambridge, MA.

Aloimonos, J., Bandopadhay, A. and Weiss, I. (1988). Active vision. *International Journal of Computer Vision*, 1, 333–56.

Andersen, R. A., Essick, G. K. and Siegel, R. M. (1985). Encoding of spatial location by posterior parietal neurons. *Science*, 230, 456–58.

Anstis, S. M. (1974). A chart demonstrating variations in acuity with retinal position. *Vision Research*, 14, 589–92.

Antes, J. R. (1974). The time course of picture viewing. *Journal of Experimental Psychology*, 103, 62–70.

Aslin, R. N. and Salapatek, P. (1975). Saccadic localization of targets by the very young human infant. *Perception and Psychophysics*, 17, 293–302.

Aslin, R. N. and Shea, S. L. (1987). The amplitude and angle of saccades to double-step target displacements. *Vision Research*, 27, 1925–42.

Azzopardi, P. and Cowey, A. (1993). Preferential representation of the fovea in primary visual cortex. *Nature*, 361, 719–21.

Azzopardi, P. and Cowey, A. (1997). Is blindsight like normal, near-threshold vision? *Proceedings of the National Academy of Sciences, USA*, 94, 14190–94.

Bahill, A. T., Adler, D. and Stark, L. (1975a). Most naturally occurring saccades have magnitudes of 15 degrees or less. *Investigative Ophthalmology*, 14, 468–9.

Bahill, A. T., Clark, M. R. and Stark, L. (1975b). The main sequence: a tool for studying eye movements. *Mathematical Biosciences*, 24, 191–204.

Baker, C. L. and Braddick, O. J. (1985). Eccentricity-dependent scaling of the limits of short-range motion perception. *Vision Research*, 25, 803–12.

Bálint, R. (1909). Seelenlähmung des 'Schauens', optische Ataxie, räumliche Störung der Aufmerksamkeit. *Monatsschrift für Psychiatrie und Neurologie*, 25, 51–81.

Ballard, D. H. (1991). Animate vision. *Artificial Intelligence*, 48, 57–86.

Ballard, D. H., Hayhoe, M. M., Li, F. and Whitehead, S. D. (1992). Hand-eye coordination during sequential tasks. *Philosophical Transactions of the Royal Society, Series B*, 337, 331–9.

Ballard, D. H., Hayhoe, M. M., Pook, P. K. and Rao, R. P. N. (1997). Deictic codes for the embodiment of cognition. *Behavioral and Brain Sciences*, 20, 723–67.

Barbur, J. L., Forsyth, P. M. and Findlay, J. M. (1988). Human saccadic eye movements in the absence of the geniculo-calcarine projection. *Brain*, **111**, 63–82.

Baylis, G. C. and Driver, J. (1993). Visual-attention and objects—evidence for hierarchical coding of location. *Journal of Experimental Psychology: Human Perception and Performance*, **19**, 451–70.

Beauvillain, C. and Doré, K. (1998). Orthographic codes are used in integrating information from the parafovea by the saccadic computation system. *Vision Research*, **38**, 115–23.

Beauvillain, C., Doré, K. and Baudoin, V. (1996). The centre of gravity of words: evidence for an effect of the word initial letters. *Vision Research*, **36**, 589–603.

Becker, W. (1972). The control of eye movements in the saccadic system. *Bibliotheca Ophthalmologica*, **82**, 233–43.

Becker, W. (1989). Metrics. In *The neurobiology of saccadic eye movements* (ed. R. H. Wurtz and M. E. Goldberg), pp. 13–67, Elsevier, Amsterdam.

Becker, W. and Jürgens, R. (1979). An analysis of the saccadic system by means of double step stimuli. *Vision Research*, **19**, 967–83.

Behrmann, M., Watt, S., Black, S. E. and Barton, J. J. S. (1997). Impaired visual search in patients with unilateral neglect: an oculographic analysis. *Neuropsychologia*, **35**, 1445–58.

Biederman, I. (1972). Perceiving real world scenes. *Science*, **177**, 77–80.

Biederman, I. (1981). On the semantics of a glance at a scene. In *Perceptual organization*. (ed. M. Kubovy and J. R. Pomerantz), pp. 213–53, Lawrence Erlbaum, Hillsdale, NJ.

Biederman, I. (1987). Recognition by components: a theory of human image understanding. *Psychological Review*, **94**, 115–45.

Biederman, I., Mezzanotte, R. J. and Rabinowitz, J. C. (1982). Scene perception: detecting and judging objects undergoing relational violations. *Cognitive Psychology*, **14**, 143–77.

Binello, A., Mannan, S. and Ruddock, K. H. (1995). The characteristics of eye movements made during visual search with multi-element stimuli. *Spatial Vision*, **9**, 343–62.

Bishop, D. V. M. (1997). Cognitive neuropsychology and developmental disorders: uncomfortable bedfellows. *Quarterly Journal of Experimental Psychology*, **50A**, 899–923.

Blanchard, H. E., McConkie, G. W., Zola, D. and Wolverton, G. S. (1984). Time course of visual information utilization during fixations in reading. *Journal of Experimental Psychology, Human Perception and Performance*, **10**, 75–89.

Blythe, I. M., Kennard, C. and Ruddock, K. H. (1987). Residual vision in patients with retrogeniculate lesions of the visual pathways, *Brain*, **110**, 887–905.

Boman, D. K. and Hotson, J. R. (1992). Predictive smooth pursuit eye-movements near abrupt changes in motion detection. *Vision Research*, **32**, 675–89.

Bon, L. and Luchetti, C. (1992). The dorsomedial frontal cortex of the macaca monkey. Fixation and saccade-related activity. *Experimental Brain Research*, **89**, 571–80.

Bouma, H. (1970). Interaction effects in parafoveal letter recognition. *Nature*, **226**, 177–8.

Bouma, H. (1978). Visual search and reading: eye movements and functional visual field. A tutorial review. In *Attention and Performance, Vol. VII* (ed. J. Requin), pp. 115–47, Erlbaum Associates, Hillsdale, NJ.

Boyce, S. J. and Pollatsek, A. (1992). Identification of objects in scenes: the role of scene background in object naming. *Journal of Experimental Psychology: Learning, Memory and Cognition*, **18**, 531–43.

Bozkov, V., Bohdanecky, Z. and Radil-Weiss, T. (1977). Target point selection during scanning eye movements. *Biological Cybernetics*, **27**, 215–20.

Breitmeyer, B. (1980). Unmasking visual masking: a look at the 'why' behind the veil of the 'how'. *Psychological Review*, **83**, 1–36.

Bridgeman, B. (1983). Mechanisms of space constancy. In *Spatially oriented behaviour* (ed. A. Hein and M. Jeannerod), pp. 263–79, Springer-Verlag, New York.

Bridgeman, B., Hendry, D. P. and Stark, L. (1975). Failure to detect displacement of the visual world during saccadic eye movements. *Vision Research*, **15**, 719–22.

Bridgeman, B., Lewis, S., Heit, G. and Nagle, M. (1979). Relationship between cognitive and motor-oriented systems of visual position perception. *Journal of Experimental Psychology: Human Perception and Performance*, **6**, 692–700.

Bridgeman, B., van der Heijden, A. H. C. and Velichkovsky, B. M. (1994). A theory of visual stability across saccadic eye movements. *Behavioral and Brain Sciences*, **17**, 247–92.

Broadbent, D. E. (1958). *Perception and Communication*. Pergamon Press, London.

Brogan, D., Gale, A. G. and Carr, K. T. (1993). *Visual Search 2*. Taylor and Francis, London.

Bronson, G. W. (1974). The postnatal growth of visual capacity. *Child Development*, **45**, 873–90.

Brown, B., Haegerstrom-Portnoy, G., Yingling, C. D., Herron, J., Galin, D. and Marcus, M. (1983). Tracking eye movements are normal in dyslexic children. *American Journal of Optometry and Physiological Optics*, **60**, 376–83.

Brown, V., Huey, D. and Findlay J. M. (1997). Face detection in peripheral vision: do faces pop out? *Perception*, **26**, 1555–70.

Brown, V., Walker, R., Gray, C., Findlay, J. M. (1999). Limb activation and the rehabilitation of unilateral neglect: evidence of task-specific effects. *Neurocase*, **5**, 129–42.

Brysbaert, M. and Vitu, F. (1998). Word skipping: implications for theories of eye movement control. In *Eye guidance in reading and scene perception* (ed. G. Underwood), North-Holland, Amsterdam.

Burr, D. C. and Morrone, M. C. (1996). Temporal impulse response functions for luminance and colour during saccades. *Vision Research*, **36**, 2069–78.

Burr, D. C., Morrone, M. C. and Ross, J. (1994). Selective suppression of the magnocellular visual pathways during saccadic eye movements. *Nature*, **371**, 511–3.

Burr, D. C., Morrone, M. C. and Ross, J. (2001). Separate visual representations for perception and action revealed by saccadic eye movements. *Current Biology*, **11**, 798–802.

Bussetini, C., Miles, F. A. and Krauzlis, R. J. (1996). Short latency disparity vergence responses and their dependence on a prior saccadic eye movement. *Journal of Neurophysiology*, **75**, 1392–1410.

Buswell, G. T. (1922, 1937). Fundamental reading habits; a study of their development. *Supplementary Educational Monographs*, #21. *How adults read. Supplementary Educational Monographs*, #50. Cited in R. S. Woodworth and H. Schlosberg (1954). *Experimental Psychology*, Methuen, London.

Buswell, G. T. (1935). *How people look at pictures.* University of Chicago Press, Chicago.

Carpenter, R. H. S. (1981). Oculomotor procrastination. In *Eye movements, cognition and visual perception* (ed. D. F. Fisher, R. A. Monty and J. W. Senders) pp. 237–46, Lawrence Erlbaum, Hillsdale, NJ.

Carpenter, R. H. S. (1988). *Movements of the eyes* (2nd edn), Pion Press, London.

Carpenter, R. H. S. (1991). The visual origins of ocular motility. In Eye movements (ed. R. H. S. Carpenter), pp. 1–9, Volume 8 of *Vision and visual dysfunction* (ed. J. R. Cronly-Dillon), Macmillan, Basingstoke.

Carpenter, R. H. S. and Williams, M. L. L. (1995). Neural computation of log likelihood in control of saccadic eye movements. *Nature*, 377, 59–62.

Carrasco, M. and Frieder, K. S. (1997). Cortical magnification neutralizes the eccentricity effect in visual search. *Vision Research*, 37, 63–82.

Carrasco, M., Evert, D. L., Chang, I. and Katz, S. M. (1995). The eccentricity effect—target eccentricity affects performance on conjunction searches. *Perception and Psychophysics*, 57, 1241–61.

Carrasco, M., Penpeci-Talgar, C. and Eckstein, M. (2000). Spatial covert attention increases contrast sensitivity across the CSF: support for signal enhancement. *Vision Research*, 40, 1203–15.

Castiello, U. and Umiltà, C. (1990). Size of the attentional focus and efficiency of processing. *Acta Psychologica*, 73, 1895–209.

Cattell, J. McK. (1885). Ueber die Zeit der Erkennung und Benennung von Schriftzeichen, Bilden und Farben. Philos. Stud. 2, 635–650 (cited in R. S. Woodworth and H. Scholsberg, 1954. *Experimental Psychology*, New York, Holt, Reinhart and Winston).

Chapman, P. R. and Underwood, G. (1998). Visual search of dynamic scenes: event types and the role of experience in driving situations. In *Eye guidance in reading and scene perception* (ed. G. Underwood), pp. 369–93, Elsevier, Amsterdam.

Chelazzi, L., Duncan, J., Miller, E. K. and Desimone, R. (1998). Responses of neurons in inferior temporal cortexduring memory-guided visual search. *Journal of Neurophysiology*, 80, 2918–40.

Chelazzi, L., Miller, E. K., Duncan, J. and Desimone, R. (1993). A neural basis for visual search in inferior temporal cortex. *Nature*, 363, 345–7.

Cherry, E. C. (1953). Some experiments on the recognition of speech, with one or two ears. *Journal of the Acoustical Society of America*, 25, 975–9.

Chou, I.-H., Sommer, M. A. and Schiller, P. H. (1999). Express averaging saccades in the monkey. *Vision Research*, 39, 4200–16.

Churchland, P. S., Ramachandran, V. S. and Sejnowski, T. J. (1994). A critique of pure vision. In *Large scale neuronal theories of the brain* (ed. C. Koch and J. L. Davis), pp. 23–60. MIT Press, Cambridge, MA.

Clark, J. J. (1999). Spatial attention and latencies of saccadic eye movements. *Vision Research*, 39, 585–602.

Colby, C. L. and Goldberg, M. E. (1999). Space and attention in parietal cortex. *Annual Review of Neuroscience*, 22, 319–49.

Collewijn, H. J. (1998). Eye movement recording. In *Vision research: a practical guide to laboratory methods* (ed. R. H. S. Carpenter and J. G. Robson), pp. 245–85. Oxford University Press, Oxford.

Corbetta, M. (1998). Frontoparietal cortical networks for directing attention and the eye to visual locations: identical, independent, or overlapping neural systems. *Proceedings of the National Academy of Sciences, USA*, 95, 831–8.

Corbetta, M., Miezin, F. M., Dobmeyer, S., Shulman, G. L. and Petersen, S. E. (1991). Selective and divided attention during visual discriminations of shape, color, and speed—functional anatomy by positron emission tomography. *Journal of Neuroscience*, 11, 2383–2402.

Corbetta, M. and Shulman, G. L. (1998). Human cortical mechanisms of visual attention during orienting and search. *Philosophical Transactions of The Royal Society Series B*, 353, 1353–62.

Courtney, A. J. and Chan, H. S. (1986). Visual lobe dimensions and search performance for targets on a competing homogeneous background. *Perception and Psychophysics*, 40, 39–44.

Cowey, A., Small, M. and Ellis, S. (1994). Left visuospatial neglect can be worse in far than in near space. *Neuropsychologia*, 32, 1059–1066.

Crawford, J. D. and Vilis, T. (1995). How do motor systems deal with the problems of controlling three-dimensional rotations. *Journal of Motor Behavior*, 27, 89–99.

Crawford, T. J. (1991). Multisteppping saccade sequences. *Acta Psychologica*, 76, 11–29.

Crawford, T. J., Haegar, B., Kennard, C., Reveley, M. A. and Henderson, L. (1995*a*). Saccadic abnormalities in psychotic patients. I. Neuroleptic-free psychotic patients. *Psychological Medicine*, 25, 461–71.

Crawford, T. J., Haegar, B., Kennard, C., Reveley, M. A. and Henderson, L. (1995*b*). Saccadic abnormalities in psychotic patients. II. The role of neuroleptics treatment. *Psychological Medicine*, 25, 473–83.

Crawford, T. J., Henderson, L. and Kennard, C. (1989). Abnormalities in non visually guided eye movements in Parkinson's disease. *Brain*, 112, 1573–86.

Crawford, T. J. and Müller, H. J. (1992). Spatial and temporal effects of spatial attention on human saccadic eye-movements. *Vision Research*, 32, 293–304.

Cronly-Dillon, J. (General Editor). (1991). *Vision and visual dysfunction*. Macmillan, Basingstoke. 16 volumes + index.

Crowe, D. A., Averbeck, B. B., Chafee, M. V., Anderson, J. H. and Georgopoulos, A. P. (2000). Mental maze solving. *Journal of Cognitive Neuroscience*, 12, 813–27.

Currie, C. B., McConkie, G. W., Carlson-Radvansky, L. A and Irwin, D. E. (2000). The role of the saccade target object in the perception of a visually stable world. *Perception and Psychophysics*, 62, 673–83.

Dassonville, P., Schlag, J. and Schlag-Rey, M. (1995). The use of egocentric and exocentric cues in saccadic programming. *Vision Research*, 35, 2191–99.

De Bie, J. (1986). *The control properties of small eye movements*. Proefschrift. Technical University of Delft.

De Graef, P., Christiaens, D. and d'Ydewalle, G. (1990). Perceptual effects of scene context on object identification. *Psychological Research*, **52**, 317–29.

Delorme, A., Richard, G. and Fabre-Thorpe, M. (2000). Ultra-rapid categorisation of natural scenes does not rely on colour cues: a study in monkeys and humans. *Vision Research*, **40**, 2187–2200.

Desimone, R. and Duncan, J. (1995). Neural mechanisms of selective attention. *Annual Review of Neuroscience*, **18**, 193–222.

Deubel, H. (1987). Adaptivity of gain and direction in oblique saccades. In *Eye movements: from physiology to cognition* (ed. J. K. O'Regan and A. Lévy-Schoen), pp. 181–90, Elsevier, North Holland, Amsterdam.

Deubel, H. (1991). Plasticity of metrical and dynamical aspects of saccadic eye movements. In *Tutorials in Motor Neuroscience* (ed. J. Requin and G. E. Stelmach), pp. 563–79, Kluwer, Amsterdam.

Deubel, H. (1995). Separate adaptive mechanisms for the control of reactive and volitional eye movements. *Vision Research*, **35**, 3529–40.

Deubel, H. and Bridgeman, B. (1995). 4th Purkinje image signals reveal eye lens deviations and retinal image distortions during saccades. *Vision Research*, **35**, 529–38.

Deubel, H. and Schneider, W. X. (1996). Saccade target selection and object recognition: evidence for a common attentional mechanism. *Vision Research*, **36**, 1827–37.

Deubel, H., Schneider, W. X. and Bridgeman, B. (1996). Postsaccadic target blanking prevents saccadic suppression of image displacement. *Vision Research*, **36**, 985–96.

Deubel, H., Schneider, W. X. and Bridgeman, B. (1998). Immediate post-saccadic information mediates space constancy. *Vision Research*, **38**, 3147–59.

Deubel, H., Wolf, W. and Hauske, G. (1984). The evaluation of the oculomotor error signal. In *Theoretical and Applied Aspects of Eye Movement Research.* (ed. A. G. Gale and F. W. Johnson), pp. 55–62, North-Holland, Amsterdam.

DeYoe, E. A. and Van Essen, D. C. (1988). Concurrent processing streams in monkey visual cortex. *Trends in Neurosciences*, **11**, 219–26.

Ditchburn, R. W. (1973). *Eye movements and visual perception*. Oxford University Press, Oxford.

Ditchburn, R. W. and Ginsborg, B. L. (1952). Vision with a stabilised retinal image. *Nature*, **170**, 36–37.

Dodge, R. (1900). Visual perception during eye movements. *Psychological Review*, **7**, 454–65.

Dodge, R. and Cline, T. S. (1901). The angle velocity of eye movements. *Psychological Review*, **8**, 145–57.

Dorris, M. C., Paré, M. and Munoz, D. P. (1997). Neuronal activity in monkey superior colliculus related to the initiation of saccadic eye movements. *Journal of Neuroscience*, **17**, 8566–79.

Downing, C. J. (1988). Expectancy and visual spatial attention—effects on perceptual quality. *Journal of Experimental Psychology: Human Perception and Performance*, **14**, 188–202.

Downing, C. J. and Pinker, S. (1985). The spatial structure of visual attention. In *Attention and Performance XI* (ed. M. I. Posner and S. Marin), pp. 171–87, Lawrence Erlbaum, Hillsdale, NJ.

Drasdo, N. (1991). Neural substrates and threshold gradients of peripheral vision. In Limits of vision (ed. J. J. Kulikowski, V. Walsh and I. J. Murray), pp. 251–65, Volume 5 of *Vision and visual dysfunction* (ed. J. R. Cronly-Dillon), Macmillan, Basingstoke.

Droulez, J. and Berthoz, A. (1990). The concept of dynamic memory in sensorimotor control. In *Motor control: concepts and issues* (ed. D. R. Humphrey and H. J. Freund) Chichester, Wiley.

Droulez, J. and Berthoz, A. (1991). A neural network model of sensoritopic maps with predictive short-term memory properties. *Proceedings of the National Academy of Sciences*, USA, **88**, 9653–7.

Duhamel, J.-R., Bremmer, F., BenHamed, S. and Graf, W. (1997). Spatial invariance of visual receptive fields in parietal cortex neurons. *Nature*, **389**, 845–8.

Duncan, J. (1980). The locus of interference in the perception of simultaneous stimuli. *Psychological Review*, **87**, 272–300.

Duncan, J. (1984). Selective attention and the organization of visual information. *Journal of Experimental Psychology: General*, **113**, 501–17.

Duncan, J. and Humphreys, G. W. (1989). Visual-search and stimulus similarity. *Psychological Review*, **96**, 433–58.

Duncan, J. and Humphreys, G. W. (1992). Beyond the search surface—visual-search and attentional engagement. *Journal of Experimental Psychology: Human Perception and Performance*, **18**, 578–88.

Duncan, J., Ward, R. and Shapiro, K. (1994). Direct measurement of attentional dwell time in human vision. *Nature*, **369**, 313–5.

Dunn-Rankin, P. (1978). The visual characteristics of words. *Scientific American*, **238**(1), 122–30.

Eastwood, J. D., Smilek, D. and Merikle, P. M. (2001). Differential attentional guidance by unattended faces expressing positive and negative emotion. *Perception and Psychophysics*, **63**, 1004–13.

Eckstein, M. P. (1998). The lower visual search efficiency for conjunctions is due to noise and not serial attentional processing. *Psychological Science*, **9**, 111–18.

Eden, G. F., Stein, J. F., Wood, H. M. and Wood, F. B. (1994). Differences in eye movements and reading: problems in dyslexic and normal children, *Vision Research*, **34**, 1345–58.

Egeth, H. (1977). Attention and preattention. In *The Psychology of Learning and Motivation Vol. 11* (ed. G. H. Bower), pp. 277–320, Academic Press, New York.

Egeth, H. E. and Yantis, S. (1997). Visual attention: control, representation, and time course. *Annual Review of Psychology*, **48**, 269–97.

Egly, R., Driver, J. and Rafal, R. D. (1994). Shifting visual-attention between objects and locations: evidence from normal and parietal lesion subjects. *Journal of Experimental Psychology: General*, **123**, 161–77.

Ellis A. W. and Young A. W. (1988). *Human cognitive neuropsychology*. Hove: Erlbaum.

Ellis, S. R. and Stark, L. (1986). Statistical dependency in visual scanning. *Human Factors*, **28**, 421–38.

Engel, F. L. (1971). Visual conspicuity and the selective background interference in eccentric vision. *Vision Research*, **14**, 459–71.

Engel, F. L. (1977). Visual conspicuity, visual search and fixation tendencies of the eye. *Vision Research*, **17**, 95–108.

Engel, G. R. (1971). Visual conspicuity, directed attention and retinal locus. *Vision Research*, 11, 563–76.

Enns, J. T. and Rensink, R. A. (1991). Preattentive recovery of 3-dimensional orientation from line drawings. *Psychological Review*, 98, 335–51.

Enright, J. T. (1984). Changes in vergence mediated by saccades. *Journal of Physiology*, 350, 9–31.

Enright, J. T. (1986). Facilitation of vergence changes by saccades: influences of misfocused images and of disparity stimuli in man. *Journal of Physiology*, 371, 69–87.

Enroth-Cugell, C. and Robson, J. G. (1966). The contrast sensitivity of retinal ganglion cells in the cat. *Journal of Physiology*, 187, 517–22.

Erdmann, D. and Dodge, R. (1898). *Psychologische Untersuchungen über das Lesen auf experimentelle Grundlage*. Max Niemeyer, Halle an der Saale.

Eriksen, C. W. and St James, J. D. (1986). Visual-attention within and around the field of focal attention—a zoom lens model. *Perception and Psychophysics*, 40, 225–40.

Eriksen, C. W. and Yeh, Y. Y. (1985). Allocation of attention in the visual-field. *Journal of Experimental Psychology: Human Perception and Performance*, 11, 583–97.

Erkelens, C. J., Steinman, R. M. and Collewijn, H. (1989). Ocular vergence under natural conditions. II Gaze shifts between real targets differing in distance and direction. *Proceedings of the Royal Society, Series B*, 236, 441–65.

Everatt, J. (ed.) (1999). *Reading and dyslexia: visual and attentional processes*. Routledge, London.

Everling, S. and Fischer, B. (1998). The antisaccade: a review of basic research and clinical studies. *Neuropsychologia*, 36, 885–99.

Evokimidis, I., Smyrnis, N., Constantinidis, T. S., Stefanis, N. C., Avramopoulos, D., Paximadis, C., Theleretis, C., Estrafatiadis, C., Kastinakis, G. and Stefanis, C. N. (2002). The antisaccade task in a sample of 2006 young men. 1 Normal population characteristics. *Experimental Brain Research*, 147, 45–52.

Fabre-Thorpe, M., Richard, G. and Thorpe, S. J. (1998). On the speed of natural scene categorisation in human and non-human primates. *Cahiers de Psychologie Cognitive*, 17, 791–805.

Feldman, J. (1985). Connectionist models and parallelism in high level vision. *Computer Vision, Graphics and Image Processing*, 31, 178–200.

Felleman, D. J. and Van Essen, D. C. (1991). Distributed hierarchical processing in the primate cerebral cortex. *Cerebral Cortex*, 1, 1–47.

Fendrich, R., Wessinger, C. M. and Gazzaniga, M. S. (1992). Residual vision in a scotoma—implications for blindsight. *Science*, 258, 1489–91.

Ferrera, V. P., Nealy, T. A. and Maunsell, J. H. R. (1992). Mixed parvocellular and magnocellular geniculate signals in area V4. *Nature*, 358, 756–8.

Findlay, J. M. (1982). Global processing for saccadic eye movements. *Vision Research*, 22, 1033–45.

Findlay, J. M. (1983). Visual information for saccadic eye movements. In *Spatially oriented behavior* (ed. A. Hein and M. Jeannerod), pp. 281–303, Springer-Verlag, New York.

Findlay, J. M. (1995). Visual search: eye movements and peripheral vision. *Optometry and Vision Science*, 72, 461–6.

Findlay, J. M. (1997). Saccade target selection during visual search. *Vision Research*, **37**, 617–31.

Findlay, J. M., Brogan, D. and Wenban-Smith, M. G. (1993). The visual signal for saccadic eye movements emphasizes visual boundaries. *Perception and Psychophysics*, **53**, 633–41.

Findlay, J. M., Brown, V. and Gilchrist I. D. (2001). Saccade target selection in visual search: the effect of information from the previous fixation. *Vision Research*, **41**, 87–95.

Findlay, J. M. and Crawford, T. J. (1986). Plasticity in the control of the spatial characteristic of saccadic eye movements. In *Sensorimotor plasticity: theoretical, experimental and clinical aspects* (ed. S. Ron, R. Schmid and M. Jeannerod), pp. 163–80, INSERM, Paris.

Findlay, J. M. and Gilchrist, I. D. (1998). Eye guidance and visual search. In *Eye guidance in reading and scene perception* (ed. G. Underwood), pp. 295–312, Elsevier Science, Amsterdam.

Findlay, J. M. and Gilchrist, I. D. (2001). Visual attention: the active vision perspective. In *Vision and Attention* (ed. M. Jenkin and L. R. Harris), pp. 83–103, Springer-Verlag, New York.

Findlay, J. M. and Harris, L. R. (1984). Small saccades to double stepped targets moving in two dimensions. In *Theoretical and applied aspects of oculomotor research* (ed. A. G. Gale and F. Johnson), pp. 71–7, Elsevier, Amsterdam.

Findlay, J. M. and Kapoula, Z. (1992). Scrutinization, spatial attention and the spatial properties of saccadic eye movements. *Quarterly Journal of Experimental Psychology*, **45A**, 633–47.

Findlay, J. M. and Walker, R. (1999). A model of saccadic eye movement generation based on parallel processing and competitive inhibition. *Behavioral and Brain Sciences*, **22**, 661–721.

Fischer, B., Biscaldi, M. and Otto, P. (1993). Saccadic eye movements of dyslexic adult subjects. *Neuropsychologia*, **31**, 887–906.

Fischer, B. and Boch, R. (1983). Saccadic eye movements after extremely short reaction times in the monkey. *Brain Research*, **260**, 21–6.

Fischer, B. and Ramsperger, E. (1984). Human express saccades: extremely short reaction times of goal directed eye movements. *Experimental Brain Research*, **57**, 191–5.

Fischer, B. and Weber, H. (1992). Characteristics of 'anti' saccades in man. *Experimental Brain Research*, **89**, 415–24.

Fischer, B. and Weber, H. (1993). Express saccades and visual attention. *Behavioral and Brain Sciences*, **16**, 553–610.

Fischer, B. and Weber, H. (1996). Effects of procues on errors rates and reaction times of antisaccades in human subjects. *Experimental Brain Research*, **109**, 507–12.

Fischer, M. H. (1999). Memory for word locations in reading. *Memory*, **7**, 79–116.

Fodor, J. A. (1983). *The Modularity of Mind*. MIT Press, Cambridge, MA.

Forbes, K. and Klein, R. (1996). The magnitude of the fixation offset effect with endogeneously and exogenously controlled saccades. *Journal of Cognitive Neuroscience*, **8**, 344–52.

Fox, E., Lester, V., Russo, R., Bowles, R. J., Pichler, A. and Dutton, K. (2000). Facial expressions of emotion: are angry faces detected more efficiently? *Cognition and Emotion*, **14**, 61–92.

Frazier, L. and Rayner, K. (1982). Making and correcting errors during sentence comprehension: eye movements in the analysis of structurally ambiguous sentences. *Cognitive Psychology,* **14**, 178–210.

Friedman, A. and Liebelt, L. S. (1981). On the time course of viewing pictures with a view towards remembering. In *Eye movements: cognition and visual perception* (ed. D. F. Fisher, R. A. Monty and J. W. Senders), pp. 137–55, Lawrence Erlbaum, Hillsdale, NJ.

Friedman-Hill, S. R., Robertson, L. C. and Treisman, A. (1995). Parietal contributions to visual feature binding—evidence from a patient with bilateral lesions. *Science,* **269**, 853–5.

Fuchs, A. F., Kaneko, C. R. S. and Scudder, C. A. (1985). Brainstem control of saccadic eye movements. *Annual Review of Neuroscience,* **8**, 307–37.

Funahashi, S., Bruce, C. J. and Goldman-Rakic, P. S. (1989). Mnemonic coding of visual space in the monkey's dorsolateral prefrontal cortex. *Journal of Neurophysiology,* **61**, 331–49.

Gautier, V., O'Regan, J. K. and Le Gargasson, J. F. (2000) 'The-skipping' revisited in French: programming saccades to skip the article 'les'. *Vision Research,* **40**, 2517–31.

Gibson, J. J. (1966). *The senses considered as perceptual systems.* Houghton Mifflin, Boston.

Gibson, J. J. (1979). *The ecological approach to visual perception.* Houghton Mifflin, Boston.

Gilchrist, I. D., Brown, V. and Findlay, J. M. (1997). Saccades without eye movements. *Nature,* **390**, 130–1.

Gilchrist, I. D., Brown, V., Findlay, J. M. and Clarke, M. P. (1998). Using the eye movement system to control the head. *Proceedings of the Royal Society, Series B,* **265**, 1831–6.

Gilchrist, I. D. and Harvey, M. (2000). Refixation frequency and memory mechanisms in visual search. *Current Biology,* **10**, 1209–12.

Gilchrist, I. D., Heywood, C. A. and Findlay, J. M. (1999*a*). Saccade selection in visual search: evidence for spatial frequency specific between-item interactions. *Vision Research,* **39**, 1373–83.

Gilchrist, I. D., Heywood, C. A. and Findlay, J. M. (1999*b*). Surface and edge information for spatial integration: a saccadic-selection task. *Visual Cognition,* **6**, 363–84.

Gilchrist, I. D., Humphreys, G. W., Neumann, H. and Riddoch, M. J. (1997). Luminance and edge information in grouping: a study using visual search. *Journal of Experimental Psychology: Human Perception and Performance,* **23**, 464–80.

Girotti, F., Milanese, C., Casazza, M., Allegranza, A., Corridori, F., Avanzini, G. (1982). Oculomotor disturbances in Balints syndrome—an anatomoclinical findings and electrooculographic analysis in a case. *Cortex,* **18**, 603–14.

Glimcher, P. W. and Sparks, D. L. (1992). Movement selection in advance of action in the superior colliculus. *Nature,* **355**, 542–5.

Glimcher, P. W. and Sparks, D. L. (1993). Representation of averaging saccades in the superior colliculus of the monkey. *Experimental Brain Research,* **95**, 429–35.

Glue, P. (1991). The pharmacology of saccadic eye movements. *Journal of Psychopharmacology,* **5**, 377–87.

Gnadt, J. W. and Andersen, R. A. (1988). Memory related motor planning activity in posterior parietal cortex. *Experimental Brain Research*, **70**, 216–20.

Gnadt, J. W., Bracewell, M. and Andersen, R. A. (1991). Sensorimotor transformation during eye movements to remembered visual targets, *Vision Research*, **31**, 693–715.

Goldberg, M. E. and Segraves, M. A. (1987). The function of the projection from the frontal eye fields to the superior colliculus in the monkey. *Archives of Neurology*, **44**, 1209.

Goldberg, M. E. and Wurtz, R. H. (1972). Activity of superior colliculus cells in behaving monkey I. Visual receptive fields of single neurons. *Journal of Neurophysiology*, **35**, 542–59.

Goldman-Rakic, P. S. (1992). Working memory and the mind. *Scientific American*, **267**(3), 111–17.

Goodale, M. A. and Milner, A. D. (1992). Separate visual pathways for perception and action. *Trends in Neurosciences*, **15**, 20–5.

Gouras, P. (1985). The oculomotor system. In *Principles of neural science (2nd edition)* (ed. E. R. Kandel and J. H. Schwartz) Chapter 43. Amsterdam, Elsevier.

Grimes, J. (1996). On the failure to detect changes in scenes across saccades. In *Perception*, Volume 5 of the Vancouver Studies in Cognitive Science (ed. K. Akins), pp. 89–110, Oxford University Press, New York.

Guba, E., Wolf, W., De Groot, S., Knemeyer, M., Van Atta, R. and Light, L. (1964). Eye movements and TV viewing in children. *Audio–Visual Communication Review*, **12**, 386–401.

Guitton, D., Buchtel, H. A. and Douglas, R. M. (1985). Frontal-lobe lesions in man cause difficulties in suppressing reflexive glances and in generating goal-directed saccades. *Experimental Brain Research*, **58**, 455–72.

Hainline, L. (1998). The development of basic visual abilities. In *Perceptual development: visual, auditory and speech perception in infancy* (ed. A. Slater), pp. 5–50. Psychology Press, Hove.

Hallett, P. E. (1978). Primary and secondary saccades to goals defined by instructions. *Vision Research*, **18**, 1279–96.

Hallett, P. E. (1986). Eye movements. In *Handbook of Perception and Human Performance*. Volume 1. Chapter 10 (ed. K. Boff, L. Kaufman and J. P. Thomas), Wiley, New York.

Hallett, P. E. and Adams, B. D. (1980). The predictability of saccadic latency in a novel voluntary oculomotor task. *Vision Research*, **20**, 329–39.

Hallet, P. E. and Lightstone, A. D. (1976). Saccadic eye movements to flashed targets. *Vision Research*, **16**, 107–14.

Halligan, P. W. and Marshall, J. C. (1991). Left neglect for near but not far space in man. *Nature*, **350**, 498–500.

Hanes, D. P. and Schall, J. D. (1996). Neural control of voluntary movement initiation. *Science*, **274**, 427–30.

Hanes, D. P. and Wurtz, R. H. (2001). Interaction of frontal eye field and superior colliculus for saccade generation. *Journal of Neurophysiology*, **85**, 804–15.

Harvey, M., Olk, B., Muir K. and Gilchrist, I. D. (2002). Manual responses and saccades in chronic and recovered hemispatial neglect: a study using visual search. *Neuropsychologia*, **40**, 705–17.

Hayhoe, M. M. (2000). Vision using routines: a functional account of vision. *Visual Cognition*, 7, 43–64.

He, P. and Kowler, E. (1989). The role of location probability in the programming of saccades: implications for 'center-of-gravity' tendencies. *Vision Research*, 29, 1165–81.

Heide, W. and Kompf, D. (1998). Combined deficits of saccades and visuo-spatial orientation after cortical lesions. *Experimental Brain Research*, 123, 164–71.

Heller, D. and Radach, R. A. (1998). Eye movements in reading: are two eyes better than one? In *Current oculometer research* (ed. W. Becker, H. Deubel and T. Mergner), Plenum, New York.

Helmholtz, H. von (1866). *Treatise on physiological optics Volume III* (trans. 1925 from the third German edition), ed. J. P. C. Southall, New York: Dover, 1962.

Henderson, J. M. (1992). Object identification in context: the visual processing of natural scenes. *Canadian Journal of Psychology*, 46, 319–41.

Henderson, J. M. (1992). Visual attention and eye movement control during reading and picture viewing. In *Eye movements and visual cognition* (ed. K. Rayner), pp. 260–83, Springer-Verlag, Berlin.

Henderson, J. M. and Ferreira, F. (1990). Effects of foveal processing difficulty on the perceptual span in reading: implications for attention and eye movement control. *Journal of Experimental Psychology: Learning, Memory and Cognition*, 16, 417–29.

Henderson, J. M. and Hollingworth, A. (1998). Eye movements during scene viewing: an overview. In *Eye guidance in reading and scene perception* (ed. G. Underwood,), pp. 269–93, Elsevier, Amsterdam.

Henderson, J. M. and Hollingworth, A. (1999a). High-level scene perception. *Annual Review of Psychology*, 50, 243–71.

Henderson, J. M. and Hollingworth, A. (1999b). The role of fixation position in detecting scene changes across saccades. *Psychological Science*, 10, 438–43.

Henderson, J. M., McClure, K. K., Pierce, S. and Schrock, G. (1997). Object identification without foveal vision: evidence from an artificial scotoma paradigm. *Perception and Psychophysics*, 59, 323–46.

Henderson, J. M., Pollatsek, A. and Rayner, K. (1989). Covert visual attention and extrafoveal information use during object identification. *Perception and Psychophysics*, 45, 196–208.

Hendriks, A. W. (1996). Vergence eye movements during fixation in reading. *Acta Psychologica*, 92, 131–51.

Henn, V., Büttner-Ennever, J. A. and Hepp, K. (1982). The primate oculomotor system I Motorneurons: a synthesis of anatomical, physiological, and clinical data. *Human Neurobiology*, 1, 77–85.

Henson, D. B. (1993). *Visual fields*. Oxford University Press, Oxford.

Hikosaka, O., Takikawa, Y. and Kawagoe, R. (2000). Role of the basal ganglia in the control of purposive saccadic eye movements. *Physiological Reviews*, 80, 954–78.

Hikosaka, O. and Wurtz, R. H. (1983). Visual and oculomotor functions of monkey substantia nigra pars reticulata. *Journal of Neurophysiology*, 49, 1230–1301.

Hikosaka, O. and Wurtz, R. H. (1989). The basal ganglia. In *The neurobiology of saccadic eye movements* (ed. R. H. Wurtz and M. E. Goldberg), pp. 257–81, Elsevier, Amsterdam.

Hirsch, J. and Curcio, C. A. (1989). The spatial resolution capacity of human foveal retina. *Vision Research*, 29, 1095–1101.

Hodgson, T. L. (2002). The location marker effect: saccade latency increases with target eccentricity. *Experimental Brain Research*, 145, 539–42.

Hodgson, T. L., Bajwa, A., Owen, A. M. and Kennard, C. (2000). The strategic control of gaze direction in the tower of London task. *Journal of Cognitive Neuroscience*, 12, 894–907.

Hoffman, J. E. and Subramaniam, B. (1995). The role of visual-attention in saccadic eye-movements. *Perception and Psychophysics*, 57, 787–95.

Holliday, I. E., Anderson, S. J. and Harding, G. F. A. (1997). Magnetoencephalographic evidence for non-geniculostriate visual input to human cortical area V5 *Neuropsychologia*, 35, 1139–46.

Holmes G. (1919). Disturbances of visual space perception. *British Medical Journal*, 2, 230–3.

Honda, H. (1989). Perceptual localization of stimuli flashed during saccades. *Perception and Psychophysics*, 45, 162–74.

Honda, H. (1990). Eye movements to a visual stimulus flashed before, during, or after a saccade. In *Attention and Performance XIII.* (ed M. Jeannerod), pp. 567–82. Erlbaum, Hillsdale NJ.

Hood, B. M. and Atkinson, J. (1993). Disengaging visual attention in the infant and adult. *Infant Behaviour and Development*, 16, 405–22.

Hood, B. M., Atkinson, J. and Braddick, O. J. (1998). Selection for action and the development of orienting and visual attention. In *Cognitive neuroscience of attention: a developmental perspective* (ed. J. E. Richards), pp. 219–50, Lawrence Erlbaum, Mahwah NJ.

Hood, B. M., Willen, J. D. and Driver, J. (1998). Adult's eyes trigger shifts of visual attention in human infants. *Psychological Science*, 9, 131–4.

Hooge, I. T. C. and Erkelens, C. J. (1996). Control of fixation duration in a simple search task. *Perception and Psychophysics*, 58, 969–76.

Hooge, I. T. C. and Erkelens, C. J. (1998). Adjustment of fixation duration in visual search. *Vision Research*, 38, 1295–1302.

Hooge, I. T. C. and Erkelens, C. J. (1999). Peripheral vision and oculomotor control during visual search. *Vision Research*, 39, 1567–75.

Hornak, J. (1992). Ocular exploration in the dark by patients with visual neglect. *Neuropsychologia*, 30, 547–52.

Howard, I. P. (1982). *Human visual orientation.* Wiley, Chichester.

Howard, I. P. and Rogers, B. J. (1995). *Binocular vision and stereopsis.* Oxford University Press, New York.

Huey, E. B. (1908, 1968). *The psychology and pedagogy of reading.* Macmillan, New York, 1908 reprinted by MIT Press, Cambridge, MA, 1968.

Humphreys, G. W. and Müller, H. J. (1993). Search via recursive rejection (SERR)—a connectionist model of visual search. *Cognitive Psychology*, 25, 43–110.

Humphreys, G. W. and Riddoch, M. J. (1993). Interactions between object and space systems revealed through neuropsychology. In *Attention and Performance XIV* (ed. D. E. Meyer and S. Kornblum), pp. 143–62, Cambridge MA, MIT Press.

Husain, M. and Kennard, C. (1997). Distractor-dependent frontal neglect *Neuropsychologia*, **35**, 829–41.

Husain, M., Mannan, S., Hodgson, T., Wojciulik, E., Driver, J. and Kennard, C. (2001). Impaired spatial working memory across saccades contributes to abnormal search in parietal neglect. *Brain*, **124**, 941–52.

Hutton, S. and Kennard, C. (1998). Oculomotor abnormalities in schizophrenia—a critical review. *Neurology*, **50**, 604–9.

Hyönä, J. (1995). Do irregular letter combinations attract readers' attention: evidence from fixation locations in words. *Journal of Experimental Psychology: Human Perception and Performance*, **21**, 61–81.

Hyönä, J., Niemi, P. and Underwood, G. (1989). Reading long words embedded in sentences: Informativeness of word parts affects eye movements. *Journal of Experimental Psychology: Human Perception and Performance*, **15**, 142–52.

Ikeda, M. and Takeuchi, R. (1975). Influence of foveal load on the functional visual field. *Perception and Psychophysics*, **18**, 255–60.

Inhoff, A. W. and Rayner, K. (1986). Parafoveal word processing during eye fixations in reading: effect of word frequency. *Perception and Psychophysics*, **40**, 431–9.

Intraub, H. (1980). Presentation rate and the representation of briefly glimpsed pictures in memory. *Journal of Experimental Psychology: Human Learning and Memory*, **6**, 1–12.

Intraub, H. (1981). Rapid conceptual identification of sequentially presented pictures. *Journal of Experimental Psychology: Human Perception and Performance*, **7**, 604–10.

Irwin, D. and Zelinsky, G. J. (2002). Eye movements and scene perception: memory for things observed. *Perception and Psychophysics*, **64**, 882–95.

Irwin, D. E. (1991). Information integration across saccadic eye movements. *Cognitive Psychology*, **23**, 420–56.

Irwin, D. E., Colcombe, A. M., Kramer, A. F. and Hahn, S. (2000). Attentional and oculomotor capture by onset, luminance and color singletons. *Vision Research*, **40**, 1443–58.

James, W. (1890). *The Principles of psychology*. Holt, New York.

Javal, E. (1878, 1879). Essai sur la physiologie de la lecture (in several parts). *Annales d'Oculistique* **79**, 97, 240; **80**, 135; **81**, 61; **82**, 72, 159, 242.

Jay, M. F. and Sparks, D. L. (1987). Sensorimotor integration in the primate superior colliculus. II Co-ordinates of auditory signals. *Journal of Neurophysiology*, **57**, 35–54.

Jeannerod, M. (1988). *The neural and behavioural organization of goal-directed movements*. Oxford University Press, Oxford.

Johansson, R. S., Westling, G., Bäckström, A. and Flanagan, J. R. (2001). Eye hand coordination in object manipulation. *Journal of Neuroscience*, **21**, 6917–32.

Johnson, M. H. (1997). *Developmental cognitive neuroscience*. Blackwell, Oxford.

Jonides, J., Irwin, D. E. and Yantis, S. (1982). Integrating information from successive fixations. *Science*, **215**, 192–4.

Jonides, J., Irwin, D. E. and Yantis, S. (1983). Failure to integrate information from successive fixations. *Science*, **222**, 188.

Just, M. A. and Carpenter, P. A. (1980). A theory of reading; from eye fixations to comprehension. *Psychological Review*, **87**, 329–54.

Jüttner, M. and Wolf, W. (1992). Occurrence of human express saccades depends on stimulus uncertainty and stimulus sequence. *Experimental Brain Research*, **68**, 115–21.

Kalesnykas, R. P. and Hallett, P. E. (1994). Retinal eccentricity and the latency of eye saccades. *Vision Research*, **34**, 517–31.

Kaplan, E., Lee, B. B. and Shapley, R. M. (1990). New views of primate retinal function. *Progress in Retinal Research*, **9**, 273–336.

Kapoula, Z. (1985). Evidence for a range effect in the saccadic system. *Vision Research*, **25**, 1155–57.

Kapoula, Z., Optican, L. M. and Robinson, D. A. (1989). Visually induced plasticity of postsaccadic ocular drift in normal humans. *Journal of Neurophysiology*, **61**, 879–91.

Kapoula, Z. and Robinson, D. A. (1986). Saccadic undershoot is not inevitable: saccades can be accurate. *Vision Research*, **26**, 735–43.

Karnath, H-O. and Huber, W. (1992). Abnormal eye-movement behavior during text reading in neglect syndrome—a case-study. *Neuropsychologia*, **30**, 593–8.

Kennedy, A. (1983). On looking into space. In *Eye movements in reading: perceptual and language processes*. (ed. K. Rayner), pp. 237–51, Academic Press, New York.

Kennedy, A. (2000). Parafoveal processing in word recognition. *Quarterly Journal of Experimental Psychology*, **53A**, 429–55.

Kennedy, A. and Murray, W. S. (1989). Spatial coordinates and reading: comments on Monk. *Quarterly Journal of Experimental Psychology*, **39A**, 649–56.

Kennedy, A., Radach, R., Heller, D. and Pynte, J. (2000). *Reading as a perceptual process*. Elsevier, Amsterdam.

Kentridge, R. W., Heywood, C. A. and Weiskrantz, L. (1997). Residual vision in multiple retinal locations within a scotoma: implications for blindsight. *Journal of Cognitive Neuroscience*, **9**, 191–202.

Kentridge, R. W., Heywood, C. A. and Weiskrantz, L. (1999*a*). Effects of temporal cueing on residual visual discrimination in blindsight. *Neuropsychologia*, **37**, 479–83.

Kentridge, R. W., Heywood, C. A. and Weiskrantz, L. (1999*b*). Attention without awareness in blindsight. *Proceedings of the Royal Society of London, Series B*, **266**, 1805–11.

Kingstone, A. and Klein, R. M. (1993). Visual offset facilitates saccade latency: does pre-disengagement of attention mediate this gap effect? *Journal of Experimental Psychology: Human Perception and Performance*, **19**, 251–65.

Klein, R. (1980). Does oculomotor readiness mediate cognitive control of visual attention? In *Attention and Performance* VIII (ed. R. S. Nickerson), pp. 259–76, Lawrence Erlbaum Associates, Hillsdale NJ.

Klein, R. M. (1988). Inhibitory tagging facilitates visual search. *Nature*, **324**, 430–1.

Klein, R. M. (2000). Inhibition of return. *Trends in Cognitive Science*, **4**, 138–47.

Klein, R. M. and Farrell, M. (1989). Search performance without eye-movements. *Perception and Psychophysics*, **46**, 476–82.

Klein, R. M. and MacInnes, W. J. (1999). Inhibition of return is a foraging facilitator in visual search. *Psychological Science*, **10**, 346–52.

Klein, R. M. and Pontefract, A. (1994). Does oculomotor readiness mediate cognitive control of visual-attention—revisited! In *Attention and Performance XV* (ed. C. Umiltà and M. Moscovitch), pp. 333–50, MIT Press, Cambridge, MA.

Koch, C. and Ullman, S. (1985). Shifts in visual attention: towards the underlying circuitry. *Human Neurobiology*, **4**, 219–22.

Kommerell, G., Olivier, D. and Theopold, H. (1976). Adaptive programming of phasic and tonic components in saccadic eye movements: investigations in patients with abducens palsy. *Investigative Ophthalmology*, **15**, 657–60.

Komoda, M. K., Festinger, L., Phillips, L. T., Duckman, R. H. and Young, R. A. (1973). Some observations concerning saccadic eye movements. *Vision Research*, **13**, 1009–20.

Kornmüller, A. E. (1931). Eine experimentelle Anästhesie der äusseren Augenmuskeln am Menschen und ihre Auswirkungen. *Journal für Psychologie und Neurologie*, **41**, 354–66. (cited in Carpenter, 1988)

Kowler, E., Anderson, E., Dosher, B. and Blaser, E. (1995). The role of attention in the programming of saccades. *Vision Research*, **35**, 1897–1916.

Kowler, E. and Blaser, E. (1995). The accuracy and precision of saccades to small and large targets. *Vision Research*, **35**, 1741–54.

Kowler, E. and Steinman, R. M. (1979). The effect of expectations on slow oculomotor control. I Periodic target steps. *Vision Research*, **19**, 619–32.

Krappman, P. (1998). Accuracy of visually and memory guided antisaccades in man. *Vision Research*, **38**, 2979–85.

Krauzlis, R. J., Basso, M. A. and Wurtz, R. H. (1997). Shared motor error for multiple eye movements. *Science*, **276**, 1693–5.

Krieger, G., Rentschler, I., Hauske, G., Schill, K. and Zetsche, C. (2000). Object and scene analysis by saccadic eye-movements: an investigation with higher-order statistics. *Spatial Vision*, **13**, 201–14.

Krupinski, E. A. (1996). Visual scanning patterns of radiologists searching mammograms. *Acta Radiologica*, **3**, 137–44.

Kundel, H. L., Nodine, C. F. and Carmody, D. (1978). Visual scanning, pattern recognition and decision making in pulmonary nodule detection. *Investigative Radiology*, **13**, 175–81.

Kustov, A. A. and Robinson, D. L. (1996). Shared neural control of attentional shifts and eye movements. *Nature*, **384**, 74–77.

Kusunoki, M., Gottlieb, J. and Goldberg, M. E. (2000). The lateral intraparietal area as a salience map: the representation of abrupt onset, stimulus motion, and task relevance. *Vision Research*, **40**, 1459–68.

LaBerge, D. (1983). Spatial extent of attention to letters and words. *Journal of Experimental Psychology: Human Perception and Performance*, **9**, 371–9.

Land, M. F. (1995). The functions of eye movements in animals remote from man. In *Eye movement research: mechanisms, processes and applications* (ed. J. M. Findlay, R. Walker and R. W. Kentridge), pp. 63–76. Elsevier, Amsterdam.

Land, M. F. and Furneaux, S. (1997). The knowledge base of the oculomotor system. *Philosophical Transaction of the Royal Society Series*, **352B**, 1231–39.

Land, M. F., Furneaux, S. M. and Gilchrist, I. D. (2002). The organisation of visually mediated actions in a subject without eye movements. *Neurocase*, **8**, 80–7.

Land, M. F. and Lee, D. (1994). Where we look when we steer. *Nature*, **369**, 742–3.

Land, M. F., Mennie, N. and Rusted, J. (1999). The roles of vision and eye movements in the control of activities of everyday living. *Perception*, **28**, 1311–28.

Land, M. F. and Nilsson, D.-E. (2002). *Animal Eyes*. Oxford University Press, Oxford.

Langton, S. R. H., Watt, R. J. and Bruce, V. (2000). Do the eyes have it? Cues to the direction of social attention. *Trends in Cognitive Sciences*, **4**, 50–9.

Latour, P. (1962). Visual thresholds during eye movements. *Vision Research*, **2**, 261–2.

Lee, C., Rohrer, W. H. and Sparks, D. L. (1988). Population coding of saccadic eye movements by neurons in the superior colliculus. *Nature*, **332**, 357–60.

Lee, D. K., Koch, C. and Braun, J. (1997). Spatial vision thresholds in the near absence of attention. *Vision Research*, **37**, 2409–18.

Leigh, R. J. and Zee, D. S. (1983). *The neurology of eye movements*. E. A. Davis, Philadelphia.

Lennie, P. (1993). Roles of M and P pathways. In *Contrast Sensitivity* (ed. R. M. Shapley and D. K. L. Lam), pp. 201–213, MIT Press. Cambridge, MA.

Levin, D. T., Momen, N., Drivdahl, S. B. and Simons, D. J. (2000). Change blindness: the metacognitive error of overestimating change-detection ability. *Visual Cognition*, **7**, 397–412.

Lisberger, S. G. (1990). Visual tracking in monkeys: evidence for short-latency suppression of the vestibulo-ocular reflex. *Journal of Neurophysiology*, **63**, 676–88.

Liversedge, S. P. and Findlay, J. M. (2000). Saccadic eye movements and cognitive sciences. *Trends in Cognitive Sciences*, **4**, 6–14.

Livingstone, M. S. and Hubel, D. H. (1987). Psychophysical evidence for separate channels for the processing of form, color, movement and depth. *Journal of Neuroscience*, **7**, 3416–68.

Loftus, G. R. (1972). Eye fixations and recognition memory for pictures. *Cognitive Psychology*, **3**, 525–51.

Loftus, G. R. (1985). Picture perception: effect of luminance level on available information and information extraction rate. *Journal of Experimental Psychology: Human Perception and Performance*, **114**, 342–56.

Loftus, G. R. and Mackworth, N. H. (1978). Cognitive determinants of fixation location during picture viewing. *Journal of Experimental Psychology: Human Perception and Performance*, **4**, 565–72.

Logothetis, N. K. and Sheinberg, D. L. (1996). Visual object recognition. *Annual Review of Neuroscience*, **19**, 577–621.

Luck, S. J., Chelazzi, L., Hillyard, S. A. and Desimone, R. (1997). Neural mechanisms of spatial selective attention in areas V1, V2, and V4 of macaque visual cortex. *Journal of Neurophysiology*, **77**, 24–42.

Ludwig, C. J. H. and Gilchrist, I. D. (2002). Stimulus-driven and goal-driven control over visual selection. *Journal of Experimental Psychology: Human Perception and Performance*, **28**, 902–12.

Luria, A. R., Pravdina-Vinarskaya, E. M. and Yarbus, A. L. (1963). Disorders of ocular movements in a case of simultanagnosia. *Brain*, **86**, 219–28.

Lynch, J. C., Mountcastle, V. B., Talbot, W. H. and Yin, T. C. T. (1977). Parietal lobe mechanisms for directed visual attention. *Journal of Neurophysiology*, **40**, 362–89.

Mackeben, M. and Nakayama, K. (1993). Express attentional shifts. *Vision Research*, 33, 85–90.

Mackworth, N. H. and Morandi, A. J. (1967). The gaze selects informative detail within pictures. *Perception and Psychophysics*, 2, 547–52.

Mannan, S. K., Ruddock, K. H. and Wooding, D. S. (1995). Automatic control of saccadic eye movements made in visual inspection of briefly presented 2-D images. *Spatial Vision*, 9, 363–86.

Mannan, S. K., Ruddock, K. H. and Wooding, D. S. (1996). The relationship between the locations of spatial features and those of fixations made during visual examination of briefly presented images. *Spatial Vision*, 10, 165–88.

Mannan, S. K., Ruddock, K. H. and Wooding, D. S. (1997). Fixation sequences during visual examination of briefly presented 2D images. *Spatial Vision*, 11, 157–78.

Marr, D. (1982). *Vision*. W. H. Freeman, San Francisco.

Matin, E. (1974). Saccadic suppression: a review and an analysis. *Psychological Bulletin*, 81, 899–917.

Matin, L. (1972). Eye movements and perceived visual direction. In *Handbook of sensory physiology. Volume 7/4 Visual Psychophysics* (ed. D. Jameson and L. M. Hurvich) pp. 331–80, Springer-Verlag, Berlin.

Maunsell, J. H. R. and Newsome, W. T. (1987). Visual processing in monkey extrastriate cortex. *Annual Review of Neuroscience*, 10, 363–401.

Maunsell, J. H. R., Nealy, T. A. and DePriest, D. D. (1990). Magnocellular and parvocellular contributions to responses in the middle temporal area (MT) of the macaque monkey. *Journal of Neuroscience*, 10, 3323–34.

Maurer, D. and Lewis, T. L. (1998). Overt orienting toward peripheral stimuli: normal development and underlying mechanisms. In *Cognitive neuroscience of attention: a developmental perspective* (ed. J. E. Richards), pp. 51–102, Lawrence Erlbaum, Mahwah NJ.

Mays, L. E. (1998). Has Hering been hooked? *Nature Medicine*, 4, 889–90.

Mays, L. E. and Sparks, D. L. (1980). Saccades are spatially, not retinotopically, coded. *Science*, 208, 1163–5.

McConkie, G. W. and Currie, C. B. (1996). Visual stability across saccades while viewing complex pictures. *Journal of Experimental Psychology: Human Perception and Performance*, 22, 563–81.

McConkie, G. W., Kerr, P. W., Reddix, M. D. and Zola, D. (1988). Eye movement control during reading: I The location of initial eye fixations on words. *Vision Research*, 28, 1107–18.

McConkie, G. W., Kerr, P. W., Reddix, M. D., Zola, D. and Jacobs, A. M. (1989). Eye movement control during reading: II Frequency of refixating a word. *Perception and Psychophysics*, 46, 245–53.

McConkie, G. W. and Rayner, K. (1975). The span of the effective stimulus during a fixation in reading. *Perception and Psychophysics*, 17, 578–86.

McConkie, G. W. and Zola, D. (1979). Is visual information integrated across successive fixations in reading? *Perception and Psychophysics*, 25, 221–4.

McIlwain, J. T. (1976). Large receptive fields and spatial transformations in the visual system. In *Neurophysiology. International Review of Physiology*, Volume 10 II. (ed. R. Porter), pp. 223–48.

McIlwain, J. T. (1991). Distributed coding in the superior colliculus: a review. *Visual Neuroscience*, **6**, 3–13.

McLoughlin, S. (1967). Parametric adjustment in saccadic eye movements. *Perception and Psychophysics*, **2**, 359–62.

McPeek, R. M. and Keller, E. L. (2001). Short-term priming, concurrent processing, and saccade curvature during a target selection task in the monkey. *Vision Research*, **41**, 785–800.

McPeek, R. M. and Keller, E. L. (2002). Superior colliculus activity related to concurrent processing of saccade goals in a visual search task. *Journal of Neurophysiology*, **87**, 1805–15.

McPeek, R.M., Maljkovic, V. and Nakayama, K. (1999). Saccades require focal attention and are facilitated by a short-term memory system. *Vision Research*, **39**, 1555–66.

McPeek, R. M., Skavenski, A. A. and Nakayama, K. (2000). Concurrent processing of saccades in visual search. *Vision Research*, **40**, 2499–2516.

McSorley, E. and Findlay, J. M. (2001). Visual search in depth. *Vision Research*, **41**, 3487–96.

Merigan, W. H. and Maunsell, J. H. R. (1993). How parallel are the primate visual pathways? *Annual Review of Neuroscience*, **16**, 369–402.

Miles, F. A. (1995). The sensing of optic flow by the primate optokinetic system. In *Eye movement research: mechanisms, processes and applications* (ed. J. M. Findlay, R. Walker and R. W. Kentridge), pp. 47–62, Amsterdam, North-Holland.

Miles, F. A. (1998). The neural processing of 3-D information: evidence from eye movements. *European Journal of Neuroscience*, **10**, 811–22.

Milner, A. D. and Goodale, M. A. (1995). The *visual brain in action*. Oxford University Press, Oxford.

Mohler, C. W. and Wurtz, R. H. (1976). Organization of monkey superior colliculus: intermediate layer cells discharging before eye movements. *Journal of Neurophysiology*, **39**, 722–44.

Mohler, C. W. and Wurtz, R. H. (1977). Role of striate cortex and superior colliculus in visual guidance of saccadic eye movements in monkeys. *Journal of Neurophysiology*, **40**, 74–94.

Mokler, A. and Fischer, B. (1999). The recognition and correction of involuntary prosaccades in an antisaccade task. *Experimental Brain Research*, **125**, 511–16.

Moore, T. and Fallah, M. (2001). Control of eye movements and spatial attention. *Proceedings of the National Academy of Sciences USA*, **98**, 1273–6.

Moran, J. and Desimone, R. (1985). Selective attention gates visual processing in the extrastriate cortex. *Science*, **229**, 782–4.

Morrison, R. E. (1983). Retinal image size and the perceptual span in reading. In *Eye movements in reading: perceptual and language processes* (ed. K. Rayner), pp. 31–40. Academic Press, New York.

Morrison, R. E. (1984). Manipulation of stimulus onset delay in reading: evidence for parallel programming of saccades. *Journal of Experimental Psychology: Human Perception and Performance*, **5**, 667–82.

Morrison, R. E. and Rayner, K. (1981). Saccade size in reading depends on character spaces and not visual angle. *Perception and Psychophysics*, **30**, 395–6.

Morton, J. (1969). Interaction of information in word recognition. *Psychological Review*, 76, 165–78.

Moschovakis, A. and Highstein, S. M. (1994). The anatomy and physiology of primate neurons the control rapid eye movements. *Annual Review of Neuroscience*, 17, 465–88.

Motter, B. C. and Belky, E. J. (1998a). The zone of focal attention during active visual search. *Vision Research*, 38, 1007–22.

Motter, B. C. and Belky, E. J. (1998b). The guidance of eye movements during active visual search. *Vision Research*, 38, 1805–15.

Mourant, R. R. and Rockwell, T. H. (1972). Strategies of visual search by novice and experienced drivers. *Human Factors*, 14, 325–35.

Müller, H. J. and Findlay, J. M. (1987). Sensitivity and criterion effects in the spatial cueing of visual attention. *Perception and Psychophysics*, 42, 383–99.

Müller, H. J. and Rabbitt, P. M. A. (1989). Reflexive and voluntary orienting of visual attention: time course of activation and resistance to interruption. *Journal of Experimental Psychology: Human Perception and Performance*, 15, 315–30.

Müller, H. J., Humphreys, G. W. and Donnelly, N. (1994). Search via recursive rejection (SERR)—visual-search for single and dual form-conjunction targets. *Journal of Experimental Psychology: Human Perception and Performance*, 20, 23558.

Munoz, D. P. and Wurtz, R. H. (1993a). Fixation cells in monkey superior colliculus. I. Characteristics of cell discharge. *Journal of Neurophysiology*, 70, 559–75.

Munoz, D. P. and Wurtz, R. H. (1993b). Fixation cells in monkey supeior colliculus II. Reversible activation and deactivation. *Journal of Neurophysiology*, 70, 576–89.

Nakayama, K. (1992). The iconic bottleneck and the tenuous link between early visual processing and perception. In *Vision: coding and efficiency* (ed. C. Blakemore). Cambridge University Press, Cambridge.

Nakayama, K. and Silverman, G. H. (1986). Serial and parallel processing of visual feature conjunctions. *Nature*, 320, 264–5.

Neggers, S. F. W. and Bekkering, H. (2000). Ocular gaze is anchored to the target of an ongoing pointing movement. *Journal of Neurophysiology*, 83, 639–51.

Neggers, S. F. W. and Bekkering, H. (2001). Gaze anchoring to a pointing target is present during the entire pointing movement and is driven by a non-visual signal. *Journal of Neurophysiology*, 86, 961–70.

Neisser, U. (1976). *Cognition and reality*. W. H. Freeman, San Francisco.

Nelson, W. W. and Loftus, G. R. (1980). The functional visual field during picture viewing. *Journal of Experimental Psychology: Human Learning and Memory*, 6, 391–9.

Newsome, W. T., Wurtz, R. H., Dürsteler, M. R. and Mikami, A. (1985). Deficits in visual motion processing following ibotenic acid lesions of the middle temporal visual area of the macaque monkey. *Journal of Neuroscience*, 5, 825–40.

Nicholas, J. J., Heywood, C. A. and Cowey, A. (1996). Contrast sensitivity in one-eyed subjects. *Vision Research*, 36, 175–80.

Norman, D. A. and Shallice, T. (1986). Attention to action: willed and automatic control of behaviour. In *Consciousness and self-regulation: advances in research and theory*, Volume 4 (ed. R. J. Davidson, G. E. Schwartz and D. Shapiro), pp. 1–18, Plenum, New York.

Noton, D. and Stark, L. (1971*a*). Scanpaths in saccadic eye movements while viewing and recognising patterns. *Vision Research*, 11, 929–42.

Noton, D. and Stark, L. (1971*b*). Scanpaths in eye movements during pattern perception. *Science*, 171, 308–11.

O'Regan, J. K. (1980). The control of saccade size and fixation duration in reading: the limits of the linguistic control hypothesis. *Perception and Psychophysics*, 28, 112–7.

O'Regan, J. K. (1992). Optimal viewing position in words and the strategy-tactics theory of eye movements in reading. In *Eye movements and visual cognition: scene perception and reading* (ed. K. Rayner), pp. 333–54, Springer-Verlag, New York.

O'Regan, J. K. (1992). Solving the 'real' mysteries of visual perception: the world as outside memory. *Canadian Journal of Psychology*, 46, 461–88.

O'Regan, J. K., Deubel, H., Clark, J. J. and Rensink, R. (2000). Picture changes during blinks: looking without seeing and seeing without looking. *Visual Cognition*, 7, 191–211.

O'Regan, J. K. and Jacobs, A. M. (1992). The optimal viewing position effect in word recognition: a challenge to current theory. *Journal of Experimental Psychology: Human Perception and Performance*, 18, 185–97.

O'Regan, J. K. and Lévy-Schoen, A. (1983). Integrating information from successive fixations: does trans-saccadic fusion exist? *Vision Research*, 23, 765–9.

O'Regan, J. K., Lévy-Schoen, A., Pynte, J. and Brugallière, B. (1984). Convenient fixation location within isolated words of different length and structure. *Journal of Experimental Psychology: Human Perception and Performance*, 10, 250–7.

O'Regan, J. K., Rensink, R. and Clark, J. J. (1999). Change-blindness as a result of mudsplashes. *Nature*, 398, 34.

Oliva, A. and Schyns, P. G. (2000). Diagnostic colors mediate scene recognition. *Cognitive Psychology*, 41, 176–210.

Ottes, F. P., Van Gisbergen, J. A. M. and Eggermont, J. J. (1984). Metrics of saccade responses to visual double stimuli: two different modes. *Vision Research*, 24, 1169–79.

Ottes, F. P., Van Gisbergen, J. A. M. and Eggermont, J. J. (1985). Latency dependence of colour-based target vs nontarget discrimination by the saccadic system. *Vision Research*, 25, 849–62.

Paré, M. and Guitton, D. (1994). The fixation area of cat superior colliculus: effects of electrical stimulation and direct connection with brainstem omnipause neurons. *Experimental Brain Research*, 101, 109–22.

Paré, M. and Munoz, D. (2001). Expression of a re-centring bias in saccade regulation by superior colliculus neurons. *Experimental Brain Research*, 137, 354–68.

Parker, R. E. (1978). Picture processing during recognition. *Journal of Experimental Psychology: Human Perception and Performance*, 4, 284–93.

Pashler, H. (1987). Detecting conjunction of color and form: re-assessing the serial search hypothesis. *Perception and Psychophysics*, 41, 191–201.

Pashler, H. (ed.) (1998). *Attention*. Psychology Press, Hove.

Paterson, D. G. and Tinker, M. A. (1940). *How to make type readable*. Harper and Row, New York.

Pierrot-Deseilligny, C. P., Rivaud, S., Gaymard, B. and Agid, Y. (1991). Cortical control of reflexive visually-guided saccades. *Brain*, 114, 1473–85.

Ploner, C. J., Rivaud-Péchoux, S., Gaymard, B., Agid, Y. and Pierrot-Deseilligny, C. (1999). Errors of memory-guided saccades in humans with lesions of the frontal eye field and the dorsolateral prefrontal cortex. *Journal of Neurophysiology*, **82**, 1086–90.

Poggio, T. and Edelman, S. (1990). A network that learns to recognise three dimensional objects. *Nature*, **343**, 263–6.

Pollatsek, A., Bolozky, S., Well, A. D. and Rayner, K. (1981). Asymmetries in perceptual span for Israeli readers. *Brain and Language*, **14**, 171–80.

Pollatsek, A., Rayner, K. and Collins, W. E. (1984). Integrating pictorial information across saccadic eye movements. *Journal of Experimental Psychology: General*, **113**, 426–42.

Pollatsek, A., Rayner, K., Fischer, M. H. and Reichle, E. D. (1999). Attention and eye movements in reading. In *Reading and dyslexia: visual and attentional processes* (ed. J. Everatt), pp. 179–209, Routledge, London.

Pollatsek, A., Rayner, K. and Henderson, J. M. (1990). Role of spatial location in integration of pictorial information across saccades. *Journal of Experimental Psychology: Human Perception and Performance*, **16**, 199–230.

Polyak, S. L. (1957). *The vertebrate visual system*. University of Chicago Press, Chicago.

Pomplun, M., Reingold, E. M. and Shen, J. Y. (2001a). Peripheral and parafoveal cueing and masking effects on saccadic selectivity in a gaze-contingent window paradigm. *Vision Research*, **41**, 2757–69.

Pomplun, M., Reingold, E. M. and Shen, J. Y. (2001b). Investigating the visual span in comparative search: the effects of task difficulty and divided attention. *Cognition*, **81**, B57-B67.

Ponsoda, V., Scott, D. and Findlay, J. M. (1995). A probability vector and transition matrix analysis of eye movements during visual search. *Acta Psychologica*, **88**, 167–85.

Pöppel, E., Held, R. and Frost, D. (1973). Residual visual function after brain wounds involving central visual pathways in man. *Nature*, **243**, 295–6.

Posner, M. I. (1978). *Chronometric explorations of mind*. Lawrence Erlbaum Associates Inc., Hillsdale, NJ.

Posner, M. I. (1980). Orienting of attention. *Quarterly Journal of Experimental Psychology*, **32A**, 3–25.

Posner, M. I. and Cohen, Y. (1984). Components of visual orienting. In *Attention and Performance X* (ed. H. Bouma and D. G. Bouwhuis), pp. 531–56, Lawrence Erlbaum, Hillsdale, NJ.

Posner, M. I., Nissen, M. J. and Ogden, M. C. (1978). Attended and unattended processing modes: the role of set for spatial location. In *Modes of perceiving and processing information* (ed. H. L. Pick and I. J. Saltzman), pp. 137–157, Lawrence Erlbaum, Hillsdale, NJ.

Posner, M. I., Rafal, R. D., Choate, L. S. and Vaughan, J. (1985). Inhibition of return—neural basis and function. *Cognitive Neuropsychology*, **2**, 211–28.

Posner, M. I., Snyder C. R. R. and Davidson, B. J. (1980). Attention and the detection of stimuli. *Journal of Experimental Psychology: General*, **109**, 160–74.

Posner, M. I., Walker, J. A., Friedrich, F. J. and Rafal, R. D. (1984). Effects of parietal, lobe injury on covert orienting of visual attention. *Journal of Neuroscience*, **4**, 1863–74.

Potter, M. C. and Levy, E. I. (1969). Recognition memory for a rapid sequence of pictures. *Journal of Experimental Psychology*, **81**, 10–15.

Radach, R., Heller, D. and Inhoff, A. W. (1998). Occurrence and function of very short fixation durations in reading. In *Current Oculomotor Research* (ed. W. Becker, H. Deubel and T. Mergner), Plenum, New York.

Radach, R. and McConkie, G. W. (1998). Determinants of fixation positions within words during reading. In *Eye guidance in reading and scene perception* (ed. G. Underwood), pp. 77–100, North-Holland. Amsterdam.

Rafal, R. D. and Posner, M. I. (1987). Deficits in human visual spatial attention following thalamic lesions. *Proceedings of the National Academy of Sciences USA*, **84**, 7349–53.

Rafal, R. D., Smith, J., Kranty, J., Cohen, A. and Brennan, C. (1990). Extrageniculate vision in the hemianopic human: saccade inhibition by signals in the blind fields. *Science*, **250**, 118–20.

Ramachandran, V. S. (1995). Perceptual correlates of neural plasticity in the adult human brain. In *Early vision and beyond* (ed. T. V. Papathomas, C. Chubb, A. Gorea, and E. Kowler), MIT Press, Cambridge, MA.

Rashbass, C. (1961). The relationship between saccadic and smooth tracking movements. *Journal of Physiology*, **159**, 326–38.

Rashbass, C. and Westheimer, G. (1961). Disjunctive eye movements. *Journal of Physiology*, **159**, 339–60.

Rayner, K. (1975). The perceptual span and peripheral cues in reading. *Cognitive Psychology*, **7**, 65–81.

Rayner, K. (1978). Eye movements in reading and information processing. *Psychological Bulletin*, **85**, 618–60.

Rayner, K. (1979). Eye guidance in reading : fixation locations in words. *Perception*, **8**, 21–30.

Rayner, K. (1986). Eye movements and perceptual span in beginning and skilled readers. *Journal of Experimental Child Psychology*, **41**, 211–36.

Rayner, K. (1995). Eye movements and cognitive processes in reading, visual search, and scene perception. In *Eye movement research: mechanisms, processes and applications* (ed. J. M. Findlay, R. Walker and R. W. Kentridge), pp. 3–22, North Holland, Amsterdam.

Rayner, K. (1998). Eye movements in reading and information processing. 20 years of research. *Psychological Bulletin*, **124**, 372–422.

Rayner, K., Balota, D. A. and Pollatsek, A. (1986). Against parafoveal semantic processing during eye fixations in reading. *Canadian Journal of Psychology*, **40**, 473–83.

Rayner, K. and Beretra, J. H. (1979). Reading without a fovea. *Science*, **206**, 468–89.

Rayner, K. and Fischer, M. H. (1996). Mindless reading revisited: eye movements during reading and scanning are different. *Perception and Psychophysics*, **58**, 734–47.

Rayner, K. and Fisher, D. L. (1987). Letter processing during eye fixations in visual search. *Perception and Psychophysics*, **42**, 87–100.

Rayner, K., Inhoff, A. W., Morrison, R., Slowiaczek, M. L. and Beretra, J. H. (1981). Masking of foveal and parafoveal vision during eye fixations in reading. *Journal of Experimental Psychology: Human Perception and Performance*, **4**, 529–44.

Rayner, K. and McConkie, G. W. (1976). What guides a reader's eye movements. *Vision Research*, 16, 829–37.

Rayner, K., McConkie, G. W. and Zola, D. (1980). Integrating information across eye movements. *Cognitive Psychology*, 12, 206–26.

Rayner, K. and Morris, R. (1992). Eye movement control in reading: evidence against semantic preprocessing. *Journal of Experimental Psychology: Human Perception and Performance*, 18, 163–72.

Rayner, K., Murphy, L. A., Henderson, J. M. and Pollatsek, A. (1989). Selective attentional dyslexia. *Cognitive Neuropsychology*, 6, 357–78.

Rayner, K. and Pollatsek, A. (1989). *The psychology of reading*. Prentice-Hall, Englewood Cliffs, NJ.

Rayner, K. and Pollatsek, A. (1992). Eye movements and scene perception. *Canadian Journal of Psychology*, 46, 342–76.

Rayner, K., Sereno, S. C. and Raney, G. E. (1996). Eye movement control in reading: a comparison of two types of models. *Journal of Experimental Psychology: Human Perception and Performance*, 22, 1188–1200.

Recihle, E. D., Rayner, K. and Pollatsek, A. (1999). Eye movement control in reading: accounting for the initial fixation locations and refixations within the E-Z reader model. *Vision Research*, 39, 4403–11.

Reddi, B. A. J. and Carpenter, R. H. S. (2000). The influence of urgency on decision time. *Nature Neuroscience*, 3, 827–30.

Regan, D. and Beverley, K. I. (1982). How do we avoid confounding the direction we are looking with the direction we are moving? *Science*, 213, 194–6.

Reichle, E. D., Pollatsek, A., Fisher, D. F. and Rayner, K. (1998). Toward a model of eye movement control in reading. *Psychological Review*, 105, 125–47.

Reilly, R. G. and O'Regan, J. K. (1998). Eye movement control during reading: a simulation of some word-targeting strategies. *Vision Research*, 38, 303–17.

Remington, R. W. (1980). Attention and saccadic eye movements. *Journal of Experimental Psychology: Human Perception and Performance*, 6, 726–44.

Rensink, R., O'Regan, J. K. and Clark, J. J. (1997). To see or not to see: the need for attention to perceive changes in scenes. *Psychological Science*, 8, 368–73.

Reuter-Lorenz, P. A. and Fendrich, R. (1992). Oculomotor readiness and covert orienting—differences between central and peripheral precues. *Perception and Psychophysics*, 52, 336–44.

Reuter-Lorenz, P. A., Hughes, H. C. and Fendrich, R. (1991). The reduction of saccadic latency by prior offset of the fixation point: an analysis of the gap effect. *Perception and Psychophysics*, 49, 167–75.

Reuter-Lorenz, P. A., Oonk, H. M., Barnes, L. L. and Hughes, H. C. (1995). Effects of warning signals and fixation point offsets on the latencies of pro-versus antisaccades: implications for an interpretation of the gap effect. *Experimental Brain Research*, 103, 287–93.

Richardson, D. C. and Spivey, M. (2000). Representation, space and Hollywood squares: looking for things that aren't there anyone. *Cognition*, 76, 269–95.

Riggs, L. A. and Ratliff, F. (1952). The effects of counteracting the normal movements of the eye. *Journal of the Optical Society of America*, 42, 872–3.

Riggs, L. A., Merton, P. A. and Morton, H. B. (1974). Suppression of visual phosphenes during saccadic eye movements. *Vision Research*, **14**, 997–1011.

Rimey, R. D. and Brown, C. M. (1991). Controlling eye movements with hidden Markov models. *International Journal of Computer Vision*, **7**, 47–65.

Rizzolatti, G., Riggio, L. and Sheliga, B. M. (1994). Space and selective attention. In *Attention and Performance XV* (ed. C. Umiltà and M. Moscovitch), pp. 231–65, MIT Press, Cambridge, MA.

Rizzolatti, G., Riggio, L., Dascola, I. and Umiltà, C. (1987). Reorienting attention across the horizontal and vertical meridians—evidence in favor of a premotor theory of attention. *Neuropsychologia*, **25**, 31–40.

Robertson, I. H. and Halligan, P. W. (1999). *Spatial Neglect*. Psychology Press, Hove.

Robertson, L., Treisman, A., Friedman-Hill, S. and Grabowecky, M. (1997). The interaction of spatial and object pathways: evidence from Balint's syndrome. *Journal of Cognitive Neuroscience*, **9**, 295–317.

Robinson, D. A. (1964). The mechanics of human saccadic eye movements. *Journal of Physiology*, **174**, 245–64.

Robinson, D. A. (1968). The oculomotor control system: a review. *Proceedings of the Institute of Electrical Engineers*, **56**, 1032–48.

Robinson, D. A. (1972). Eye movements evoked by collicular stimulation in the alert monkey. *Vision Research*, **12**, 1795–1808.

Robinson, D. A. (1975). Oculomotor control signals. In *Basic mechanisms of ocular motility and their clinical applications* (ed. P. Bach-y-Rita and G. Lennestrand), pp. 337–74, Pergamon, Oxford.

Robinson, F. R. and Fuchs, A. F. (2001). The role of the cerebellum in voluntary eye movements. *Annual Review of Neurosciences*, **24**, 981–1004.

Roelfsema, P. R., Lamme, V. A. F. and Spekreijse, H. (1998). Object-based attention in the primary visual cortex of the macaque. *Nature*, **395**, 276–381.

Ross, J., Morrone, M. C. and Burr, D. (1997). Compression of visual space before saccades. *Nature*, **386**, 598–601.

Ross, J., Morrone, M. C., Goldberg, M. E. and Burr, D. C. (2000). Changes in visual perception at the time of saccades. *Trends in Neurosciences*, **24**, 112–21.

Ross, L. E. and Ross, S. M. (1980). Saccade latency and warning signals: stimulus onset, offset and change as warning events. *Perception and Psychophysics*, **27**, 251–7.

Rubin, G. S. and Turano, K. (1992). Reading without saccadic eye-movements. *Vision Research*, **32**, 895–902.

Rumelhart, D. E., McClelland, J. L. (1982). An interactive activation model of context effects in letter perception. Part 2. *Psychological Review*, **89**, 60–94.

Rushton, S. K., Harris, J. M., Lloyd, M. R. and Wann, J. P. (1998). Guidance of locomotion on foot uses perceived target location rather than optic flow. *Current Biology*, **8**, 1191–94.

Saarinen, J. and Julesz, B. (1991). The speed of attentional shifts in the visual field. *Proceedings of the National Academy of Sciences*, **88**, 1812–14.

Saida, S. and Ikeda, M. (1979). Useful visual field size for pattern perception. *Perception and Psychophysics*, **25**, 119–25.

Sakata, H., Taira, M., Kusuonki, M., Murata, A. and Tanaka, Y. (1997). The parietal association cortex in depth perception and visual control of hand action. *Trends in Neurosciences*, 20, 350–7.

Sanders, A. F. (1963). The selective process in the functional visual field. Report IZF22, Institute for Perception RVO-TNO, Soesterberg.

Saslow, M. G. (1967). Effects of components of displacement-step stimuli upon latency for saccadic eye movement. *Journal of the Optical Society of America*, 57, 1030–1033.

Schall, J. D. (1991). Neural basis of saccadic eye movements in primates. In *The neural basis of visual function* Volume 4 of Vision and Visual Dysfunction (ed. A. G. Leventhal), pp. 388–442, Macmillan, Basingstoke.

Schall, J. D. (1995). Neural basis of saccade target selection. *Reviews in the Neurosciences*, 6, 63–85.

Schall, J. D. and Hanes, D. P. (1993). Neural basis of target selection in frontal eye field during visual search. *Nature*, 366, 467–9.

Schall, J. D. and Hanes, D. P. (1998). Neural mechanisms of selection and control of visually guided eye movements. *Neural Networks*, 11, 1241–51.

Schall, J. D., Hanes, D. P., Thompson, K. G. and King, D. J. (1995). Saccade target selection in frontal eye field of macaque. 1. Visual and premovement activation. *Journal of Neuroscience*, 15, 6905–18.

Schiller, P. H. (1998). The neural control of visually guided eye movements. In *Cognitive neuroscience of attention: a developmental perspective* (ed. J. E. Richards), pp. 3–50, Lawrence Erlbaum Associates, Malwah, NJ.

Schiller, P. H. and Koerner, F. (1971). Discharge characteristics of single units in superior colliculus of alert rhesus monkeys. *Journal of Neurophysiology*, 34, 920–36.

Schiller, P. H. and Logothetis, N. K. (1990). The color-opponent and broad band channels of the visual system. *Trends in Neurosciences*, 13, 392–98.

Schiller, P. H., True, S. D. and Conway, J. L. (1980). Deficits in eye movements following frontal eye field and superior colliculus ablations. *Journal of Neurophysiology*, 44, 1175–89.

Schmolesky, M. T., Wang, Y. C., Hanes, D. P., Thompson, K. G., Leutgeb, S., Schall, J. D. and Leventhal, A. G. (1998). Signal timing across the macaque visual system. *Journal of Neurophysiology*, 79, 3272–78.

Schroyens, W., Vitu, F., Brysbaert, M. and d'Ydewalle, G. (1999). Eye movement control during reading: foveal load and parafoveal processing. *Quarterly Journal of Experimental Psychology*, 52A, 1021–46.

Schwartz, E. L. (1980). Computational anatomy and functional architecture of striate cortex: a spatial mapping approach to perceptual coding. *Vision Research*, 20, 645–69.

Schwartz, M. F., Montgomery, M. W., Fitzpatrick-DeSalme, E. J., Ochiopa, C., Coslett, H. B. and Mayer, N. H. (1995). Analysis of a disorder of everyday action. *Cognitive Neuropsychology*, 12, 863–92.

Schyns, P. G. and Oliva, A. (1994). From blobs to boundary edges: evidence for time and spatial scale dependent scene recognition. *Psychological Science*, 5, 195–200.

Schyns, P.G. and Oliva, A. (1997). Flexible, diagnosticity-driven, rather than fixed, perceptually determined scale selection in scene and face recognition. *Perception*, 26, 1027–38.

Scialfa, C. T. and Joffe, K. M. (1998). Response times and eye movements in feature and conjunction search as a function of target eccentricity. *Perception and Psychophysics*, **60**, 1067–82.

Scudder, C. A., Kaneko, C. R. S. and Fuchs, A. F. (2002). The brainstem burst generator for saccadic eye movements: a modern synthesis. *Experimental Brain Research*, **142**, 439–62.

Segraves, M. A. (1992). Activity of monkey frontal eye field neurons projecting to oculomotor regions of the pons. *Journal of Neurophysiology*, **68**, 1967–85.

Segraves, M. A. and Goldberg, M. E. (1987). Functional properties of corticotecal neurons in the money's frontal eye field. *Journal of Neurophysiology*, **58**, 1387–1419.

Semmlow, J. L., Hung, G. K., Horng, J. L. and Ciuffreda, K. J. (1994). Disparity vergence eye movements exhibit pre-programmed motor control. *Vision Research*, **34**, 1335–43.

Sereno, A. B. and Holzman, P. S. (1993). Express saccades and smooth-pursuit eye movement function. In Schizophrenic, affective-disorder, and normal subjects. *Journal of Cognitive Neuroscience*, **5**, 303–16.

Shallice, T. (1988). *From Neuropsychology to mental structure*. Cambridge University Press, Cambridge.

Sheliga, B. M., Craighero, L., Riggio, L. and Rizzolatti, G. (1997). Effects of spatial attention on directional manual and ocular responses. *Experimental Brain Research* **114**, 339–51.

Sheliga, B. M., Riggio, L., Craighero, L. and Rizzolatti, G. (1995). Spatial attention-determined modifications in saccade trajectories. *Neuroreport*, **6**, 585–88.

Shepherd, M., Findlay, J. M. and Hockey, R. J. (1986). The relationship between eye movements and spatial attention. *Quarterly Journal of Experimental Psychology*, **38A**, 475–91.

Shiori, S. and Ikeda, M. (1989). Useful resolution for picture perception as a function of eccentricity. *Perception*, **18**, 347–61.

Skavenski, A. A. and Hansen, R. M. (1978). Role of eye position information in visual space perception. In *Eye movements and the higher psychological functions* (ed. J. W. Senders, D. F. Fisher and R. A. Monty), pp. 15–34, Lawrence Erlbaum, Hillsdale, NJ.

Slater, A. M., Morison, V. and Rose, D. (1982). Perception of shape by the newborn baby. *British Journal of Developmental Psychology*, **1**, 135–42.

Snodgrass, J. G. and Vanderwart, M. (1980). A standardized set of 260 pictures: norms for name agreement, image agreement, familiarity and visual complexity. *Journal of Experimental Psychology: Human Learning and Memory*, **6**, 174–215.

Snyder, L. H. (2000). Coordinate transformations for eye and arm movements in the brain. *Current Opinion in Neurobiology*, **10**, 747–54.

Sommer, M. A. (1994). Express saccades elicited during visual scan in the monkey. *Vision Research*, **34**, 2023–38.

Sommer, M. A. and Wurtz, R. H. (2002). A pathway in primate brain for internal monitoring of movements. *Science*, **296**, 1480–82.

Stanovich, K. E. (1994). Does dyslexia exist? *Journal of Child Psychology and Psychiatry*, **35**, 579–95.

Stark, L. and Ellis, S. R. (1981). Scanpaths revisited: cognitive models direct active looking. In *Eye movements: cognition and visual perception* (ed. D. F. Fisher, R. A. Monty and J. W. Senders), pp. 193–226, Lawrence Erlbaum Associates, New Jersey.

Starr, M. S. and Rayner, K. (2001). Eye movements during reading: some current controversies. *Trends in Cognitive Sciences*, 5, 156–63.

Stein, J. F. and Fowler, S. (1982). Ocular motor dyslexia. *Dyslexia Review*, 5, 25–28.

Stein, J. F. and Walsh, V. (1997). To see but not to read: the magnocellular theory of dyslexia. *Trends in Neurosciences*, 20, 147–52.

Steinman, R. M., Cunitz, R. J., Timberlake, G. T. and Herman, M. (1967). Voluntary control of microsaccades during maintained monocular fixation. *Science*, 155, 1577–79.

Steinman, R. M., Cushman, W. B. and Martins, A. J. (1982). The precision of gaze. *Human Neurobiology*, 1, 97–109.

Stevens, J. K., Emerson, R. C., Gerstein, R. L., Kallos, T., Neufeld, G. R., Nicholls, C. W. and Rosenquist, A. C. (1976). Paralysis of the awake human: visual perceptions. *Vision Research*, 16, 93–98.

Stuss, D. T. and Knight, R. (2002). *Principles of frontal lobe function*. Oxford University Press, USA.

Styles, E. A. (1997). *The psychology of attention*. Psychology Press, Hove.

Takeda, M. and Findlay, J. M. (1993). Saccadic latency under numerical, verbal and spatial tasks. In *Visual and oculomotor functions: advances in eye movement research* (ed. G. d'Ydewalle and J. Van Rensbergen), pp. 55–60, North-Holland, Amsterdam.

Tam, W. J. and Stelmach, L. B. (1993). Viewing behavior: ocular and attentional disengagement. *Perception and Psychophysics*, 54, 211–22.

Tarr, M. J. and Bülthoff, H. (1995). Is human object recognition better described by geon structural descriptions or by multiple views? *Journal of Experimental Psychology: Human Perception and Performance*, 21, 1494–1505.

Tatler, B. W. and Wade, N. J. (2003). On nystagmus, saccades and fixations. *Perception*, 32, 167–84.

Theeuwes, J. (1993). Visual selective attention—a theoretical-analysis. *Acta Psychologica*, 83, 93–154.

Theeuwes, J., Kramer, A. F., Hahn, S. and Irwin, D. E. (1998). Our eyes do not always go where we want them to go: capture of the eyes by new objects. *Psychological Science*, 9, 379–85.

Theeuwes, J., Kramer, A. F., Hahn, S., Irwin, D. E. and Zelinsky, G. J. (1999). Influence of attentional capture on oculomotor control. *Journal of Experimental Psychology: Human Perception and Performance*, 25, 1595–1608.

Thorpe, S. J., Fize, D. and Marlot, C. (1996). Speed of processing in the human visual system. *Nature*, 381, 520–2.

Tinker, M. A. (1946). The study of eye movements in reading. *Psychological Bulletin*, 43, 93–120.

Tinker, M. A. (1958). Recent studies of eye movements in reading. *Psychological Bulletin*, 54, 215–31.

Tinker, M. A. (1965). *Bases for effective reading*. University of Minnesota Press, Minneapolis.

Toet, A. and Levi, D. M. (1992). Spatial interaction zones in the parafovea. *Vision Research*, 32, 1349–57.

Tosi, V., Mecacci, L. and Pasquali. E. (1997). Scanning eye movements made when viewing film: preliminary observations. *International Journal of Neuroscience*, 92, 47–52.

Townsend, J. T. (1971). A note on the identifiability of parallel and serial processes. *Perception and Psychophysics*, 10, 161–3.

Townsend, J. T. (1972). Some results on the identification of parallel and serial processes. *British Journal of Mathematical and Statistical Psychology*, 25, 168–99.

Trappenberg, T. P., Dorris, M. C., Munoz, D. P. and Klein, R. M. (2001). A model of saccade initiation based on the competitive integration of exogenous and endogenous signals in the superior colliculus. *Journal of Cognitive Neuroscience*, 13, 256–71.

Treisman, A. (1988). Features and objects: the 14th Bartlett memorial lecture. *Quarterly Journal of Experimental Psychology*, 40A, 201–37.

Treisman, A. (1993). The perception of features and objects. In *Attention, selection, awareness and control* (ed. A. Baddeley and L. Weiskrantz), pp. 5–35, Clarendon Press, Oxford.

Treisman, A. (1996). The binding problem. *Current Opinion in Neurobiology*, 6, 171–78.

Treisman, A. and Gormican, S. (1988). Feature analysis in early vision—evidence from search asymmetries. *Psychological Review*, 95, 15–48.

Treisman, A. and Souther, J. (1985). Search asymmetry—a diagnostic for preattentive processing of separable features. *Journal of Experimental Psychology: General*, 114, 285–310.

Treisman, A. M. and Gelade, G. (1980). A feature integration theory of attention. *Cognitive Psychology*, 12, 97–136.

Umeno, M. M. and Goldberg, M. E. (2001). Spatial processing in the monkey frontal eye field. II. Memory responses. *Journal of Neurophysiology*, 86, 2344–52.

Umiltà, C., Riggio, L., Dascola, I. and Rizzolatti, G. (1991). Differential effects of central and peripheral cues on the reorienting of spatial attention. *European Journal of Cognitive Psychology*, 3, 247–67.

Underwood, G. (ed.). (1998). *Eye guidance in reading and scene perception*. North-Holland, Amsterdam.

Underwood, G., Clews, S. and Everatt, J. (1990). How do readers know where to look next? Local information distributions influence eye fixations. *Quarterly Journal of Experimental Psychology*, 42A, 39–65.

Ungerleider, L. G. and Mishkin, M. (1982). Two cortical visual systems. In *Analysis of visual behavior* (ed. D. Ingle, M. A. Goodale and R. J. W. Mansfield), pp. 549–86, MIT Press, Cambridge, MA.

Van Diepen, P. M. J., Wampers, M. and d'Ydewalle, G. (1998). Functional division of the visual field: moving masks and moving windows. In *Eye guidance in reading and scene perception* (ed. G. Underwood), pp. 337–55, Elsevier, Amsterdam.

Van Gisbergen, J. A. M., Gielen, S., Cox, H., Bruijns, J. and Kleine Schaars, H. (1981). Relation between metrics of saccades and stimulus trajectory in visual target tracking;

implications for models of the saccadic system. In *Progress in Oculomotor Research* (ed. A. F. Fuchs and W. Becker), pp. 17–27, Elsevier, North Holland, Amsterdam.

Van Gisbergen, J. A. M., Van Opstal, A. J. and Roerbroek, J. G. H. (1987). Stimulus induced midflight modification of saccade trajectories. In *Eye movements: from physiology to cognition* (ed. J. K. O'Regan and A. Lévy-Schoen), pp. 27–36, North-Holland, Amsterdam.

Van Gisbergen, J. A. M., Van Opstal, A. J. and Schoenmakers, J. J. M. (1985). Experimental test of two models for the generation of oblique saccades. *Experimental Brain Research*, 57, 321–36.

Van Gisbergen, J. A. M., Van Opstal, J. J. and Tax, A. A. M. (1987). Collicular ensemble coding of saccades based on vector stimulation. *Neuroscience*, 21, 541–55.

Vecera, S. P. and Farah, M. J. (1994). Does visual attention select objects or locations? *Journal of Experimental Psychology: General*, 123, 146–60.

Vergilino, D. and Beauvillain, C. (2000). The planning of refixation saccades in reading. *Vision Research*, 40, 3527–38.

Virsu, V. and Rovama, J. (1979). Visual resolution, contrast sensitivity, and the cortical magnification factor. *Experimental Brain Research*, 37, 475–94.

Vitu, F. (1991*a*). The existence of a centre of gravity effect during reading. *Vision Research*, 31, 1289–1313.

Vitu, F. (1991*b*). Against the existence of a range effect during reading. *Vision Research*, 31, 2009–15.

Vitu, F. (1991*c*). The influence of parafoveal preprocessing and linguistic context on the optimal landing position effect. *Perception and Psychophysics*, 50, 58–75.

Vitu, F., McConkie, G. W. and O'Regan, J. K. (2001). Fixation location effects on fixation durations during reading: an inverted optimal viewing position effect. *Vision Research*, 41, 3513–33.

Vitu, F., McConkie, G. W. and Zola, D. (1998). About regressive saccades in reading and their relation to word identification. In *Eye guidance in reading and scene perception* (ed G. Underwood), pp. 101–24, North-Holland, Amsterdam.

Vitu, F., O'Regan, J. K., Inhoff, A. W. and Topolski, R. B. (1995). Mindless reading: eye-movement characteristics are similar in scanning letter strings and reading texts. *Perception and Psychophysics*, 57, 352–64.

Vitu, F., O'Regan, J. K. and Mittau, M. (1990). Optimal landing position in reading isolated words and continuous text. *Perception and Psychophysics*, 47, 583–600.

Viviani, P. (1990). Eye movements in visual search. Cognitive, perceptual and motor control aspects. In *Eye movements and their role in visual and cognitive processes* (ed. E. Kowler), pp. 353–93, Elsevier, Amsterdam.

Viviani, P., Berthoz, A. and Tracey, D. (1977). The curvature of oblique saccades. *Vision Research*, 17, 661–64.

Viviani P. and Swensson, R. G. (1982). Saccadic eye movements to peripherally discriminated visual targets. *Journal of Experimental Psychology: Human Perception and Performance*, 8, 113–26.

Von Holst, E. (1954). Relations between the central nervous system and the peripheral organs. *Animal Behaviour*, 2, 89–94.

Walker, R., Deubel, H., Schneider, W. X. and Findlay, J. M. (1997). The effect of remote distractors on saccade programming: evidence for an extended fixation zone. *Journal of Neurophysiology*, **78**, 1108–19.

Walker, R. and Findlay, J. M. (1996). Saccadic eye movement programming in unilateral neglect. *Neuropsychologia*, **34**, 493–508.

Walker R., Findlay J. M., Young, A. W. and Lincoln, N. B. (1996). Saccadic eye movements in object-based neglect. *Cognitive Neuropsychology*, **13**, 569–615.

Walker, R., Findlay, J. M., Young, A. W. and Welsh, J. (1991). Disentangling neglect and hemianopia. *Neuropsychologia*, **29**, 1019–27.

Walker, R., Husain, M., Hodgson, T. L., Harrison, J. and Kennard, C. (1998). Saccadic eye movement and working memory deficits following damage to human prefrontal cortex. *Neuropsychologia*, **36**, 1141–59.

Walker, R., Kentridge, R. W. and Findlay, J. M. (1995). Independent contributions of the orienting of attention, fixation offset and bilateral stimulation on human saccadic latencies. *Experimental Brain Research*, **103**, 294–310.

Walker, R., Mannan, S., Maurer, D., Pambakian, A. L. M. and Kennard, C. (2000). The oculomotor distractor effect in normal and hemianopic vision. *Proceedings of the Royal Society of London, Series B*, **267**, 431–8.

Walker, R. and Young A. W. (1996). Object-based neglect: an investigation of the contributions of eye-movements and perceptual completion. *Cortex*, **32**, 279–95.

Walker-Smith, G. J., Gale, A. G. and Findlay, J. M. (1977). Eye movement strategies involved in face perception. *Perception*, **6**, 313–26.

Walls, G. (1962). The evolutionary history of eye movements. *Vision Research*, **2**, 69–80.

Wann, J. P. (1996). Anticipating arrival: is the tau margin a specious theory. *Journal of Experimental Psychology, Human Perception and Performance*, **22**, 1031–48.

Wann, J. P. and Land, M. (2000). Steering with or without the flow: is the retrieval of heading necessary? *Trends in Cognitive Sciences*, **4**, 319–24.

Ward, R., Duncan, J. and Shapiro, K. (1996). The slow time-course of visual attention. *Cognitive Psychology*, **30**, 79–109.

Warrington, E. K. and Shallice, T. (1980). Word-form dyslexia. *Brain*, **107**, 829–53.

Weber, H., Aiple, F., Fischer, B. and Latanov, A. (1992). Dead zone for express saccades. *Experimental Brain Research*, **89**, 214–22.

Weiskrantz, L. (1986). *Blindsight: a case study and implications.* Oxford University Press.

Weiskrantz, L. Warrington, E. K., Saunders, M. D. and Marshall, J. (1974). Visual capacity of the hemianopic field following a restricted occipital ablation. *Brain*, **97**, 709–28.

Wenban-Smith, M. G. and Findlay, J. M. (1991). Express saccades: is there a separate population in humans? *Experimental Brain Research*, **87**, 218–22.

Wertheim, T. (1894). Über die indirekte Sehschärfe. *Z Psychol, Physiol, Sinnesorg*, **7**, 121–87.

Wessinger, C. M., Fendrich, R., Gazzaniga, M. S. (1997). Islands of residual vision in hemianopic patients. *Journal of Cognitive Neuroscience*, **9**, 203–21.

Westheimer, G. (1954). Eye movement responses to a horizontally moving stimulus. *Archives of Ophthalmology*, **52**, 932–41.

White, J. M., Sparks, D. L. and Stanford, T. R. (1994). Saccades to remembered target locations: an analysis of systematic and variable errors. *Vision Research,* **34**, 79–92.

White, S. J., and Liversedge, S. P. (2003, in press). Orthographic familiarity influences initial eye fixation positions in reading. *European Journal of Cognitive Psychology.*

Williams, A. M. and Davids, K. (1998). Visual search strategy, selective attention and expertise in soccer. *Research Quarterly for Exercise and Sport,* **69**, 111–28.

Williams, A. M., Davids, K. and Williams, J. G. (1999). *Visual perception and action in sport.* Taylor & Francis, London.

Williams, D. E., Reingold, E. M., Moscovitch, M. and Behrmann, M. (1997). Patterns of eye-movements during parallel and serial visual search tasks. *Canadian Journal of Experimental Psychology—Revue Canadienne de Psychologie Experimentale,* **51**, 151–64.

Williams, L. G. (1966). The effect of target specification on objects fixated during visual search. *Perception and Psychophysics,* **1**, 315–18.

Wilson, H. R., Levi, D., Maffei, L., Rovamo, J. and Devalois, R. (1990). The perception of form: retina to striate cortex. In *visual perception: the neurophysiological foundations* (ed L. Spillman and J. S. Werner), pp. 231–72, Academic Press, San Deigo.

Wolfe, J. M. (1994). Guided search 2.0—a revised model of visual search. *Psychonomic Bulletin and Review,* **1**, 202–38.

Wolfe, J. M. (1998). What can 1 million trials tell us about visual search? *Psychological Science,* **9**, 33–40.

Wolfe, J. M., Cave, K. R. and Franzel, S. L. (1989). Guided search—an alternative to the feature integration model for visual-search. *Journal of Experimental Psychology: Human Perception and Performance,* **15**, 419–33.

Woodworth, R. S. and Schlosberg, H. (1954). *Experimental Psychology.* Methuen, London.

Wright, R. D. (ed.) (1998). *Visual attention.* Oxford University Press, New York.

Wurtz, R. H. (1996). Vision for the control of movement. The Friedenwald Lecture. *Investigative Ophthalmology and Visual Science,* **37**, 2131–45.

Wurtz, R. H. and Goldberg, M. E. (ed.) (1989). *The neurobiology of saccadic eye movements.* Reviews of Oculomotor Research, Volume 3. Elsevier, Amsterdam.

Wurtz, R. H., Goldberg, M. E. and Robinson, D. L. (1982). Brain mechanisms of visual attention. *Scientific American,* **246**(6), 124–35.

Wyatt, H. J. and Pola, J. (1981). Slow eye movements to eccentric targets. *Investigative Ophthalmology and Visual Science,* **21**, 477–83.

Wyman, D. and Steinman, R. M. (1973). Latency characteristics of small saccades. *Vision Research,* **13**, 2173–75.

Xing, J. and Andersen, R. A. (2000). Memory activity of LIP neurons for sequential eye movements simulated with neural networks. *Journal of Neurophysiology,* **84**, 651–65.

Yarbus, A. L. (1967). *Eye movements and vision* (English trans. by L. A. Riggs), Plenum Press, New York.

Zahn, J. R., Abel, L. A. and Dell'Osso, L. F. (1978). The audio-ocular response characteristics. *Sensory Processes,* **2**, 32–7.

Zambarbieri, D., Schmid, R., Magenes, C. and Prablanc, C. (1982). Saccadic responses evoked by presentation of visual and auditory targets. *Experimental Brain Research,* **47**, 417–427.

Zangwill, O. L. and Blakemore, C. (1972). Dyslexia: reversal of eye movements. *Neuropsychologia*, **10**, 371–3.

Zee, D. S., Cook, J. D., Optican, L. M., Ross, D. A. and King Engel, W. (1976). Slow saccades in spinocerebellar degeneration. *Archives of Neurology*, **33**, 243–51.

Zee, D. S., Fitzgibbon, L. J. and Optican, L. M. (1992) Saccade-vergence interaction in humans. *Journal of Neurophysiology*, **68**, 1624–41.

Zeki, S. (1993). *A vision of the brain*. Blackwell, Oxford.

Zeki, S. M. (1976). The functional organization of projections from the striate to prestriate visual cortex in the rhesus monkey. *Cold Spring Harbor Symposia on Quantitative Biology*, **15**, 591–600.

Zelinsky, G. J. (1996). Using eye saccades to assess the selectivity of search movements. *Vision Research*, **36**, 2177–87.

Zelinsky, G. J. (2001). Eye movements during change detection: implications for search constraints, memory limitations and scanning strategies. *Perception and Psychophysics*, **63**, 209–25.

Zelinsky, G. J., Rao, R. P. N., Hayhoe, M. M. and Ballard, D. H. (1997). Eye movements reveal the spatiotemporal dynamics of visual search. *Psychological Science*, **8**, 448–53.

Zelinsky, G. J. and Sheinberg, D. L. (1997). Eye movements during parallel-serial visual search. *Journal of Experimental Psychology: Human Perception and Performance*, **23**, 244–62.

Zhang, M. and Barash, S. (2000). Neuronal switching of sensorimotor transformations for antisaccades. *Nature*, **408**, 971–75.

Zhou, W. and King, W. M. (1998). Premotor commands encode monocular eye movements. *Nature*, **393**, 692–95.

Zihl, J. (1980). 'Blindsight': improvement of visually guided eye movements by systematic practice in patients with cerebral blindness. *Neuropsychologia*, **18**, 71–7.

Zingale, C. M. and Kowler, E. (1987). Planning sequences of saccades. *Vision Research*, **27**, 1327–41.

Zipser, D. and Andersen, R. A. (1988). A back-propagation programmed network that simulates response patterns of a subset of posterior parietal neurons. *Nature*, **331**, 679–84.

Zuber, B. L., Stark, L. and Cook, G. (1965). Microsaccades and the velocity-amplitude relationship for saccadic eye movements. *Science*, **150**, 1459–60.

索引

■■ 英字

Donders の法則（Donders' Law）　22
FEF（前頭眼野）（frontal eye field）　32, 50, 122, 172
FIT（特徴統合理論）（feature integration theory）　104, 105
IOR（復帰抑制）（inhibition of return）　37
IT（下側頭皮質）（inferior temporal cortex）　123
LATER モデル（LATER model：linear approach to threshold with ergodic rate）　61
LIP 野（頭頂間溝外側部）（lateral intrapariental area（LIP））　32, 172
Listing の法則（Listing's Law）　22
M 細胞（M cells）　18
MEG（脳磁図）（magnetoencephalography）　153
MRF（中脳網様体）（midbrain reticular formation）　62
OKR（視運動性反射）（optokinetic reflex）　22
P 細胞（P cells）　18
PPRF（傍正中部橋網様体）（paramedian pontine reticular formation）　62
SC（上丘）（superior colliculus）　13, 32, 48, 64
VOR（前庭動眼反射）（vestibulo-ocular reflex）　22
WHEN システム（WHEN system）　77
WHERE システム（WHERE system）　74

■■ あ

アイ・フィールド（eye field）　16, 55
アウトフロー説（outflow theory）　167
アクティヴ・ビジョン（active vision）　5
アクティヴ・ビジョン・サイクル（active vision cycle）　176
あと戻り（regression）　83
アンチサッカード（anti-saccade）　56, 73
アンチサッカード課題（anti-saccade task）　158

■ い

移動ウィンドウ法（moving window technique）　86
意味プライミング（semantic priming）　90
インフロー説（inflow theory）　167

■ う

ヴィジュアル・ローブ（visual lobe）　109
運動ニューロン（motor neuron）　63
運動マップ（motor map）　74

■ え

エクスプレス・サッカード（express saccades）　60
エフェレンス・コピー（efference copy：Efferenzkopie）　168
遠隔ディストラクタ効果（remote distractor effect）　58, 59, 151

■ お

黄斑（macula あるいは maculalutea）　13
黄斑視（macular vision）　13
オブジェクト（objects）　133
オブジェクト関連行為ユニット（object-related action unit）　146
オブジェクト知覚（object perception）　133, 134, 137
オブジェクトへの注意（attention to objects）　50
オムニポーズ細胞（omnipause cells）　63

■■ か

ガーデンパス文（garden-path sentence）　93
外因性注意（exogenous attention）　37
外眼筋（extraocular muscles）　21
回旋運動（torsional movement）　22
外転（abduction）　21
概念識別パラダイム（conceptual identification）　136
拡大因子（magnification factor）　14
獲得性の読みの障害（acuired dyslexia）　101

下斜筋（inferior oblique） 21
画像のスキャン（picture scanning） 128
可塑性（plasticity） 78
下直筋（inferior rectus） 21
活字の大きさ（type size） 101
下転（depressive） 21
眼球運動障害（eye movement disturbances） 157
眼球運動を伴わない探索（search without eye movements） 108
眼球外線維症（extra-ocular fibrosis） 160
眼球摘出（removal of the eye） 161
眼振（nystagmus） 23

■ き
記憶サッカード（memorised saccade） 56
記憶によるサッカードの誘導（memory guidance of saccades） 172
機能視野（functional field of view） 16
ギャップ効果（gap effect） 57, 154
境界線法（boundary technique） 86
強制注視（sticky fixation） 79
共役（運動）（conjugate） 23
近接性効果（proximity effect） 113

■ く
空間の恒常性（space constancy） 167, 174
グローバル効果（global effect） 71, 116

■ け
系列探索（serial search） 103, 110
ゲイン・フィールド（gain field） 176
結合探索（conjunction search） 105
顕在的注意（overt attention） 35
幻肢（phantom limbs） 162
検出視野（conspicuity field） 16

■ こ
語彙アクセス（lexical access） 90, 99
後期選択（late selection） 40
コスト（costs） 37

■ さ
最高速度（maximum velocity） 26
最小付加の原則（principle of minimal attachment） 93
再注視（refixation） 83, 93, 95
最適注視位置（optimal viewing position） 92
サッカード眼球運動（saccadic eye movements） 25
サッカード前後の視野（trans-saccadic integration） 169
サッカード・ターゲット理論（saccade target theory） 175
サッカード的な頭部運動（saccadic head movements） 163
サッカードの潜時（latency of the saccade） 56
サッカードの並列処理（parallel processing of saccades） 72
サッカード抑制（saccade suppression） 31
座標軸横断効果（meridian crossing effect） 45
サリエンシー・マップ（salience map） 76, 114, 122

■ し
視運動性反射（optokinetic reflex（OKR）） 22
ジオン（geon） 133
視覚探索課題（visual search tasks） 103
視覚定位（visual orienting） 55
視覚的アウェアネス（visual awareness） 150
視覚特性への注意（attention to visual properties） 52
視覚の範囲（visual span） 82
視覚マップ（visual maps） 65
自己打ち切り型探索（self-terminating nature of the search） 106
視軸（visual axis） 11
指示的な視覚（deictic vision） 143
視線係留現象（gaze anchoring phenomenon） 147
視線－随伴の方法（gaze-contingent methodologies） 85
持続時間（duration） 26
下側頭皮質（inferior temporal cortex（IT）） 123
失読症（dyslexia） 101
視野測定（perimetry） 11
重心効果（centre-of-gravity effect） 71
修正サッカード（corrective saccade） 67, 173
周辺（peripheral） 12

主系列（main sequence） 26
順応（adaptation） 79
小窩（foveola） 12
上丘（superior colliculus (SC)） 13, 32, 48, 64
小細胞（parvocellular） 18
上斜筋（superior oblique） 21
上直筋（superior rectus） 21
上転（elevation） 21
情報量（informativeness） 132
初期選択（early selection） 40
杵体細胞（rods） 12
視力（visual acuity） 15
神経節細胞（ganglion cells） 13
深層（deep layers） 64
身体中心の空間座標系（body-centred spatial co-ordinates） 168
振幅（amplitude） 26
振幅推移関数（amplitude transition function） 68

■ す
錐体細胞（cones） 12
ズームレンズ（zoom lens） 39
スキーマ（schema） 134
スキャンパス（scanpath） 119, 131
スポットライト（spotlight） 38

■ せ
静止視野（stationary field） 16
静止網膜像（stabilised retinal image） 24
精神性注視麻痺（psychic paralysis of gaze） 149
背側経路（dorsal stream） 19
潜在的注意（covert attention） 35, 112
選択正確度（selection accuracy） 115
前庭動眼反射（vestibulo-ocular reflex (VOR)） 22
前頭眼野（frontal eye field (FEF)） 32, 50, 122, 172
前頭前野（prefrontal cortex） 172
前頭葉損傷（frontal lobe damage） 158
前方照応指示（anaphoric referents） 91

■ そ
相殺（cancel out） 168

総時間（total time） 92
側方マスキング（lateral masking） 16
外側膝状体核（lateral geniculate nucleus） 13

■ た
ターゲット正確度（targeting accuracy） 115
第一眼位（primary position） 21
大細胞（magunocellular） 18
第三眼位（tertiary position） 21
第二眼位（secondary position） 21
ダブルステップ・パラダイム（double step paradigm） 68
ダブルターゲット・パラダイム（double target paradigm） 71
単語認知範囲（word identification span） 87
単語頻度（word frequency） 90
探索関数（search function） 103
弾道的な運動（ballistic movement） 26

■ ち
知覚の範囲（perceptual span） 82, 87
着地位置（landing position） 94, 115
注意の前運動理論（pre-motor theory of attention） 44
注意の速度（speed of attention） 45
注意のポインター（attentional pointer） 99, 106
注視（fixation） 24
注視中枢（fixation centre） 65
注視の持続時間（gaze duration） 92
中心窩（foveal） 12
中心窩マスク法（foveal mask technique） 86
中層（intermediate layers） 64
中脳網様体（midbrain reticular formation (MRF)） 62
中立試行（neutral trials） 37

■ つ
追跡眼球運動（pursuit movements） 23, 28

■ て
ディストラクタ（distractor） 103
ディスプレイ・サイズ（display size） 108
適応的メカニズム（adaptive mechanisms） 79
テキストの難易度（text difficulty） 84

索　引

■ と
動眼神経核（oculomotor nuclei）　62
動眼マップ（oculomotor maps）　65
統語処理（syntactic processing）　91
頭頂間溝外側部（lateral intraparietal cortex（LIP））　123
動的オーバーシュート（dynamic overshoot）　27
動的な場面（dynamic scenes）　143
頭部中心座標系（head-centred coordinates）　176
頭部中心の座標系（head centred co-ordinate system）　76
同名半盲（hemianopia）　150
特徴（features）　133
特徴探索（feature search）　104
特徴統合理論（feature integration theory（FIT））　104, 105
トップダウン的影響（top-down influence）　119
ドリフト（drift）　24
トレモア（tremor）　24

■■ な
内因性注意（endogenous attention）　37
内直筋（medial rectus）　21
内転（adduction）　21

■ の
脳画像研究（brain imaging studies）　50
脳磁図（magnetoencephalography（MEG））　153

■■ は
バースト細胞（burst cells）　64, 65
バーゼンス（vergence）　23, 28
配置上の整合性（configurational coherence）　134
パッシヴ・ビジョン（passive vision）　2
発達性の読みの障害（developmental dyslexia）　101
場面（scene）　133
場面知覚（scene perception）　133
場面の文脈（scene context）　138
腹側経路（ventral stream）　19

バリント症候群（Balint's syndrome）　157
パルス－ステップ・パターン（pulse-step pattern）　63
反対方向の回旋運動（countertorsion）　22
反復プライミング（repetition priming）　90

■ ひ
非共役的な回旋運動（cyclotorsion）　22
皮質下視覚経路（subcortical visual routes）　152
ビジュアル・ローブ（visual lobe）　16
非対称性バーゼンス（asymmetric vergence）　29
表層（superficial layers）　64
ビルドアップ細胞（buildup cells）　65

■ ふ
副尺視力（vernier acuity）　17
復帰抑制（inhibition of return（IOR））　37
プレヴュー（preview）　88
プレヴュー・ベネフィット（preview benefit）　137
プローブの定位（localisation of probes）　171
プロサッカード（prosaccade）　73
プロセス・モニタリング（process monitoring）　89
ブロック組み立て課題（the block assembly task）　143
吻側極（the rostral pole）　65

■ へ
並列探索（parallel search）　103, 110
ヘッド・フィールド（head field）　16, 55
ベネフィット（benefits）　37
変位の検出（detection of displacement）　169
変化の見落とし（change blindness）　142
偏心度（eccentricity）　11

■ ほ
傍正中部橋網様体（paramedian pontine reticular formation（PPRF））　62
傍中心窩（parafoveal）　12
ポーズ細胞（pause cells）　63

■■■ ま

マイクロサッカード（microsaccades） 24
末梢神経心理学（peripheral neuropsychology） 161
マルコフ過程（Markov process） 132

■ む

無効試行（invalid trials） 36
無視（neglect） 153
無視性失読（neglect dyslexia） 156

■ も

盲視（blindsight） 150
網膜外信号（extra-retinal signal） 167
網膜信号（retinal signal） 167
網膜像（retinal image） 10
網膜対応の表現（retinotopic representation） 168
網膜対応マップ（retinotopic map） 19, 175
網膜中心座標系（retinocentric coordinates） 176

■■■ ゆ

有効試行（valid trials） 36
有効視野（useful field of view） 16
優先的注視位置（preferred viewing location） 94
誘導探索（guided search） 106

■ よ

読み（reading） 83
読み飛ばし（skipping words） 96

■■■ る

類似性効果（similarity effect） 113

■ れ

レンジ効果（range effect） 68
連続注意モデル（sequential attention model） 43

■ ろ

ロゴジェン（logogen） 90

監訳者あとがき

　視覚世界の知覚に眼球運動が重要であることは誰にも理解できる。それにもかかわらず，とりわけ最近の視覚研究はこの明白な事実を無視あるいは軽視し，眼が動かないことを前提とした視覚理論の構築に励んでいるように思われる。このような学界の状況に対して，本書の著者らは異議を唱える。日常生活における視覚の役割とそのしくみを明らかにするためには，私たちは常に眼を動かして外界を探索しているという当たり前の事実から出発しなければならない，と著者は強く主張する。

　本書はまずこうした著者らの主張の根拠を提示することから始まる。眼が動くことを前提とした視覚研究を著者らは「アクティヴ・ビジョン」とよび，眼が静止していることを前提とした従来の研究を「パッシヴ・ビジョン」とよんで，両者を区別する。ついで，眼球運動の生起メカニズムに関する基礎的事項が述べられたあと，「視覚性注意」，「空間定位」，「読み」，「視覚探索」，「画像認知」，といった視覚心理学の重要な研究領域における眼球運動研究の動向と成果が，最新の実験データとともに紹介される。さらには「臨床」場面における眼球運動研究や，「視覚世界の安定性」をめぐる最近の研究成果についても，的確な評価のもとに紹介されている。

　著者も述べているように，眼球の動きを前提とした視覚理論がこれまでなかったわけではない。たとえばGibsonの生態学的視覚論は，身体や眼球の動きを考慮した視覚理論としてよく知られている。しかし，この理論はいくつかの点で，科学的な理論とは言いがたい，と著者は考える。同じ意見の研究者は少なくないはずである。

　視覚研究に限らず，研究テーマの選択は，多くの場合，研究の容易さが大きな動機づけとなる。必要性は感じていても，方法的に困難な研究テーマは敬遠される。短期間に研究業績をあげることを要求される昨今では，特にこのような傾向が著しい。眼球運動の研究は，他の研究と比較してそれほど難しいものではない。しかし，技術的に多少の訓練や経験を必要とするし，精密な測定をするためには，それなりの装置を必要とする。このような理由もあって，わが国における眼球運動研究は，神経生理学的な研究は例外かもしれないが，それほど盛んではない。最近の脳画像研究の普及は，ますますこの傾向を助長しているように思われる。しかし，眼球運動に興味・関心のある研究者，あるいはできれば自分で眼球運動を記録・測定してみたいと考えている研究者は少なくない。

　訳者らは，このようなわが国の研究状況に対して，多少の不安を感じていた。その責任の多くは私たち研究者自身にあるが，この分野の研究に興味をいだかせるような，適切な入門書がなかったことも大きな理由と思われる。たしかに，古くはYarbusによる『Eye movement and vision』（Liggsによる英訳版，　New York: Plenum Press,

監訳者あとがき

1967年),Carpenter による『Movements of the eyes』(第2版,London: Pion, 1988年),Leigh と Zee の著した『The neurology of eye movements』(第3版,Oxford: Oxford University Press, 1999年)あるいは苧阪・中溝・古賀(編)の『眼球運動の実験心理学』(名古屋大学出版会, 1993年)といった眼球運動に関する包括的なテキストがいくつか刊行されているが,難易度や内容の新しさの点で,決して満足すべき状況にはない。本書を目にしてすぐさま翻訳出版を計画したのは,本書が最新かつ重要な知見を多数紹介していると同時に,入門書としても優れた内容となっていたからである。本書は,視覚心理学や認知心理学を専門とする人たちのみならず,神経生理学や情報工学,福祉工学,人間工学などの広範な研究領域における研究者や学生にとって,眼球運動研究の有益かつ手ごろな入門書となるはずである。

著者の1人 Findlay 教授は,英国における眼球運動研究の第一人者であり,基礎的な研究のみならず,応用的な研究にも関心を寄せ,長年にわたって優れた研究を発表している。Findlay 教授は,眼球運動研究を始めたばかりの監訳者が,英国 Durham 大学で国外研修をしていたときの研究指導者である。そのような縁もあって,本書の翻訳に関わることとなった。早期の出版の必要性を感じたこともあって,翻訳には多くの研究仲間に手伝っていただいた。翻訳担当者のうちの4人は,新潟大学超域研究機構の研究プロジェクト(ヒト認知系の統合的研究)のメンバーであるが,これらのメンバー以外の2人の方にも,その優れた専門性に期待して,翻訳に加わっていただいた。また北大路書房営業部中岡良和氏,編集部の北川芳美氏には,本書の出版企画の段階から刊行にいたるまでいろいろと相談にのっていただき,実際の翻訳作業においても多大な協力と有益な助言を頂戴した。心より感謝申し上げるしだいである。

2006年6月

監訳者　本田仁視

付記:最近「被験者」(subject)という用語を,欧米の動向に同調して「(実験)参加者」などの用語に変更することが多い。しかし,特に実験心理学的な研究においては「被験者」という用語のほうが実態に即しており,かつ必ずしもネガティヴな意味を含むものではないので,本書では従来どおり「被験者」と訳した。ただし,臨床場面での研究のような場合には「被験者」という用語を避けるように努めた。また,原著で participant となっている場合は,そのまま「実験参加者」と訳した。

原著者

ジョン・M・フィンドレイ
　　ダーラム大学心理学部，視覚・視覚認知研究センター
イアン・D・ギルクリスト
　　ブリストル大学実験心理学部

訳　者（執筆順）

本田　仁視　監訳者：1，4，5章
工藤　信雄　新潟大学人文学部助教授：2章
金子　利佳　淑徳大学総合福祉学部非常勤講師：3章
今井　　章　信州大学人文学部教授：6章，7章
相場恵美子　新潟大学脳研究所脳神経外科言語室：8章
松宮　一道　東北大学電気通信研究所助教：9章

監訳者紹介

本田仁視（ほんだ・ひとし）
1948年　福島県に生まれる
1978年　東北大学大学院文学研究科博士課程単位取得満期退学
主　著　眼球運動と空間定位　風間書房　1994年
　　　　視覚の謎：症例が明かす見るしくみ　福村出版　1998年
　　　　意識／無意識のサイエンス：症例と実験による心の解剖　福村出版　2000年
　　　　認知障害者の心の風景（訳）　福村出版　1995年
　　　　認知神経心理学（共監訳）　医学書院　1996年

アクティヴ・ビジョン
― 眼球運動の心理・神経科学 ―

2006年9月 1 日　初版第1刷発行	定価はカバーに表示
2012年4月20日　初版第2刷発行	してあります。

　　　　著　　者　　J.M. フィンドレイ
　　　　　　　　　　I.D. ギルクリスト
　　　　監訳者　　本　田　仁　視
　　　　発行所　　㈱北大路書房
　　〒603-8303　京都市北区紫野十二坊町 12-8
　　　　　　　　電　話　(075) 431-0361 ㈹
　　　　　　　　F A X　(075) 431-9393
　　　　　　　　振　替　01050-4-2083

© 2006　制作／T.M.H.　印刷・製本／亜細亜印刷㈱
　　　検印省略　落丁・乱丁本はお取り替えいたします。
　　　ISBN978-4-7628-2525-5　　Printed in Japan